Handbuch der Gitarre und Laute

KONRAD RAGOSSNIG

Handbuch der Gitarre und Laute

mit 70 Abbildungen

SCHOTT

Mainz · London · New York · Tokyo

Für meine Frau Wiebke,
dem Andenken meines Freundes Norbert Artner
und meinem Lehrer Prof. Karl Scheit gewidmet

ED 6732

Einband und Typographie: Günther Stiller, Taunusstein
Zeichnungen: Siegfried Tragatschnig
Bildreproduktionen: Georg Gehringer GmbH, Graphische Kunstanstalt, Kaiserslautern
Satz, Druck und buchbinderische Verarbeitung: Wiesbadener Graphische Betriebe GmbH,
Wiesbaden
© B. Schott's Söhne, Mainz, 1978
Printed in Germany · BSS 44 318
Alle Rechte, auch das der Übersetzung, vorbehalten

ISBN 3-7957-2329-9

Inhalt

Vorwort

Das vorliegende »Handbuch der Gitarre und Laute« ist als Lern- und Nachschlagewerk für Studierende und Lehrende an Musikschulen, Konservatorien und Hochschulen gedacht, das sowohl über die einzelnen Fachbereiche — wie Herkunft und Entwicklungsgeschichte der Instrumente und Notation, Instrumentalisten und Komponisten vom 16. Jahrhundert bis zur Gegenwart, musikalische Formen der Gitarren- und Lautenmusik, Verzierungstabellen — wie auch über deren wichtigste Literatur Aufschluß gibt und mit seinem beigefügten Lehrplan eine spürbare Lücke innerhalb der didaktischen Literatur des Gitarreunterrichtes schließen soll.

Wie sich Musik in der bildenden Kunst spiegelt, ist nicht nur eine wertvolle Quelle zur Geschichte und Soziologie der Musik, sondern auch zur Formengeschichte der Musikinstrumente, jenem interessanten Grenzgebiet zwischen beiden Künsten, das in zahlreichen Abbildungen zu beleuchten versucht wurde.

Was ich sonst noch über das Werk und seine Tendenz zu sagen hätte, fasse ich in die Worte zusammen, in die Ernst Gottlieb Baron seine »Untersuchung des Instruments der Lauten« (Nürnberg, 1727) ausklingen läßt: »Ein perfecter Musicus, der sich schon mit vielen anderen Dingen helffen kan, wird ohnedem mehr sein Judicium als alle Reguln gebrauchen. Alle Kleinigkeiten bey so wichtigem Wercke, worzu so viel erfordert wird, anzuführen, wäre fast unmöglich, und müste wohl ein gantz besonderer Tractat davon verfertiget werden. Das meiste kommt auf die Praxin an, womit man die gantze Theorie bevestigen muß, die ich auch einem jeden, der zu studieren Lust hat, gebührender massen recommandire. So viel ist es nun, was mir vor diesesmahl von diesem besonderen, scharfsinnigen und schönen Instrument hat beyfallen wollen. Ich vor meine Person bitte nicht mehr, als daß der geneigte Leser und alle rechtschaffene und vernünfftige Liebhaber mit dieser meiner guten Intention vor diesesmahl zu frieden seyn mögen; solte mir mehrers in Sinn kommen, was zur Cultur dieses Instruments nöthig wäre, so werde nicht unterlassen solches mit gehöriger Ordnung weiter auszuführen, jetzo aber mir vorsetzen meiner Arbeit zu machen ein vergnügtes Ende.«

Basel, im Januar 1978   Konrad Ragossnig

Kapitel I

Die Laute

Ursprung und Entwicklung

Die Laute zählt zu den ältesten Musikinstrumenten der Menschheit. In der Gestalt des *Tanbûr* (Abb. 1) — mit langem Hals und kleinem eiförmigem Kokosnuß-, Schildkröten- und in der Folge mit Holzkorpus — ist die erste Entwicklungsform der Laute auf babylonisch-assyrischen Denkmälern bereits im 2. Jahrtausend v. Chr. nachweisbar. Die Darstellung verschiedener Formen und eine Vielfalt der Proportionen erlauben die Annahme einer vorhergegangenen Entwicklungszeit der Laute und lassen eine gleichzeitige Erfindung durch verschiedene vorderasiatische Völker vermuten. Schließt man bei der Suche nach dem Ursprung der Laute das Instrumentarium des alten China in die Betrachtung mit ein, so läßt sich der geographische Raum bis in den Fernen Osten erweitern. In der Form der höfischen *P'i-p'a* ist aus dem chinesischen Altertum (Tschou-Dynastie, ca. ab 1050 v. Chr.) eine sogenannte »Damenlaute« (C. Sachs) mit birnenförmigem Holzkorpus bekannt, die um 900 n. Chr. nach Japan gebracht wurde. Dieser chinesischen P'i-p'a entstammt durch geringfügige Veränderungen die japanische *Biwa*.

Die Araber übernahmen, vervollkommneten und verbreiteten den drei- bis viersaitigen *Tanbûr*, woraus sich in den ersten nachchristlichen Jahrhunderten der fünfsaitige *Ud*[1] (Abb. 4) entwickelte, die Laute der islamischen Völker, die dem Instrument auf seinem Weg ins Abendland den Namen gab: deutsch »Laute«, englisch »Lute«, französisch »Luth«, italienisch »Liuto«, spanisch »Laud«, portugiesisch »Alaude« vom arabischen »al-ud«, unter Beibehaltung des Artikels. (Al-'ud = Holz, also Holzinstrument). Die lateinische Bezeichnung *Testudo* weist auf den ursprünglichen Schildkrötenkorpus hin.

Durch die wirtschaftliche und politische Berührung des Orients und des Okzidents gelangte die arabische Laute im Gefolge der Mauren und Sarazenen in der ersten Hälfte des 8. Jahrhunderts nach Spanien und Sizilien und breitete sich in den folgenden Jahrhunderten über Europa aus. Jahrhundertelang spielte die Laute nicht nur im Kultur- und Gesellschaftsleben der europäischen Völker eine hervorragende Rolle, ähnlich wie später das Klavier; sie war auch für den Entwicklungsgang der abendländischen Musikkunst von vielfacher Bedeutung.

Über das Lautenspiel vom Altertum bis zum Mittelalter sind wir in erster Linie durch bildliche Darstellungen informiert. Daraus geht hervor, daß die Laute

---

[1] Der Ud wird heute noch, zumeist bundlos und mit Plektrum, im Orient gespielt. Die bedeutendsten Ausbildungszentren für Udspieler sind heute Bagdad und Kairo.

bis in das 16. Jahrhundert mehr Ensemble- als Soloinstrument war. Häufig wurde sie zusammen mit hohen Melodieinstrumenten (Flöte, Geige), mit anderen Zupfinstrumenten (Harfe) und mit tieferen Violen und Orgelinstrumenten (Regal, Portativ) verwendet. Ikonographische Studien ergeben, daß bis ca. 1400 die Benützung eines Plektrums (Federkiels) vorherrschte. Daraus darf auf eine unpolyphone Spielweise geschlossen werden: Akkordik oder Homophonie (Verdoppeln der Melodie im Einklang oder in der Oktave, vielleicht mit geringfügigen Verzierungen). Erst zu Beginn des 16. Jahrhunderts ging man zum Fingeranschlag über. *Arnolt Schlick* (1512) und *Hans Judenkünig* (1523) sind die ersten, die die Bedeutung dieser technischen Neuerung (das » Zwicken «) hervorheben. Es bedeutet zugleich den Anfang des polyphonen Solospiels, was nicht zuletzt am Überhandnehmen von bildlichen Einzeldarstellungen lautenspielender Figuren in der Malerei um 1600 zu verfolgen ist, die den Wandel in Haltung und Technik der rechten Hand deutlich wiedergeben (Abb. 57, 21, 23).

Vier Kompositionsgattungen bildeten das Lautenrepertoire der Renaissance:
1. Kompositionsgattungen einleitender Art (Präludium, Ricercare, Tiento, Fantasia).
2. Tanzsätze, die gewöhnlich zu Suiten zusammengefaßt waren (Tanz — Nachtanz; Pavan — Galliard; Basse danse — Recoupe — Tourdion; Pavana — Saltarello — Piva (Spingardo); Passamezzo — Padoana — Saltarello) und durch ihre rhythmisch-thematische Verwandtschaft den Vergleich zur zukünftigen, klassischen Suite (Allemande — Courante — Sarabande — Gigue) nahelegen.
3. Bearbeitung (Intabulierungen) vokaler Sätze (Motetten, Madrigale, Canzonen, Villanellen, sowie mehrstimmige Messekompositionen).
4. Lieder mit Lautenbegleitung (Frottola, Romance, Villancico, Ayre, Chanson, Air de Cour).

Die Übertragungen von Vokalwerken auf die Laute sind für uns heute von großem Wert, da sie manchen Aufschluß über die Alterationspraxis jener Zeit geben. Intabulierungen mehrstimmiger Vokalmusik von *Orlando di Lasso*, *Paul Hofhaimer*, *Heinrich Isaac*, *Josquin Desprez* u. a. durch Lautenisten des 16. Jahrhunderts bilden einen wesentlichen Bestandteil der frühen Lautenmusik. Aus der Bearbeitungsweise vokaler Modelle hat sich aber im 16. Jahrhundert bald ein eigener Lautenstil herauskristallisiert, der als erster wirklich durchgebildeter Instrumentalstil auf die Entwicklung eines spezifischen Klavierstils eingewirkt hat und schließlich zur Formung der klassischen Suite bei Chambonnières, Couperin und Froberger beitrug.

Wer waren nun die Träger dieser Lautenkunst? Als zumeist Heimat- und Besitzlose gehörten sie im Mittelalter dem Stand der fahrenden » spilleute «, » joculatores « (» jongleurs «) oder » minstrels « an, deren soziale und rechtliche Stellung allerorten eine sehr niedere war. In der Renaissance konnten die » lawtenschlaher « den Makel der Ehr- und Rechtlosigkeit vornehmlich dadurch abstreifen, daß sie in höfische Dienste eintraten. Selbst wenig begüterte Adelige hielten sich meist aus Repräsentationsgründen eigene » menestrels «. Könige und Herzöge benötigten zu ihrer privaten Unterhaltung Sänger und Musikanten.

Mit der Begründung größerer höfischer Instrumentalensembles, in denen die Lautenisten bis ins 18. Jahrhundert hinein ihren festen Platz haben sollten, hat sich auch die soziale Stellung des Musikers allgemein gehoben.

Während der Renaissance erfuhr das Virtuosentum einen ersten, beachtlichen Aufschwung. International berühmte Sänger und Instrumentalisten fanden an vielen Fürstenhöfen in ganz Europa als reich beschenkte Gäste Aufnahme. Der musikliebende Papst Leo X. gedachte, dem Lautenspieler *Gian Maria* 1513 sogar die Verwaltung der Stadt Verruchio zu übertragen.

Das Lautenspiel war aber durchaus nicht allein dem Stand der Berufsmusiker vorbehalten. Als Kaiser Maximilian I. um 1500 in seinem Buch »Theuerdank« das Bild des ritterlichen Menschen aufzeichnete, zählte die Musik zum Studium eines jeden Gebildeten, und wie der Kaiser selbst, so übten sich alle Vornehmen in der Kunst des Lautenspiels. Bis zum 17. Jahrhundert war die Laute schließlich zum Lieblingsinstrument aller Stände geworden. Von einem Edelmann erwartete man, daß er sich zur Rezitation und zum Gesang zur Laute begleitete, im Bürgerhaus, in der Schenke und auf der Schauspielbühne wurde zur Laute getanzt und gesungen. Selbst die Barbiere boten ihren wartenden Kunden Gamben, Lauten und Blockflöten zur musikalischen Kurzweil an.

Wie die gefeierten Meister ihre Werke einem sachkundigen Publikum vortrugen, so versuchte sich der Laie im schlichten Solospiel oder im akkordischen Aussetzen populärer Lied- und Tanzweisen. Von der Improvisation bis zur gelehrten Komposition bildete so die Gattung bis zur Mitte des 18. Jahrhunderts eine ungebrochene, musikalisch-soziologisch vielfach geschichtete Welt. Aber weder ihre allgemeine Wertschätzung noch die Universalität ihrer Verwendungsmöglichkeiten als Solo-, Begleit-, Harmonie- oder Orchesterinstrument konnte das wachsende Desinteresse gegen Ende der Barockzeit bis hin zum nahezu völligen Verdrängen der Laute aus der Musikübung verhindern. Durch ihre Vielzahl der Saiten — und dadurch in ihrer Technik erschwert —, in der Umständlichkeit des Reinstimmens und in der allmählich als altmodisch empfundenen Art ihrer Notierung in Tabulaturschrift wurde die Laute in der jahrhundertealten Funktion als *das* Hausinstrument für die Darstellung der Polyphonie vom Cembalo und vom Hammerklavier abgelöst. Erst zweihundert Jahre später begann im Zuge der historisierenden Aufführungspraxis die Wiederentdeckung der Laute, die nicht zuletzt von der Renaissance der Gitarre profitierte.

Richard G. Campbell[2] definiert als Laute »im weitesten Sinne alle, aus einem hohlen, mit einem Stiel versehenen Schallkörper bestehenden Chordophone, deren Saiten über Korpus und Stiel derart gespannt sind, daß sie durch Andrücken an den Stiel verkürzt werden können und dadurch Töne von verschiedener Tonhöhe zu erzeugen geeignet sind«. Damit steht der Lautentypus in der Instrumentensystematik als übergeordneter Begriff über allen Saiteninstrumenten, mit Ausnahme von Harfe, Leier und Trumscheit, deren Saiten entweder nur einen Ton in gleicher Tonhöhe hervorbringen oder nach einem völlig anderen Prinzip verkürzt werden.

Wenn man in Frankreich unter dem »Luthier« den Instrumentenbauer schlecht-

---

[2] Richard G. Campbell, »Zur Typologie der Schalenhalslaute«, a.a.O.

hin versteht, bezeugt dies u. a. auch die tatsächliche, zentrale Bedeutung, die die Laute im Umkreis der Saiteninstrumente besitzt.

Die vorliegende Arbeit will sich vor allem mit den Halslauten beschäftigen, von denen sich einerseits die Schalenhalslauten (*abendländische Laute*), andererseits die Kastenhalslauten (*Gitarreninstrumente*) ableiten.

Eine Tabelle soll die Übersicht einer Einordnung der in dieser Arbeit behandelten oder erwähnten Lauteninstrumente — ohne Berücksichtigung der Spießlauten — erleichtern:

Halslauten

Schalenhalslauten	Kastenhalslauten
Laute	*Gitarre*
Angelica	Chitarra battente
Chitarrone	Cister (Cittern, Citôle)
Colascione	Ghiterna (Ghitterne, Gittern)
Guitarra morisca (Guitarra sara-cenica)	Guitare d'amour (Arpeggione)
	Guitarra latina
Mandora	Orpharion
P'i-p'a (Biwa)	Pandora (Bandora, Bandoer)
Sâz (Baglama)	Quinterna
Sitâr	Samisen
Tanbûr	Vihuela
Tanburica	
Târ	
Theorbe	
Ud (Al-'ud)	

Der aus mehreren Holzspänen halbbirnenförmig zusammengesetzte Korpus der *abendländischen Laute* besitzt eine ebene Decke, die in der Mitte eine größere Schallöffnung mit Schnitzwerk aufweist. Der breite Hals hat Darmbünde, der nach rückwärts abgeknickte Wirbelkasten seitenständige Wirbel (Abb. 5). Zahl und Art der Besaitung änderte sich nach Zeit und Landschaft. Ähnlich den Streich- und Blasinstrumenten wurden auch die Lauten in verschiedenen Stimmlagen gebaut: als *Diskant-, Alt-, Tenor- und Baßlauten.* *Michael Praetorius* gibt im »Syntagma musicum« II (1618) an, wie die höchste Saite der verschiedenen Lauten im Zusammenspiel gestimmt sein soll:

1. »Klein Octavlaut« d″ oder c″,
2. »Klein Discantlaut« h″,
3. »Discant Laut« a′,
4. »Recht Chorist- oder Alt Laute« g′,

5. »Tenor Laute« e',
6. »Der Baß« d',
7. »Die Groß Octav Baß Laut« g.

Von den Baßlauten leiten sich die *Erzlauten* ab: man unterschied die paduanische *Theorbe* (Abb. 7) mit verlängertem (statt geknicktem) Hals und mit zwei Wirbelkästen vom schlankeren, jedoch längeren römischen *Chitarrone* (Abb. 8).

Beide Instrumente spielten in der Frühzeit der Generalbaßpraxis (*Monteverdi, Caccini*) und bis in die Zeit *Händels*, der die Theorbe in zweien seiner Opern (»Giulio Cesare«, »Partenope«) und im Oratorium »La Resurrezione« verwendete, eine wichtige Rolle. Nach *Michael Praetorius* entsprach die Stimmung der sechs oberen Chöre von Chitarrone und Theorbe der der Altlaute in G (G – c – f – a – d' – g'), Quint- und Quartsaite wurden jedoch um eine Oktave tiefer eingestimmt. Sicher waren außer dieser auch noch andere Stimmungen in Gebrauch.

Unter *theorbierter Laute* oder *Theorbenlaute* hat man einen Lautentyp zu verstehen, der mit zwei Wirbelkasten ausgestattet ist, von denen der eine, wie bei der Knickhalslaute, nach rückwärts abgewinkelt ist, der andere jedoch gerade verläuft, wie bei der Theorbe (Abb. 6).

Als *Angelica* (Angélique) (Abb. 9) bezeichnete man im 17. Jahrhundert eine Theorbenlaute, deren 16 bis 17 Einzelsaiten diatonisch gestimmt waren (C – e'). Zu den wenig erhaltenen Tabulaturen für dieses Instrument, das sich eigentlich nie durchgesetzt hat und bald von der Cister verdrängt wurde, gehört als bedeutendste Drucksammlung Jacob Krembergs »Musicalische Gemüths-Ergötzung Oder Arien Welche . . . Auff der Lauthe, Angelique, Viola di Gamba und Chitarra können gespielet werden«, Dresden 1689.

Der *Colascione* (Abb. 20) ist ein Lauteninstrument in Tanbûrform mit ungewöhnlich langem Griffbrett, über dem zwei bis sechs Metall- oder Darmsaiten gespannt waren. Nach Mattheson wurde der Colascione noch in der ersten Hälfte des 18. Jahrhunderts als Continuoinstrument verwendet.

Die *Besaitung* der Lauteninstrumente unterlag Schwankungen. In der Regel war der »Chanterelle« eine Einzelsaite, den übrigen Chören waren Doppelsaiten zugeordnet, wobei der zweite und dritte Chor im Einklang gestimmt war; alle anderen Chöre darunter verfügten über Doppelsaiten im Oktavabstand. Zu Beginn des 16. Jahrhunderts besaßen die Lauten 6 Chöre (also 11 Saiten) in der Stimmung: Quart – Quart – Terz – Quart – Quart, ursprünglich in A, später in G. Bis zum Ende des 16. Jahrhunderts wurde die Besaitung auf 10 Chöre, nach 1635 auf 11 bis 13 Chöre erweitert (*Barocklaute* in sogenannter d-Moll-Stimmung)[3]. Um die Mitte des 17. Jahrhunderts wurde es üblich, dem ersten und zweiten »Chor« einsaitigen Bezug zu geben.

Von der 2. Hälfte des 16. Jahrhunderts an weisen verschiedene Quellen auf Experimente in der Besaitung hin, durch die man der Laute neue Klangbereiche

---

[3] J. S. Bachs Lautenkompositionen verlangen zum Teil ein 14-chöriges Instrument, das jedoch im 18. Jahrhundert nicht nachweisbar ist.

erschließen wollte, Versuche, die wir später bei den französischen Lautenisten des 17. Jahrhunderts in noch deutlicherem Maße wiederfinden[4].

Adrian Le Roy erwähnt 1574, daß manche italienische Lautenisten die Saiten im Einklang und nicht in Oktaven einstimmen[5]. *Michele Carrara* verdoppelt alle acht Chöre seiner Laute im Einklang[6]. Während *Marin Mersenne* für den 5. und 6. Chor Oktavbegleitsaiten verlangt[7], empfiehlt *John Dowland* für den 6. Chor Saiten von gleicher Dicke[8]; die Gewohnheiten, eine dünnere und dickere Saite zusammen aufzuziehen, hätten erfahrene Musiker aufgegeben. »Man muß daher annehmen, daß Dowland auch die Chöre 5 und 4 im Einklang verdoppelt.«[9] *Gabriel Bataille* gebraucht in seinen »Airs de différents autheurs« (Paris 1608 – 1618) für c – f – a – d′ Einklangsaiten, für den sechsten bis neunten Chor Oktavbegleitsaiten[10].

Das *Saitenmaterial* war für die oberen Chöre und für die Baßoktaven aus Darm, während man vom 5. oder 6. Chor abwärts umsponnene Saiten verwendete[11].

---

[4] Vgl. S. 21 ff.
[5] »A briefe and plaine instruction«, London 1574.
[6] »Regola ferma e vera di nuove corretta per l'intavolatura di liuto«, Rom 1585.
[7] »Harmonie universelle«, II, Paris 1637, »Traité des instruments«, II, 86 f.
[8] »Necessarie observations« in R. Dowland, »Varietie of Lute-Lessons«, London, 1610.
[9] H. Radke, Beiträge zur Erforschung der Lautentabulaturen des 16. – 18. Jahrhunderts, a.a.O.
[10] J. Wolf, Notationskunde II, a.a.O.
[11] H. Neemann, Lautenmusik des 17./18. Jahrhunderts, a.a.O.

Die Notation

Die gesamte Lautenmusik vom 16. bis zum Ende des 18. Jahrhunderts wurde mit wenigen Ausnahmen – darunter Bachs Lautenwerke – in Tabulaturschrift aufgezeichnet, einer Griffzeichenschrift, die in vier Typen im Gebrauch war. Nach ihrer jeweiligen Heimat unterschied man eine *deutsche, französische, italienische* und *spanische* Tabulatur; letztere wurde nur für die Vihuela und ausschließlich von *Luis Milán* benutzt. Den Ursprung des Liniensystems der Romanen vermutet Oswald Körte in der arabischen Lautenpraxis, die zur Bundbezeichnung sowohl Buchstaben des Alphabets als auch Zahlen verwendete[12].

1. Romanische Tabulaturen

Die Linien stellen die sechs Saiten dar (unterste Linie = unterste Saite: *französische* und *spanische Tabulatur*; unterste Linie = oberste Saite: *italienische Tabulatur*)[13].
Während sich die französische Tabulatur für die Tonfortschreitung am Griffbrett der Kleinbuchstaben des lateinischen Alphabets bedient, die auf die den jeweiligen Saiten entsprechenden Linien gesetzt werden (a = leere Saite, b = 1. Bund, c = 2. Bund, d = 3. Bund usw.), verwendet die italienische und spanische Tabulatur in gleicher Anwendung Zahlen (0 = leere Saite, 1 = 1. Bund, 2 = 2. Bund, 3 = 3. Bund usw.).

Die Renaissance-Stimmung

---

[12] O. Körte, Laute und Lautenmusik bis zur Mitte des 16. Jh.; a.a.O.
[13] Vgl. Abb. 12–17.

Darstellung der romanischen Tabulaturen mit Saitenbezeichnungen

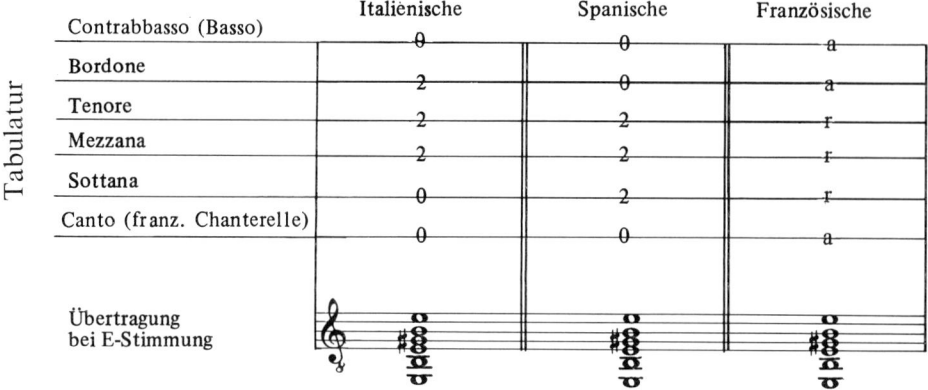

Der rhythmische Ablauf der Melodie bzw. des Lautensatzes wird durch über dem Griffbild stehende Rhythmuszeichen angegeben, die solange gelten, bis sie durch andere abgelöst werden. Im übrigen weist die Schreibweise in den verschiedenen Quellen geringfügige Abweichungen auf, wie etwa die fortlaufende Rhythmisierung des Tonablaufes, sowie Abänderungen in der rhythmischen Zeichengebung.

Als metrische Zeichen gelten:

⊨	Brevis =	◗◖	
◆	Semibrevis =	○	
♩	Minima =	𝅗𝅥	Italienische und spanische Tabulatur
♩	Semiminima =	♩	
♪	Fusa =	♪	

An Stelle der vollständigen Noten, wie sie die spanische Tabulatur (Milán) verwendet, benutzt die italienische und französische Tabulatur vielfach die nur aus Stiel und Fahne zusammengesetzten Symbole, jedoch können auch beide Typen nebeneinander verfolgt werden:

		│	Semibrevis =	○	
ℙ	oder	♩	Minima =	𝅗𝅥	
β	oder	♩	Semiminima =	♩	Italienische und französische Tabulatur
β	oder	♩	Fusa =	♪	
β	oder	♪	Semifusa =	♪	

Die Rhythmus-Symbole konnten auch untereinander verbunden sein:

16

Brevis und Longa (◫) werden nicht gebraucht, da das Erklingen einer Saite nicht länger als eine Semibrevis dauert.

Rhythmische Zeichen ohne Verbindung mit Buchstaben gelten für die Pausen.

Den Übertragungen aller nachfolgenden Renaissance-Tabulaturbeispiele wurde die E-Stimmung zugrunde gelegt:

Die ursprünglichen Notenwerte sind in der modernen Notation — sofern nicht durch einen Hinweis gekennzeichnet — auf die Hälfte verkürzt.

Beispiel einer italienischen Tabulatur

Francesco da Milano — Toccata (1536)

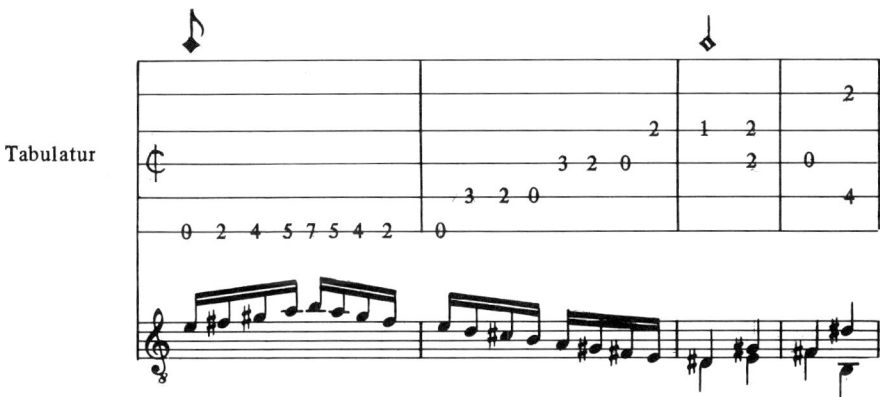

Beispiel einer spanischen Tabulatur

Luis Milán — Pavane (1536)

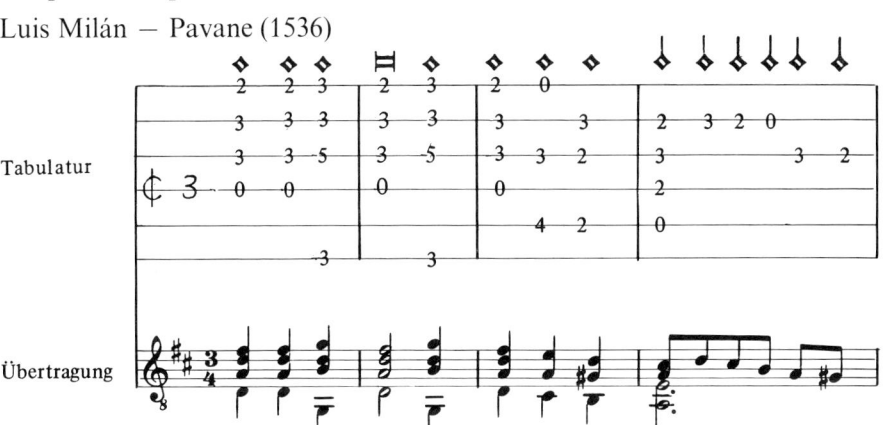

Wegen des Tripeltaktes wurden die Werte in der Übertragung auf ein Viertel verkürzt.

Beispiele französischer Tabulaturen

Pierre Attaingnant — Galliarde P. B. (1529) auf Fünfliniensystem

Tabulatur

Übertragung
(unverkürzte
Notenwerte)

Das Fünfliniensystem, bei dem der 6. Chor auf einer kleinen Hilfslinie dargestellt wurde, war in Frankreich bis 1584 in Verwendung. Danach setzte sich das Sechsliniensystem der italienischen Tabulaturen durch, zuerst bei *Emanuel Adriaenssen* (1584). Geht die Laute über die Sechschörigkeit hinaus, so werden die Bünde der neben dem Griffbrett freischwebenden Bordunsaiten unterhalb, bei der italienischen Tabulatur oberhalb des Liniensystems durch Zahlen oder Buchstaben zur Darstellung gebracht. Das folgende Schema erläutert die Stimmung und Tabulatur-Notation der Laute in G-Stimmung mit vier Bordunsaiten im französischen System:

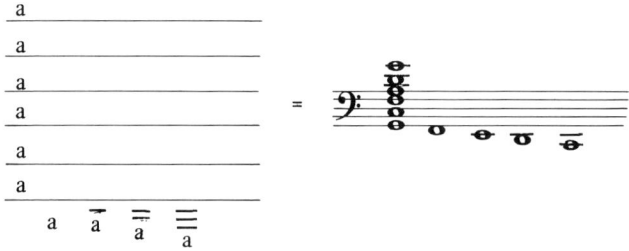

Die Hilfslinien über den Buchstaben können auch schräg gestellt sein; $\overline{a}$, $\overline{\overline{a}}$, $\overline{\overline{\overline{a}}}$. Werden statt der Buchstaben Zahlen verwendet, so ergeben 7, 8, 9, 10 (auch a, 8, 9, X) die Symbole zur Aufzeichnung von vier Bordunsaiten[14].

---

[14] Abweichungen in der Notierung tiefer Baßchöre bei J. van den Hove 1612, J.-B. Besard 1603/1617, R. Dowland 1610, L. de Moy 1631 und M. Galilei 1620, die J. Wolf (Notationskunde II, 83ff., a.a.O.) nicht mitteilt, sind bei H. Radke, »Beiträge zur Erforschung der Lautentabulaturen des 16.—18. Jahrhunderts«, Musikforschung XVI, 1963, angegeben (36ff.), a.a.O.

John Dowland — The King of Denmark's Galliard (1610)

Beispiel einer französischen Tabulatur für zehnchörige Laute

Jean-Baptiste Besard — Ballet (1617)

Die Laute der sogenannten neufranzösischen bzw. neudeutschen Periode, die sich von der Mitte des 17. bis zum Ende des 18. Jahrhunderts erstreckt, war in d-Moll gestimmt. Die Saitenzahl erhöhte sich nach der Tiefe hin, so daß die Laute fortan in der Regel mit 13 Chören bespannt war, die insgesamt aber nur 24 Saiten ergaben, da die beiden ersten Chöre einsaitigen Bezug hatten.

Stimmung der Barocklaute

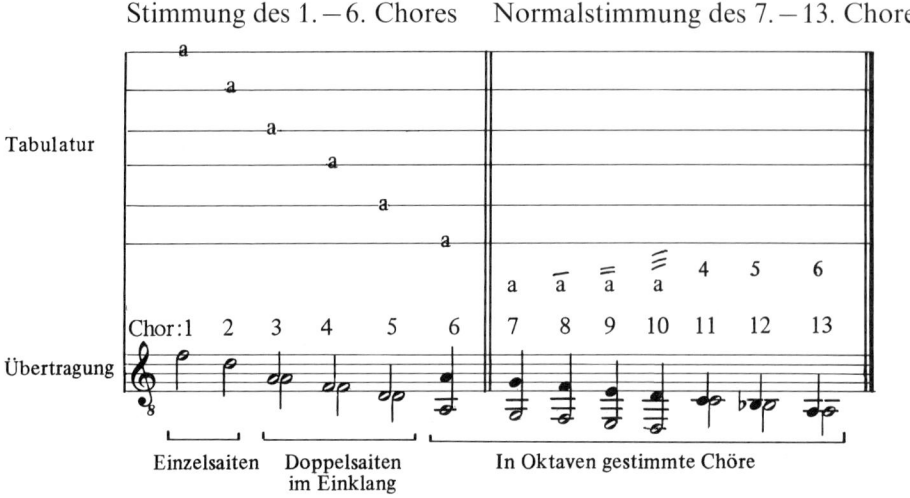

Stimmung des 1.–6. Chores Normalstimmung des 7.–13. Chores

Tabulatur

Übertragung

Einzelsaiten Doppelsaiten In Oktaven gestimmte Chöre
im Einklang

Schematische Darstellung der Töne am Griffbrett

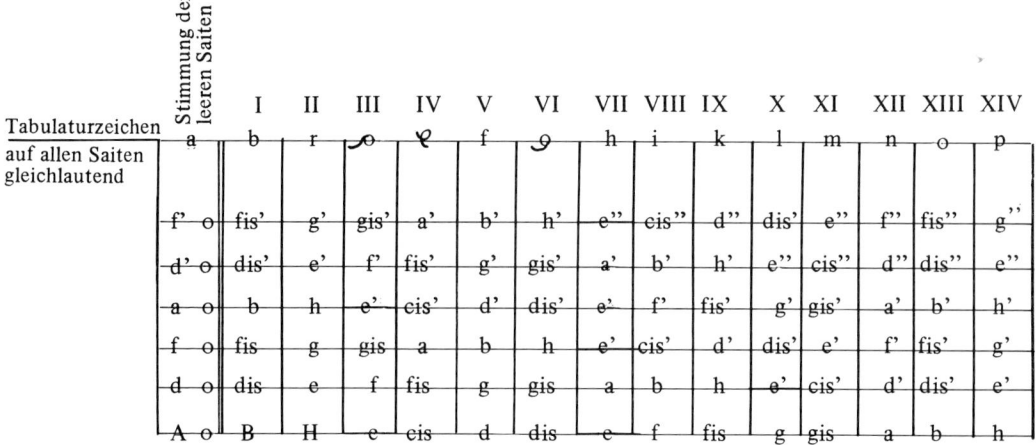

Tabulaturzeichen auf allen Saiten gleichlautend	Stimmung der leeren Saiten	I	II	III	IV	V	VI	VII	VIII	IX	X	XI	XII	XIII	XIV
	a	b	r	o	e	f	g	h	i	k	l	m	n	o	p
	f'	fis'	g'	gis'	a'	b'	h'	e''	cis''	d''	dis''	e''	f''	fis''	g''
	d'	dis'	e'	f'	fis'	g'	gis'	a'	b'	h'	e''	cis''	d''	dis''	e''
	a	b	h	e'	cis'	d'	dis'	e'	f'	fis'	g'	gis'	a'	b'	h'
	f	fis	g	gis	a	b	h	e'	cis'	d'	dis'	e'	f'	fis'	g'
	d	dis	e	f	fis	g	gis	a	b	h	e'	cis'	d'	dis'	e'
	A	B	H	e	cis	d	dis	e	f	fis	g	gis	a	b	h

Um die Buchstaben c und e nicht zu verwechseln, wurde im 17. Jahrhundert oft auch r für c verwendet, für das reguläre d, e und g die stilisierte Schreibung ⌀, ℮ und ℘.

Beispiel einer französischen Tabulatur für dreizehnchörige Barocklaute

Ferdinand Seidel – Menuett (1757)

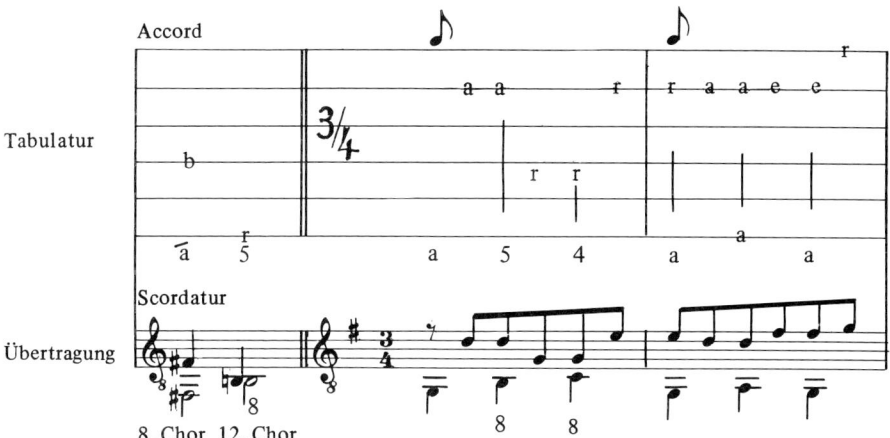

Mit der Bezeichnung »Accord« (»Accordatura«, »à corde avallée«) wurde am Anfang der Tabulatur die vom Komponisten gewünschte Saitenstimmung angegeben, wenn sie sich von der üblichen unterschied.

Abgesehen von einigen Umstimmungen einzelner Chöre bereits im 16. Jahrhundert[15], wurden im 17. und 18. Jahrhundert unzählige abweichende (»Luth à cordes avalées«) und neue (»accords nouveaux«)[16] Lautenstimmungen ausprobiert:

1) Luth à cordes avalées

A. Francisque, 1600

J. B. Besard, 1603

---

[15] H. Neusidler 1544 (Der Juden Tantz: A – e – e – h – e′ – gis′); W. Heckel 1556 (Drei Tänze im leyer zug: A – d – fis – a – d′ – g′); M. de Barberis 1549: F – B – f – a – d′ – g′; G – d – g – a – d′ – g′ und G – c – f – a – e′ – a′.

[16] Zum Unterschied der alten Renaissance-Stimmung in G oder A, die man als altmodisch mit »vieil ton« oder »accord ordinaire« bezeichnete, wenngleich diese bis 1650 in Gebrauch war (»Il Liuto di Bernardo Gianoncelli«, Venedig 1650).

2) »Accords nouveaux«

Auch als sich schon die d-Moll-Stimmung A – d – f – a – d' – f' als Normal-stimmung durchgesetzt hatte, wurden abweichende Stimmungen gelegentlich vorgeschrieben[17]:

P. Gaultier, 1638 u. a.

ebenso von G aus

P. Ballard, 1631; M. Mersenne, 1637; P. Gaultier, 1638 u. a.

ebenso von G aus

M. Mersenne, 1637; P. Ballard, 1638; P. Gaultier, 1638 u. a.

ebenso von G aus

P. Ballard, 1631/1638; M. Mersenne, 1637; P. Gaultier, 1638 u. a.

ebenso von G aus

P. Gaultier, 1638

ebenso von Ges aus

E. G. Baron, Sonata à Liuto solo Dis-Dur;
J. S. Bach, Partita al Liuto c-Moll

---

[17] Hans Radke, Beiträge zur Erforschung der Lautentabulaturen des 16. – 18. Jahrhunderts. Musikforschung XVI, 1963.

E. Reusner d. J., 1667, Suiten XII – XV; 1676, Suiten I – IV u. a.

Der französische Lautenist *Dufaut* probiert in den Tabulaturdrucken von 1631 und 1638 (Ballard) außer der d-Moll-Stimmung folgende drei Scordaturen aus:

2. Die deutsche Tabulatur

ist linienlos und verwendet zur Griffbezeichnung Zahlen und Buchstaben[18]. Sie bezeichnet jede Kreuzungsstelle am Griffbrett durch ein eigenes Zeichen. Der grundlegende Unterschied zur französischen Tabulatur besteht darin, daß im deutschen System die Buchstaben den Bünden folgend quer über das Griffbrett gesetzt sind, während sie in der französischen Tabulaturschrift jeder Saite in Längsrichtung folgen.

Das deutsche Alphabet hatte damals nur 23 Buchstaben (je einen für i, j und u, v, w). Für den 5. Bund der beiden obersten Saiten mußten dadurch zwei besondere Zeichen hinzugefügt werden:

$$\mathcal{Z} \text{ und } \mathcal{P}$$

Diese beiden Symbole wurden »et« und »con« genannt, gemäß den damals gebräuchlichen Abkürzungen für die in alten Alphabeten häufig angehängten lateinischen Silben[19]. Vom sechsten Bunde aufwärts wird das Alphabet der Reihe

---

[18] Vgl. Abb. 11 a.

[19] Wilhelm Tappert schreibt dazu im Vorwort zu »Sang und Klang aus alter Zeit«, Berlin 1906: »Marcus Tullius *Tiro*, um 94 v. Chr. geboren ... war anfänglich Ciceros Sklave, dann wegen seiner Geschicklichkeit und Gelehrsamkeit dessen Mitarbeiter. Er hat die altrömische Kurzschrift, die *tironischen* Noten erfunden. Ehedem wurden von Tiros stenographischen Zeichen mehrere allgemein gebraucht; das *et* und die Vorsilbe *con* benützten die deutschen Lautenisten in ihrer Tabulatur, die lateinische Endung *us* – als tironische Note einer kleinen 9 (Neun) ähnlich – war sehr beliebt in Worten wie: *Deus, Dominus, Sanctus, Clavibus* etc., sogar im Französischen begegnet man ihr häufig: no⁹, vo⁹, to⁹ (= nous, vous, tous)«. Offenbar wurde für die Endung *us* wie für die Vorsilbe *con* dasselbe tironische Stenogrammzeichen 9 verwendet. Als eine Weiterführung dieser tironischen Noten war es im Buchdrucker- und Buchbindergewerbe des 16. Jahrhunderts üblich, umfangreichere Druckwerke, für deren Heftlage- oder Seitenbezeichnungen das Alphabet nicht ausreichte, *et* und *con* einzusetzen.

nach wiederholt: entweder in verdoppelten Buchstaben (aa, bb, cc usw.) oder mit einem darübergesetzten Querstrich ($\overline{a}$ $\overline{b}$ $\overline{c}$ usw.). Die leeren Saitenpaare vom zweiten bis fünften Chor wurden mit den Zahlen 1 bis 5 numeriert, während der tiefste Chor, der sogenannte »Großbrummer«, verschiedenartig notiert wurde.

Diagramm der deutschen Tabulatur

mit unterschiedlicher Bezeichnung des Großbrummers in den verschiedenen Lautenbüchern:

Leere Saiten	I	II	III	IV	V	VI	VII	VIII	IX	
5	e	k	p	v	9	$\overline{c}$	$\overline{k}$	$\overline{p}$	$\overline{v}$	Quint- oder Kleinsaite
4	d	i	o	t	2	$\overline{d}$	$\overline{i}$	$\overline{o}$	$\overline{t}$	Sangsaite (Quartsaite)
3	c	h	n	s	z	$\overline{c}$	$\overline{h}$	$\overline{n}$	$\overline{s}$	Mittelsaite
2	b	g	m	r	y	$\overline{b}$	$\overline{g}$	$\overline{m}$	$\overline{r}$	Kleinbrummer
1	a	f	l	q	x	$\overline{a}$	$\overline{f}$	$\overline{l}$	$\overline{q}$	Mittelbrummer
I.	A	B	C	D	E	F	G	H		Großbrummer
II.	†	A	B	C	D	E	F	G	H	
III.	†	A	F	L	Q	X	AA	FF		
IV.	†	$\overline{a}$	$\overline{f}$	$\overline{l}$	$\overline{q}$	$\overline{x}$	aa	ff	$\overline{u}$	
V.	$\overline{1}$	$\overline{2}$	$\overline{3}$	$\overline{4}$	$\overline{5}$	$\overline{6}$	$\overline{7}$	$\overline{8}$	$\overline{9}$	

I.   Hans Judenkünig, »Ain schone kunstliche vnderweisung« (Wien, 1523).

II.   Hans Neusidler, »Ein new künstlich Lautenbuch« (Nürnberg, 1544, sowie in anderen Lautendrucken Neusidlers).

III. Sebastian Virdung, »Musica getutscht und aussgezogen . . .«, (Basel, 1511) Arnolt Schlick, »Tabulaturen etlicher Lobgesang und Lidlein uff die Orgeln und Lauten« (Mainz, 1512).

IV. Wolff Heckel, »Discant Lauttenbuch« (Strassburg, 1552).

V.   Hans Gerle, »Eyn Newes sehr Kunstlichs Lauttenbuch« (Nürnberg, 1552) Sebastian Ochsenkun, »Tabulaturbuch auff die Lautten« (Heidelberg, 1558).

Die deutsche Tabulatur taucht 1511 bei *Sebastian Virdung* auf und schließt in Druckwerken bereits 1592 mit *Matthaeus Waisselius*. Zu den letzten *deutschen handschriftlichen* Lautentabulaturen zählt der Sammelband des *Nicolaus Schmall von Lebendorf*: »Lautten Tabulatur Buech«, 1613 (Prag?) sowie ein Codex mit 460 Stücken, den die Musikbibliothek der Stadt Leipzig unter dem Titel »Deutsche Lautentabulatur von 1619« verwahrt. Die Tatsache, daß die deutsche Notierungsweise offenbar für eine fünfchörige Laute bestimmt war[20], wie sie

---

[20] Die Tabulaturzeichen für den sechsten (tiefsten) Chor wurden erst hinzugefügt, nachdem sich die Besaitung der Laute zur Sechschörigkeit erweitert hatte.

im 14. und 15. Jahrhundert üblich war, läßt vermuten, daß die deutsche Lauten-
notation die älteste unter allen Lautentabulaturen war; ihre Grundzüge sind
zweifellos älteren Ursprungs als die ersten uns erhaltenen Dokumente.

Allmählich saugt die französische Tabulatur alle anderen Griffschriften auf
und verschwindet dann um 1800 mit der Laute selbst.

Bereits zu Ende des 17. Jahrhunderts fehlt es nicht an Versuchen, die Tabulatur-
Notation zugunsten der üblichen Notation aufzugeben. *Perrine* (gest. nach 1698
in Paris) veröffentlichte als erster Lautenist in Frankreich 1680 ein »Livre de
musique pour le Lut . . .«, das sich der modernen Notation bedient. Seine
»Pièces de luth en musique« (Paris um 1680) enthalten ausschließlich Kompositionen von Ennemond und Denis Gaultier in Klavier-Notation. Schließlich
erscheinen von *Robert de Visée* im Zwei-Schlüssel-System die »Pièces de théorbe
et de luth, mises en partition, dessus et basse« (Paris 1716).

Johann Sebastian Bach notiert seine Kompositionen für die Laute ausnahmslos
im Zwei-Schlüssel-System, für die Forschung bislang einer der gewichtigsten
Gründe, das Bachsche Lautenwerk nur teilweise zu authentisieren.

Spielzeichen in Lautentabulaturen

In den Quellen des 16. bis 18. Jahrhunderts hat nicht selten ein und dasselbe
Zeichen unterschiedliche Bedeutung; andererseits wurde die Ausführung ein
und desselben Ornaments oft durch verschiedene Zeichen gefordert.

1. Fingersatzbezeichnungen

a) Linke Hand

Zeigefinger	.	1 Punkt	meistens neben den Tabulatur-
Mittelfinger	..	2 Punkte	zeichen stehend, da Punkte unter
Ringfinger	... oder ∴	3 Punkte	den Spielzeichen
Kleiner Finger	.... oder ∷	4 Punkte	für die rechte Hand gelten

Doch dienen neben den Punkten auch die Ziffern 1 – 4 zur Fingersatzbezeichnung
der linken Hand (Th. Mace, Ch. Mouton, E. G. Baron u. a.).

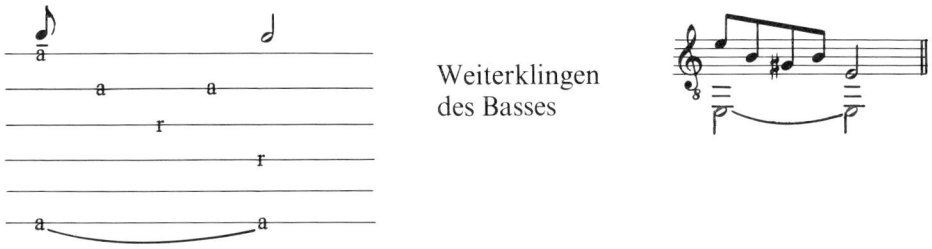

Weiterklingen
des Basses

25

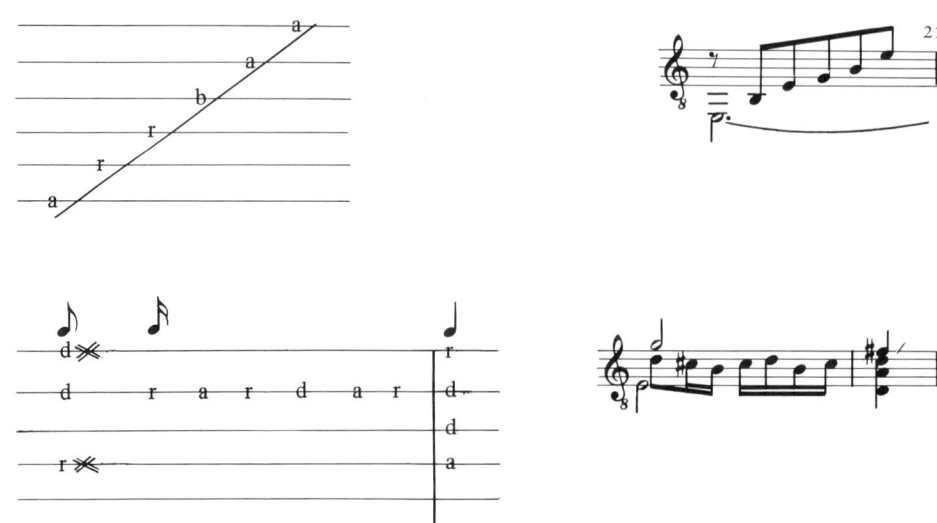

Ein Sternchen (×) oder Doppelkreuz (✳) hinter dem Spielzeichen fordert das Aushalten eines Tones über den Einsatz eines folgenden hinaus

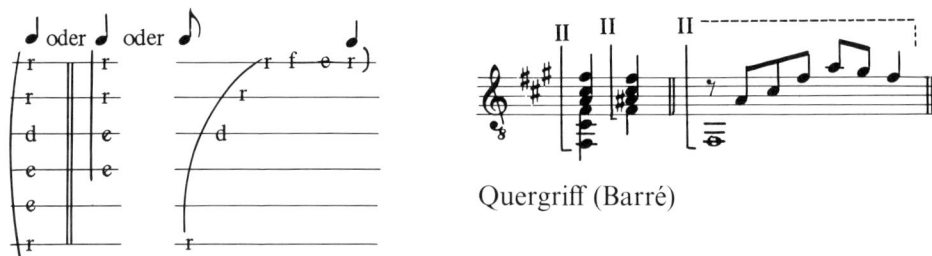

Quergriff (Barré)

Der Quergriff kann auch mit einem Sternchen ∗ bezeichnet sein

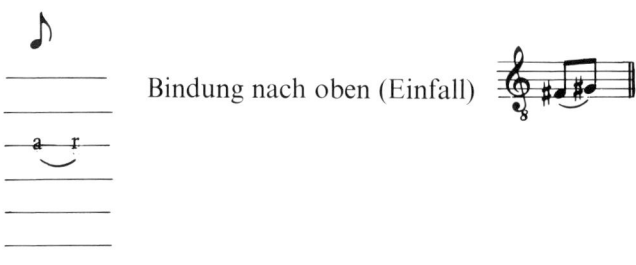

Bindung nach oben (Einfall)

21 Tabulaturübertragungen setzen die Renaissance-Lautenstimmung voraus (E – A – d – fis – h – e′), auch dort, wo Fingersatzbezeichnungen und Verzierungen für die Barock-Laute gültig sind.

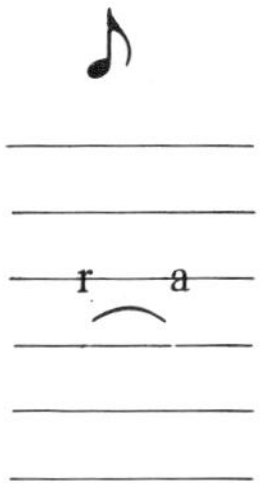

Bindung nach unten (Abzug)

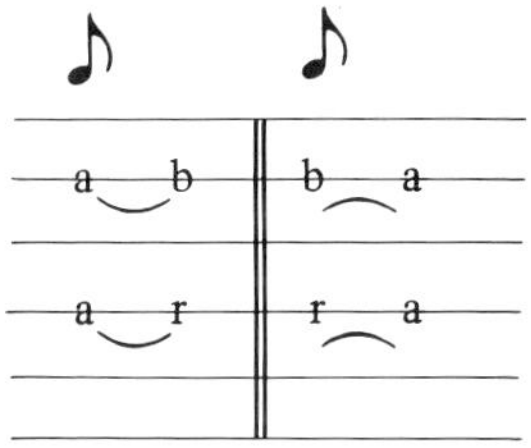

Doppeleinfall und Doppelabzug

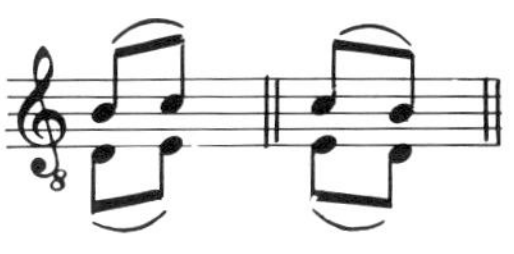

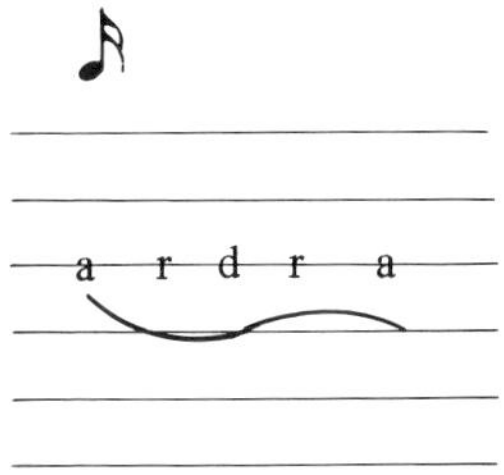

Einfall und Abzug
zusammenhängend

Bindebogen für die linke Hand treten erst in Tabulaturen gegen die Mitte des 17. Jahrhunderts auf. Im Zusammenhang mit einzelnen Verzierungs- formen waren Tonbindungen jedoch schon im 16. Jahrhundert üblich (vgl. Ornamentik, S. 30 ff.).

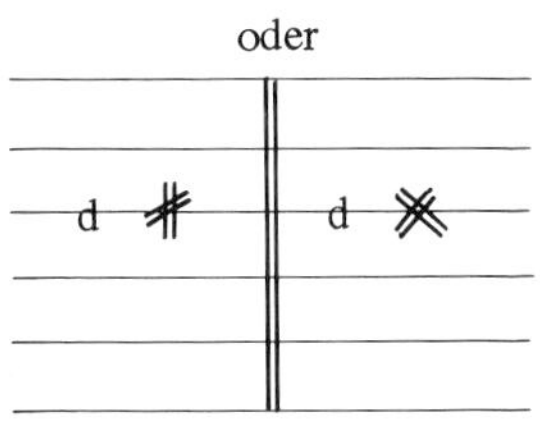

oder

Bebung (Vibrato)

b) Rechte Hand

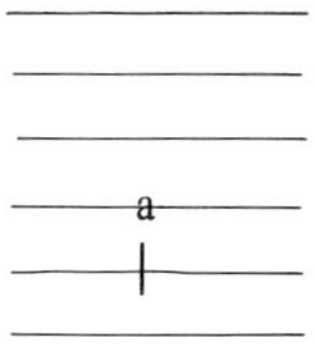

Anschlag
mit dem Daumen

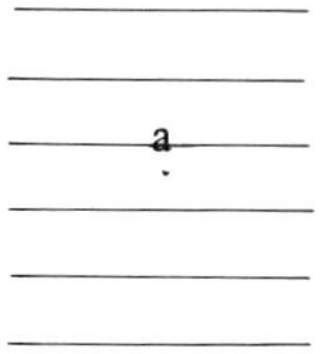

Anschlag
mit dem Zeigefinger

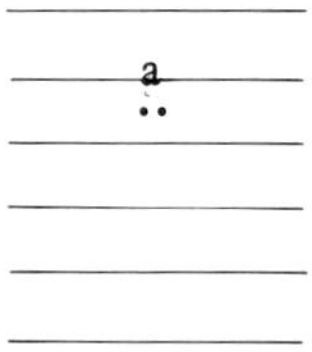

Anschlag
mit dem Mittelfinger

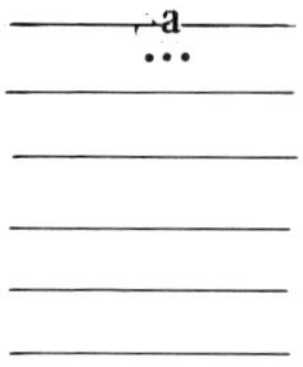

Anschlag
mit dem Ringfinger

In *deutschen* Tabulaturen (H. Judenkünig) wurde der Anschlag mit dem Zeigefinger durch einen Sporn am oberen Querstrich der rhythmischen Wertzeichen (Semiminima, Fusa) markiert. Hans Neusidler setzt einen Punkt für den Zeigefingeranschlag *über* das Griffzeichen.

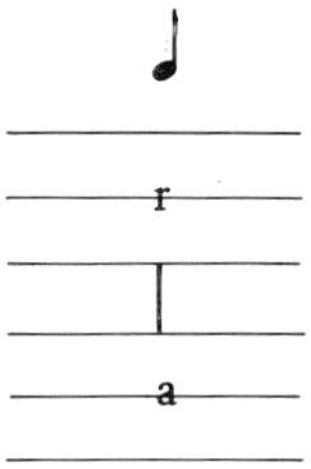

Gleichzeitiger Anschlag ohne Arpeggio

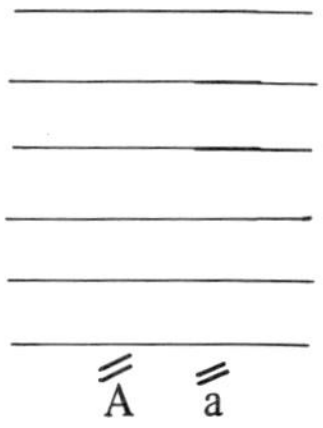

Getrennter Anschlag der beiden Saiten eines Chores

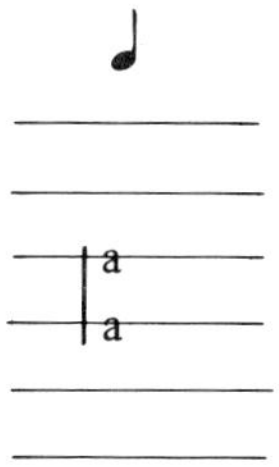

Anschlag mit dem Daumen über zwei Chöre

Arpeggien:

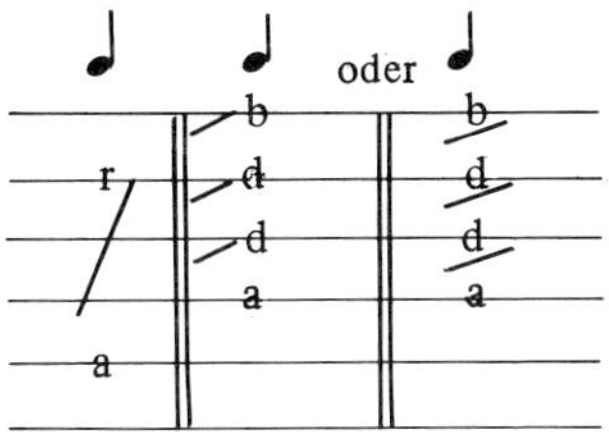

a) Brechung
(»séparé«, »harpegement«)

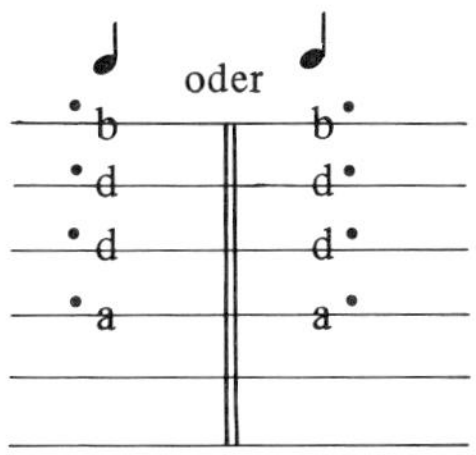

b) Arpeggio mit dem Zeigefinger
abwärts (Streifer)

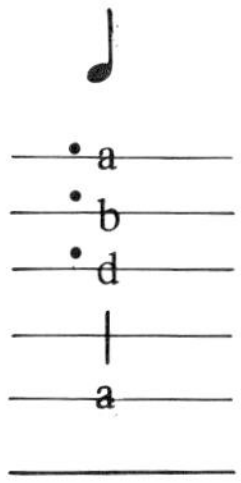

c) Der Baßton wird mit dem Daumen angeschlagen,
die drei Oberstimmen mit dem Zeigefinger
nach unten arpeggiert

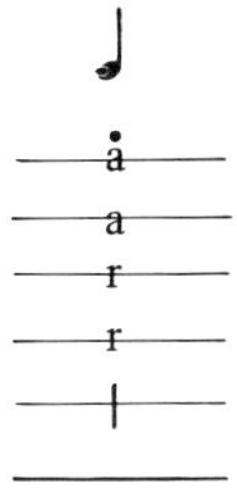

d) Der Daumen arpeggiert vom Baßton
aus beginnend nach oben, wobei der Zeigefinger
die Akkordbrechung durch Anschlag
des obersten Spielzeichens beschließt

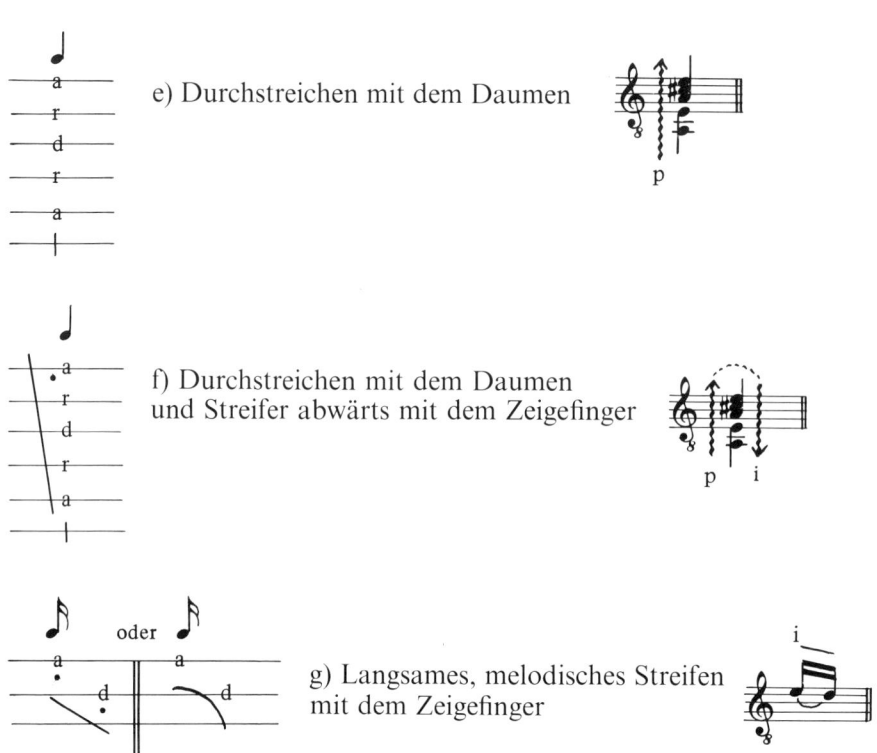

e) Durchstreichen mit dem Daumen

f) Durchstreichen mit dem Daumen
und Streifer abwärts mit dem Zeigefinger

oder

g) Langsames, melodisches Streifen
mit dem Zeigefinger

2. Ornamentik

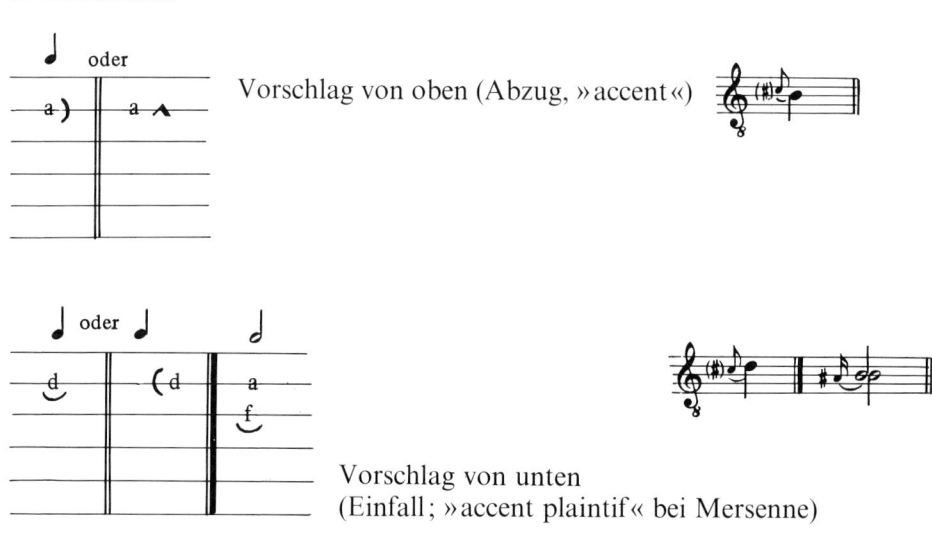

oder

Vorschlag von oben (Abzug, »accent«)

oder

Vorschlag von unten
(Einfall; »accent plaintif« bei Mersenne)

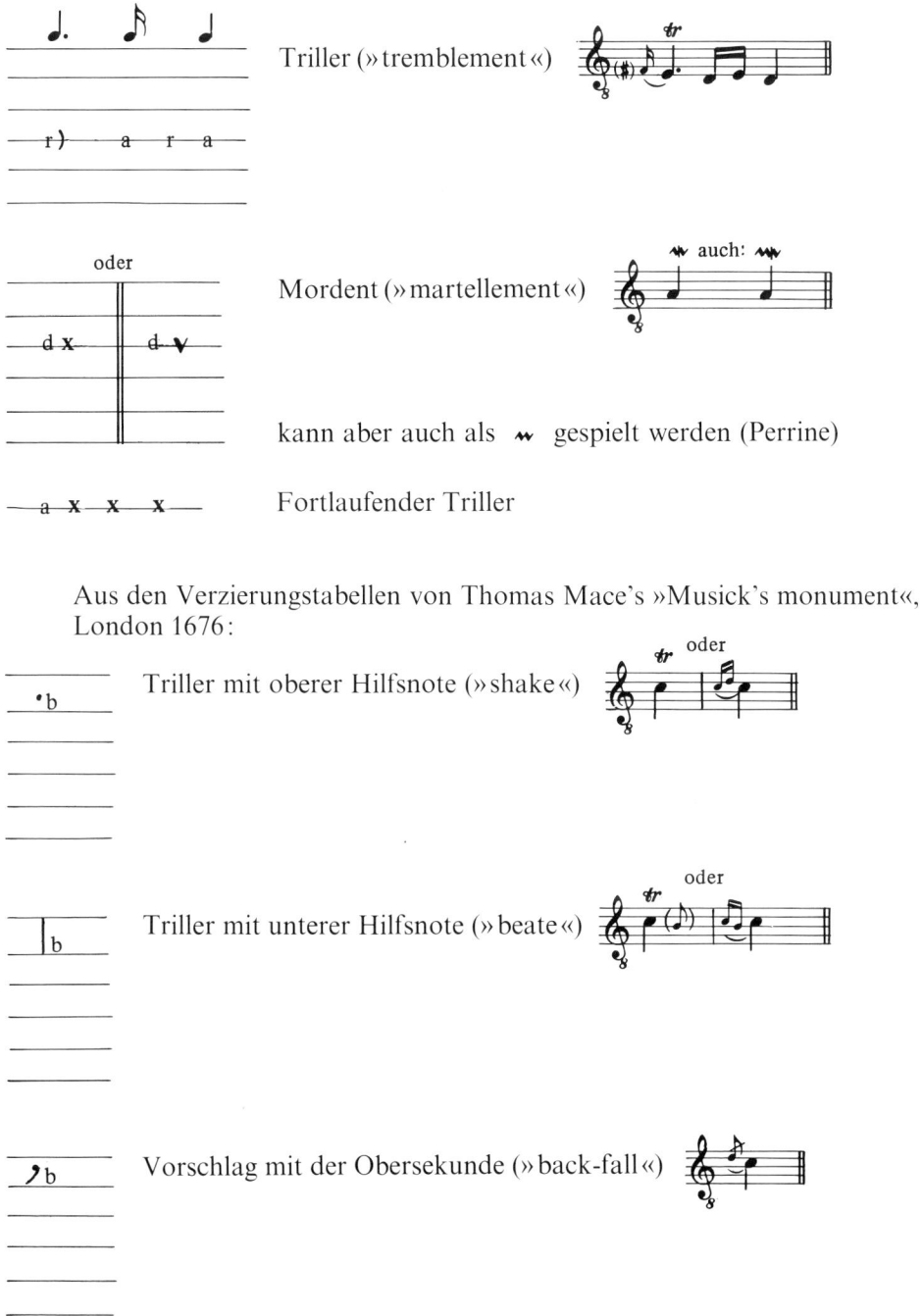

Triller (»tremblement«)

Mordent (»martellement«)

kann aber auch als ⤳ gespielt werden (Perrine)

Fortlaufender Triller

Aus den Verzierungstabellen von Thomas Mace's »Musick's monument«, London 1676:

Triller mit oberer Hilfsnote (»shake«)

Triller mit unterer Hilfsnote (»beate«)

Vorschlag mit der Obersekunde (»back-fall«)

31

Vorschlag mit kleiner Untersekunde (»half-fall«)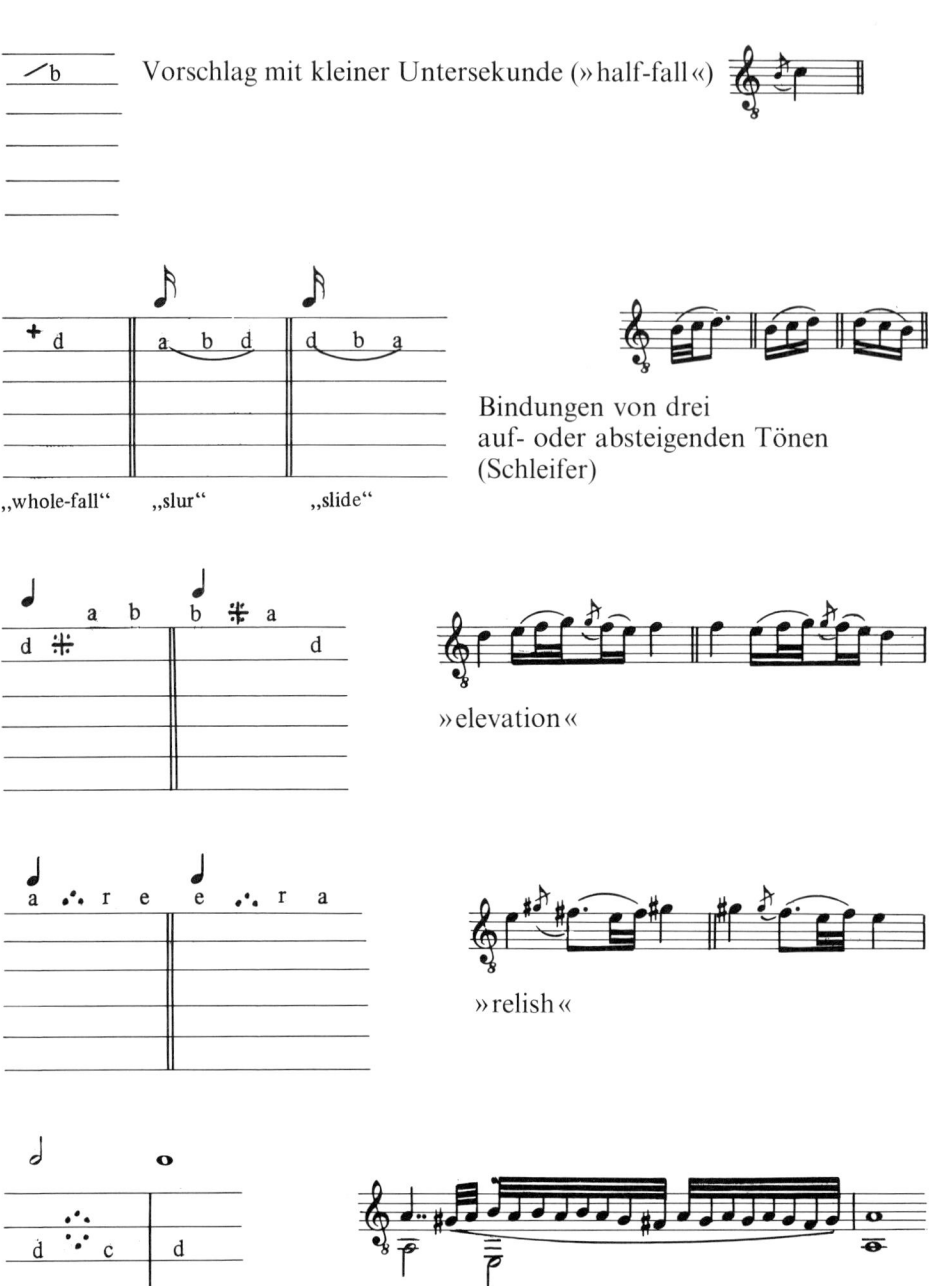

Bindungen von drei
auf- oder absteigenden Tönen
(Schleifer)

„whole-fall"   „slur"   „slide"

»elevation«

»relish«

»double relish«

32

3. Repetitionszeichen

Eine Punktreihe am Anfang oder innerhalb eines Taktes verlangt die Wiederholung von dieser Stelle ab bis zum Schluß. Manchmal findet man zusätzlich die Zeichen **R** (= Repetition) oder $\S$ angegeben

---

Lautenisten und Komponisten vom 16. Jahrhundert bis zur Gegenwart

---

1. Renaissance — Frühbarock

Die Renaissance ist zweifellos diejenige unter den abendländischen Kunstepochen, die auf die Dauer den europäischen Geist am tiefsten und nachhaltigsten bestimmt und gelenkt hat. Die Grundlagen nicht nur des künstlerischen, sondern des gesamten geistig-sittlichen Lebens bis in unser Jahrhundert hinein sind durch die Renaissance gelegt worden.

Im Vollgefühl eines anbrechenden »goldenen Zeitalters« begannen die bildenden Künstler, die Dichter und die Musiker sich selbst als »Schaffende«, ihre Kunst als eine schöpferische Tätigkeit und nicht mehr als ein bloßes Nachvollziehen gegebener Muster zu begreifen. Niemals vorher ist der Einzelne in dem Maße als geschichtliche Erscheinung, als individueller Gestalter gesehen worden. Damit steht die Renaissance im vollen Gegensatz zum Lebensgefühl des Mittelalters; und dieses Lebensgefühl hat auf allen Gebieten der Kunst, auch in der Musik, grundlegend Neues geschaffen, dessen Nachwirkung bis in die Gegenwart nicht erloschen ist.

In der Renaissance erfolgte die nun allgemeine Unterscheidung zwischen der Musik für den verfeinerten Geschmack der Fürsten und Herren, der Kenner und Liebhaber auf der einen und der Musik für den Tagesbedarf des gemeinen Volkes, der »misera plebs«, auf der anderen Seite. Mit dem Hervortreten der Niederländer beginnt überraschend schnell eine lebhafte Tätigkeit auf allen Gebieten der mehrstimmigen Musik, in Italien, Deutschland, England, Spanien, Frankreich, von Schottland bis Sizilien, von Andalusien bis Polen, kurz in ganz Europa. Träger dieser Musikpflege waren die Höfe und Fürsten, der Adel und die gebildeten Stände, das Bürgertum und die Städte, die Kathedralen und Klöster. Der Musikverbrauch war enorm. Im Zusammenhang mit dieser Erweiterung des musikalischen Wirkungsbereiches steht die gewaltige Ausdehnung des Instrumentenbaus in allen europäischen Ländern, steht der rasche Aufschwung, den der Notendruck unmittelbar nach der Erfindung durch den Venezianer Ottaviano Petrucci kurz nach 1500 erlebt hat.

Die zunehmenden Ansprüche an die Qualität der musikalischen Ausführung haben das erstmalige Aufkommen eines Standes von Berufsmusikern aller Art und Virtuosen zur Folge gehabt. Ikonographische Quellen zeigen uns die Musiker nicht nur als Einzelspieler mit Blas-, Streich-, Zupf- und Schlaginstrumenten, sondern auch im Zusammenspiel. Innerhalb des reichhaltigen und äußerst farbigen Instrumentariums der Renaissance bezog die Laute bald eine dominante Stellung. Als Solo- und Ensembleinstrument war sie Trägerin mehrstimmiger Kompositionen, Vermittlerin gehobener Tanz- und Gebrauchsmusik sowie bevorzugtes Begleitinstrument für Gesang und Hausmusik. Sie überragte alle anderen Instrumente an Vollkommenheit, so daß sie im 16. Jahrhundert den stolzen Titel einer »regina omnium instrumentorum musicorum« (Königin aller Musikinstrumente) trug.

Die Laute ist im 16. und 17. Jahrhundert das Modeinstrument schlechthin, von Malern und Dichtern in zahlreichen Werken verherrlicht und gepriesen. So schreibt Michel Montaigne in seinem italienischen Tagebuch vom Lautenspiel der Bauern, Baldassare Castiglione entwirft im »Il cortegiano« (1528) das Bild des idealen Hofmannes, von dem er die Beherrschung des Instruments verlangt.

Das Mittelalter und die frühe Renaissance haben uns keine aufgezeichnete Lautenmusik hinterlassen. Die ersten schriftlichen Überlieferungen fallen mit der Erfindung der Notendrucktechnik mit beweglichen Typen zu Beginn des 16. Jahrhunderts zusammen. Durch die nun relativ preisgünstige Herstellung von Spielmaterial erfuhr die Lautenliteratur eine ungemein schnelle Verbreitung in ganz Europa, zumal sich neben Petrucci in Venedig bald auch in anderen Städten Drucker und Musikverleger etablierten: Pierre Attaingnant in Paris, Pierre Phalèse in Löwen und Tilman Susato in Antwerpen. Für die Aufzeichnung der Lautenmusik bediente man sich einer besonderen Griffschrift, der Tabulatur, die nicht die Tonhöhe angibt, sondern die anzuschlagende Saite und die Stelle (Bund), die auf dem Griffbrett zu greifen ist. Der Rhythmus wird in besonderen Wertzeichen über der eigentlichen Griffschrift angegeben (vgl. S. 16ff.).

Diese Notierungsweise war nach Ländern verschieden: man unterscheidet die deutsche, die italienische (welche mit der spanischen verwandt ist) und die französische Tabulaturschrift, die auch in England, Polen und Ungarn Verwendung fand und sich schließlich gegenüber den anderen Griffschriften allgemein durchsetzen und am längsten behaupten konnte, bis zum Niedergang der Lautenkunst im letzten Viertel des 18. Jahrhunderts.

Wichtiger als die Gemeinsamkeiten und Unterschiede in der Notation sind die des Repertoires. Es ist zu unterscheiden zwischen Bearbeitungen und Übertragungen (Intavolierungen) mehrstimmiger Vokalmusik, selbständigen Instrumentalkompositionen und Bearbeitungen von Tänzen und Tanzmelodien. Damit war die Grundlage für die erste Hochblüte reiner Instrumentalmusik geschaffen. Daß dabei die Art der Notierung die Kompositionstechnik beeinflußt hat, liegt auf der Hand.

Aus dem unterschiedlichen Schwierigkeitsgrad der Stücke — in Sammlungen oft in progressiver Reihung geordnet — sowie aus den zahlreichen Spielanleitungen geht hervor, daß der Virtuose nicht nur für seinen eigenen Gebrauch schuf, sondern daß vor allem auch der Dilettant, der Liebhaber angesprochen werden sollte.

Das Repertoire ist in allen Ländern im wesentlichen gleich, obschon nationale und landschaftliche Gebundenheiten zutage treten. So in Tänzen »alla espagnuola«, »tedesca«, »italiana«, »inglese«, »francese« und »polonese«, in der Pavana »alla ferrarese« und »alla venetiana«, im italienischen »Ricercare«, in den spanischen »Diferencias« und »Villancicos«, im deutschen »Priambel« und »Gassenhawer«, im französischen »Air de Cour«, vor allem aber in der Auswahl weltlicher Vokalmusik als Grundlage zu Intavolierungen.

Unter allen Ländern des damaligen Europa tritt der Reichtum an musikalischen Formen und Ausdrucksmöglichkeiten der Laute in England am deutlichsten hervor. Hier bildete sich ein Repertoire, dessen unerschöpfliche Fülle sich für nahezu alle Gelegenheiten eines ohnehin ungeheuer intensiven, produktiven und soziologisch vielschichtigen Musiklebens anbot: Von der schwermütigen chromatischen Fantasie über Tänze heiteren Charakters, kunstvollen Variationen bis hin zum »broken consort«, der Ensemblemusik in gemischter Besetzung. Vielleicht die schönste und wohl auch die zarteste Blüte des goldenen Zeitalters der englischen Musik war das Lautenlied, das etwa von 1597 bis 1622 zu glänzendem Dasein erwachte. Glücklicher als in anderen poetisch-musikalischen Kompositionsgattungen verbanden sich hier die traditionelle liedschöpferische Kraft und die Liedbegeisterung einer ganzen Nation mit dem verfeinerten Geist der Renaissance, die Vitalität ungebrochener Volkskunst mit einem Formsinn, der sich an italienischen und französischen Vorbildern geschult hatte. Das Lied lebte auf der Straße und im Wirtshaus ebenso, wie im Bürgerhaus, auf der Shakespeare-Bühne und am Hofe.

Das elisabethanische Zeitalter fand seinen Ausdruck in den Monologen der Helden Shakespeares wie in den aristokratisch-individuellen Porträts eines van Dyck, und wie sich die Einzelpersönlichkeit stolz hervorkehrte, so machte sich — in England wie auf dem Kontinent — die Oberstimme des mehrstimmigen Madrigals im Lautenlied selbständig und gehorchte damit schon musikalischen Gesetzen, die bereits ein neues Zeitalter diktierte: der Barock.

In der nun folgenden und nach Ländern geordneten Übersicht europäischer Lautenschulen wurden ihre namhaftesten Repräsentanten zusammengefaßt.

Italien: Die ältesten uns erhaltenen Drucke von Lautentabulaturen sind italienischen Ursprungs und stammen aus der berühmten Werkstätte des Venezianers *Ottaviano Petrucci* (Fossombrone 1466–1539 Venedig). Er gilt als der Erfinder des Notendrucks mit beweglichen Typen und als der erste Verleger der Musikgeschichte. Der früheste aller Lautendrucke — »Intabulatura de lauto« von *Francesco Spinacino* (Fossombrone nach 1450 — nach 1507 Venedig) — erschien 1507[22].

---

[22] Da eine geschlossene Zusammenstellung historischer Kompositionen für Lauteninstrumente bereits vorliegt, wurde auf eine nochmalige Gesamtaufzählung verzichtet. Vgl. Ernst Pohlmann, Laute, Theorbe, Chitarrone, a.a.O.

Es folgten:

Barberiis (Barberis, Barberio), Melchiore de (Oberitalien um 1500 — nach 1549)

Bianchini, Domenico (16. Jahrhundert)

Borrono, Pietro Paolo (Petrus Paulus Mediolanensis) (Mailand Mitte 16. Jahrhundert); Schüler von Francesco da Milano

Bossinensis, Franciscus (aus Bosnien? 2. Hälfte 15. Jahrhundert)

Bottegari, Cosimo (Florenz 1554—1620)

Capirola, Vincenzo (um 1500)

Caroso, Marco Fabrizio (Sermoneta? um 1530 — nach 1605)

Dalza, Ambrosio (Mailand nach 1450 — nach 1508)

Francesco da Milano (Monza 1497—1543 Mailand?) (Abb. 22)

Frescobaldi, Girolamo (Ferrara 1583—1643 Rom)

Galilei, Michelangelo (gest. 1631); Sohn von Vincenzo Galilei und Bruder des berühmten Astronomen Galileo Galilei

Galilei, Vincenzo (bei Florenz um 1520 — 1591 Florenz)

Garsi, Santino (da Parma) (gest. 1604 Parma)

Gintzler, Simon (Südtirol 1490? — nach 1550)

Gorzanis, Giacomo (Apulien um 1525 — nach 1575 Triest)

Gostena, Giovanni Maria dalla (Genua um 1540—1598)

Joan (Giovanni) Maria da Crema (16. Jahrhundert)

Kapsberger, Johann Hieronymus (Deutschland um 1575 — 1650 Rom)

Laurencinus di Roma (identisch mit *Laurencini da Liuto, Eques Romanus?*) (16. Jahrhundert)

Molinaro, Simone (Genua um 1565 — um 1615)

Negri, Cesare (Mailand? um 1536 — nach 1604)

Perino (Fiorentino) (Florenz Mitte 16. Jahrhundert); Schüler von Francesco da Milano

Piccinini, Alessandro (Bologna 1566 — um 1638)

Radino, Giovanni Maria (16. Jahrhundert)

Rotta, Antonio (Padua um 1495—1549)

Terzi, Giovanni Antonio (2. Hälfte 16. Jahrhundert)

Tromboncino, Bartolomeo (Verona um 1470 — nach 1535 Venedig)

Vecchi, Orazio (Modena 1550—1605)

Willaert, Adrian (wahrscheinlich in Brügge gegen 1490 — 1562 Venedig)

u. a.

Nach zeitgenössischen Berichten galt *Francesco da Milano*, genannt »il divino«, der Göttliche — ein Attribut, das er mit keinem Geringeren als Michelangelo Buonarotti teilte — als die überragendste Erscheinung unter allen Lautenisten seiner Zeit. Seine Ausstrahlungskraft als Komponist, sein Ruhm als Virtuose und Improvisator kann später nur mit Namen wie John Dowland und Leopold Silvius Weiß verglichen werden.

Spanien: Es ist merkwürdig, daß die Laute ausgerechnet in Spanien, von wo aus sie ihre Verbreitung im übrigen Europa gefunden hat, eine höchst untergeordnete Rolle spielte. Es fehlt nicht an Versuchen, diese Tatsache mit dem »Odium ihrer Herkunft« zu erklären[23]: Da dem christlichen Spanien die Vihuela und ihre kleinere, volkstümlichere Form, die »guitarra«, schon seit Jahrhunderten zur nationalen Musizierpraxis zur Verfügung stand, wurde die arabische Laute stets mit den heidnischen und somit verhaßten Eindringlingen in Verbindung gebracht, ein Umstand, der außerhalb Spaniens nicht existent war.

Morphologisch entspricht die Vihuela mit geschweiftem Korpus, flachem Boden, Zargen und Schallrosette der Gitarre, nach Gustave Reese ist sie mit dieser identisch[24]; hinsichtlich ihrer Besaitung und Stimmung, vor allem aber in ihrer Stellung als bevorzugtes Kunstinstrument der gehobenen Gesellschaft im Spanien des 16. Jahrhunderts übernimmt die sechschörige »Vihuela de mano« ohne Zweifel die Funktion der europäischen Laute.

Entsprechend der Ad-libitum-Praxis der Zeit konnten die für die Vihuela geschriebenen Kompositionen auch auf anderen Instrumenten gespielt werden. Diese Möglichkeit wird u. a. durch die zeitübliche Gepflogenheit belegt, die Werke in anderen als von ihrem Schöpfer ursprünglich konzipierten Notationen nachzudrucken und unterschiedliche Instrumente für ihre Interpretation vorzuschreiben. So finden sich z. B. Werke für Vihuela von Luis de Narváez, Alonso Mudarra und Enríque de Valderrábano bei Pierre Phalèse (Löwen 1546) in französischer Lautentabulatur nachgedruckt, sechs Jahre später bei Guillaume Morlaye in Paris ebenfalls für Laute und im *Libro de cifra nueva* von Venegas de Henestrosa (Alcalá 1557) schließlich für Tasteninstrumente.

Die spanischen Vihuelisten und ihre Tabulaturdrucke sind im Kapitel II, S. 69 ff. behandelt.

Deutschland/Österreich: Das früheste Denkmal deutscher Lautenkunst ist das theoretische Werk »Musica getutscht und ausgezogen« (1511 in Basel gedruckt) von *Sebastian Virdung* (geboren um 1465 in Amberg/Oberpfalz?)
Es schließen sich an:
Drusina, Benedictus de (geboren in Drausen b. Elbing um 1520 — um 1580)
Fabricius, Petrus (Tondern/Nordschleswig 1587—1651 Warnitz/Nordschleswig)
Fuhrmann, Georg Leopold (Nürnberg 16. Jahrhundert/Anfang 17. Jahrhundert)
Gerle, Hans (Nürnberg um 1500—1570)
Hainhofer, Philipp (Augsburg um 1600)
Heckel, Wolff (geb. um 1515 in München)
Judenkünig (Judenkunig), Hans (Schwäbisch Gmünd um 1445 — 1526 Wien)[25]
Kargel (Kärgel), Sixtus (2. Hälfte 16. Jahrhundert)

---

[23] a) L. Witoszynskyj, Die Vihuela — das klassische Instrument der spanischen Renaissance, a.a.O.
b) R. de Zayas, The Vihuela: Swoose, Lute, or Guitar, a.a.O.
[24] G. Reese, Music in the Renaissance, a.a.O.: »There can be little doubt that this vihuela was a six course guitar tuned like the lute«, S. 620. Vgl. auch S. 56f.
[25] Vgl. Abb. 21.

Neusidler (Newsidler, Neysidler, Neusiedler), Hans (Pressburg vor 1510 — 1563 Nürnberg)

Neusidler, Konrad (Nürnberg 1541 — nach 1604 Augsburg); vermutlich ein Sohn von Hans N.

Neusidler, Melchior (Nürnberg 1531 — 1590/91 Augsburg); vermutlich ein Sohn von Hans N.

Ochsenkun (Ochsenkhun), Sebastian (Nürnberg 1521 — 1574 Heidelberg)[26]

Reymann (Reimann, Reymanus), Matthäus (Thorn/Preußen um 1565—1625)

Rude (Rudenius, Rudenus), Johannes (Leipzig? nach 1555 — nach 1601)

Schlick, Arnolt (Heidelberg? vor 1460—1521)

Stobaeus (Stobäus, Stobeus), Johann(es) (Graudenz 1580 — 1646 Königsberg)

Waissel (Waisselius), Matthäus (Ostpreußen um 1540 — 1602 Königsberg?)
u. a.

Frankreich: Die ältesten französischen Lautendrucke sind nicht so frühen Datums wie die italienischen und deutschen Lautenwerke. Als erster druckte in Paris der Verleger *Pierre Attaingnant* (Ende 15. Jahrhundert — 1553) Tabulaturen für die Laute (1529). Wichtigste Zeugen früher französischer Lautenkunst sind u. a.:

Ballard, Robert (I) (gest. 1588 in Paris)

Ballard, Pierre (gest. 1639 in Paris?)

Ballard, Robert (II) (gest. 1673)

Pierre B. war der Sohn Robert B. (I), Robert (II) der Sohn von Pierre B., Teilhaber der angesehenen Musikdruckerei Le Roy & Robert Ballard.

Bataille, Gabriel (1575—1630 Paris)

Besard (Besardus), Jean-Baptiste[27] (Besançon um 1567 — um 1625 wahrscheinlich Süddeutschland); Schüler von Laurencinus di Roma

Bocquet, Charles (Carolus Parisiensis) (gest. nach 1606)

Francisque, Antoine (Saint-Quentin um 1570 — 1605 Paris)

Mersenne, Marin (Oizé 1588 — 1648 Paris); als einer der bedeutendsten Universalgelehrten seiner Zeit bringt er in seiner »Harmonie universelle«, Paris 1637, eine Gesamtdarstellung der Musik mit genauen Beschreibungen und Abbildungen aller damals bekannten Instrumente.

Mezangeau, René (Ende 16. Jahrhundert — um 1636); Lehrer von Ennemond Gaultier

Morlaye, Guillaume (um 1515 — nach 1560)

Perrichon, Julien (Jean) (Paris 1566 — um 1600)

Rippe, Albert de (Alberto da Rippa) (Mantua um 1480 — 1551 Paris); zu seinen Schülern zählte Guillaume Morlaye.

Le Roy, Adrian (Montreuil-sur-mer um 1520 — 1598 Paris)

Vallet (Valet), Nicolas (von Geburt Franzose, lebte er fast 30 Jahre als Lautenist und Musikverleger in Amsterdam; siehe Niederlande).

---

[26] Vgl. Abb. 23.
[27] Vgl. Abb. 26.

Niederlande (das heutige Belgien eingeschlossen): Zu den umfangreichsten Quellen der Lautenmusik im 16. Jahrhundert gehören die Druckwerke des Musikverlegers *Pierre Phalèse* (Löwen um 1510 — um 1573). Die bedeutendsten Vertreter der niederländischen Lautenschule sind:

Adriaenssen, Emanuel (Hadrianus Antverpiensis) (gest. 1604 Antwerpen)
Adriaenssen verwendete in seinem Druck von 1584 (»Pratum musicum«) als erster das Sechsliniensystem für die französische Tabulatur anstelle der bisherigen fünf Linien.

Denss, Adrian (lebte um 1600 in Westdeutschland?)
Hove, Joachim van den (geboren um 1570 in Antwerpen)
Howett (Huwet), Gregor (aus Antwerpen, 1597—1614 an der Hofkapelle in Wolfenbüttel angestellt)
Matelart(us), Johannes (Lebensdaten unbekannt, 16. Jahrhundert?)
Sweelinck, Jan Pieterszoon (Deventer 1562 — 1621 Amsterdam)
Von Sweelinck sind sieben Lautenstücke erhalten: drei Psalmen-Kompositionen aus dem Thysius Lautenbuch[28] sowie vier Tänze (eine Courante und drei Volten) aus einem englischen Lautenmanuskript.

Thysius (Thijs), Johan (Jan) (Amsterdam 1621 — 1653 Leiden)
Valerius, Adrianus (Adriaan) (um 1575—1625)
Vallet (Valet), Nicolas (Corbeni/Laon? um 1583 — nach 1642 Amsterdam); gebürtiger Franzose, lebte von ca. 1613 bis zu seinem Tode als Lautenist und Musikverleger in Amsterdam.

Polen/Ungarn: Die polnische Lautenmusik ist in verschiedenen europäischen Drucksammlungen vertreten durch:

Długoraj, Albert (Woycieck) (ca. 1557 — nach 1619)
Cato, Diomedes (Diomedes Venetus) (Venedig vor 1570 — nach 1619 Polen)
Polak, Jakub (gest. um 1605); ob Jakub Polak identisch ist mit Jacobo il Polonese, Jacques Pollonais und Jacob Reys, ist nicht nachgewiesen.

Das polnische Tanzrepertoire wird in zahlreichen Tabulaturdrucken und Handschriftensammlungen vor allem außerhalb Polens überliefert; so bei Hans Neusidler, Jean-Baptiste Besard, Philipp Hainhofer, Matthäus Waissel, Johann Stobaeus, Petrus Fabricius, Joachim van den Hove und Georg Leopold Fuhrmann.

Als eine der eigenartigsten Erscheinungen der ungarischen Musikgeschichte und der europäischen Lautenkunst im 16. Jahrhundert ist hier vor allem der in Kronstadt (Brassó) geborene *Valentin Bakfark* (1507—1576 Padua) zu nennen. Seine erhaltenen Kompositionen (fünf- und sechsstimmige Intabulierungen vokaler Werke von Josquin, Arcadelt, Lasso, Gombert, Clemens non papa und vor allem die von ausgeprägter Individualität zeugenden, an das technische Können des Spielers hohe Anforderungen stellenden zehn Fantasien) zählen zu den hervorragendsten Schöpfungen der europäischen Lautenmusik vor

---

[28] Als einziges Manuskript verwendet das in französischer Tabulaturschrift zwischen dem Ende des 16. und dem Beginn des 17. Jahrhunderts angelegte Lautenbuch des Jan Thysius ein System von sieben Linien. Das nach seinem letzten Besitzer so benannte Lautenmanuskript mit 450 Kompositionen zählt zu den umfangreichsten Tabulatur-Sammlungen.

Dowland. Nach einer ruhelosen Laufbahn als Hofvirtuose (am ungarischen, polnischen und Wiener Hof) und politischer Abenteurer starb Bakfark an den Folgen einer Pesterkrankung in Padua.

England: Der »regina omnium instrumentorum musicorum«, der Königin aller Musikinstrumente, wandten die Komponisten und Musiknationen Europas bis weit ins 17. Jahrhundert hinein ihre ganze Liebe zu. Auf der Höhe des »Goldenen Elizabethanischen Zeitalters« in England — von 1570 bis etwa 1620 — bildete sich hier eine spezifische, für dieses Instrument geschaffene Kunst aus, deren unerschöpfliche Fülle (etwa 2000 Sätze sind überliefert) vom einfachsten Liedsatz bis zur anspruchsvollen polyphonen Fantasie reichte und in ihren größten Augenblicken in den zeitgenössischen Miniaturformen vollkommene Kunstwerke von unvergleichlicher Ausgewogenheit und Subtilität hervorbrachte, die uns heute noch Zeugnis von einer großen Lautentradition und von der größten Epoche der englischen Musik geben.

In *John Dowland* (1563–1625/26) brachte England wohl das größte Genie europäischer Renaissance-Lautenkunst hervor: Dowland war der einzige englische Komponist seiner Zeit, dessen Name — außer dem William Byrds — auf dem Kontinent ein fester Begriff war. Seine Lautenkompositionen (ca. 100 Solostücke)[29], die in zahlreichen Drucken, größtenteils aber in Manuskript-Sammlungen der damals bedeutendsten Musikzentren Europas aufscheinen, seine 87 Lieder oder »Ayres« mit Lautenbegleitung (vier Bücher in mehreren Auflagen wurden zwischen 1597 und 1612 veröffentlicht) sowie eine Sammlung fünfstimmiger Instrumentalmusik für Violen und Laute unter dem Titel »Lachrimae or seven teares« aus dem Jahre 1604 sind von unvergleichlicher Schönheit und zählen zum Gehaltvollsten, was für Laute jemals geschrieben wurde.

Den Lautenliedern Dowlands kann in seiner Zeit nichts Gleichwertiges gegenübergestellt werden; manche sind von Volksweisen kaum zu unterscheiden. Tatsächlich hatten einige seiner »Ayres« schon zu Dowlands Zeiten die Beliebtheit von Volksliedern (wie z. B. »Lachrimae«, »Can she excuse«, »If my complaints«), mit denen er Unsterblichkeit gewann und die ihm für immer einen Platz unter den führenden Liedkomponisten der Welt sichern.

Von den zahlreichen Lautenisten und Meistern des englischen Lautenliedes um die Wende vom 16. zum 17. Jahrhundert seien hier die wichtigsten genannt:

Ballet, William (um 1600)
Barley, William (um 1565 — um 1614 London?)
Bartlet, Francis (um 1600)
Batchelar (Bachelor), Daniel (2. Hälfte 16. Jahrhundert)
Byrd, William (1543–1623 Stondon Massey/Essex)
Campion, Thomas (London 1567–1620)
Cavendish, Michael (ca. 1565–1628 London)

---

[29] Eine Gesamtausgabe der Werke für Laute solo ist zu seinen Lebzeiten nicht erschienen. Die erste Drucklegung aller erhaltenen Solokompositionen John Dowlands, in Tabulatur und moderner Notenschrift, haben Diana Poulton und Basil Lam unter dem Titel »The Collected Lute Music of John Dowland« im Verlag Faber Music Limited, London, 1974 herausgegeben.

Coperario, John (Giovanni) (um 1575—1626 London)
Corkine, William (Anfang 17. Jahrhundert)
Cutting, Francis (um 1600)
Daniel (Danyel), John (gest. 1630)
Dowland, Robert (London? um 1591 — 1641 London); Sohn von John Dowland
Ferrabosco, Alfonso (mehrere Träger dieses Namens in England und Italien vor und nach 1600)
Ford, Thomas (ca. 1580—1648 London)
Holborne, Anthony (gest. 1602 London?)
Hume, Tobias (gest. 1645 London)
Johnson, John (gest. 1594 London)
Johnson, Robert (London um 1583—1633); Sohn von John Johnson
Jones, Robert (geb. um 1577 — nach 1615)
Morley, Thomas (1557—1602 London?)
Philips, Peter (London? ca. 1560 — 1628 Brüssel)
Pickering, Jane (um 1600)
Pilkington, Francis (um 1565—1638 Chester)
Robinson, Thomas (um 1588—1610)
Rosseter, Philip (1568—1623 London).

2. Hochbarock

Der Barock ist das Zeitalter der italienischen Vorherrschaft in der Musik gewesen. Selbst die nationalen Musikgattungen der verschiedenen Völker, die französische Chanson, das deutsche Lied, das spanische Villancico und das englische Ayre traten allmählich aus ihrem niederländischen Stilgewande in die Sphäre italienischer Musikübung, die den Barock entwickelt und ihn in ganz Europa durchgesetzt hat. Monodie, Konzert und Oper sind von allem Anfang an ebenso als italienische Kunst betrachtet worden, wie die Gattungsbezeichnung »Sonata« italienischen Ursprungs ist, die zuerst durch Giacomo Gorzanis' »Sonata per liuto« (1561) belegt ist, seit den 1580er Jahren gebräuchlich wurde und an deren stilistischer Ausbildung die Laute einen wesentlichen Anteil genommen hat.

Das ausgehende 17. und 18. Jahrhundert bilden in der Geschichte der Lautenmusik ihre letzte bedeutende Epoche, welche ihren Wirkungsbereich vor allem auf Frankreich, Deutschland und Österreich beschränkt hielt. Die Laute — und vor allem ihr Baßtypus, die Theorbe — war als Generalbaßinstrument in den kaiserlichen und kurpfälzischen Hofmusikkapellen vertreten, lag in den Händen der Kavaliere und wurde von den Mitgliedern des vornehmsten Reichsadels und den Würdenträgern bei Hof sowie in der Beamtenhierarchie gepflegt. Das Lautenspiel am Wiener Hof gehörte noch mit zur Erziehung der kaiserlichen Edelknaben, die Könige von Frankreich und England hielten sich hochgeachtete Hoflautenisten und Theorbisten, und in den vornehmen Pariser Salons war das Lautenspiel eine willkommene Bereicherung der geistvollen Konversation.

In dieser Zeit, etwa von der Mitte des 17. Jahrhunderts an, nach unzähligen Experimenten, die man besonders in Frankreich an der Stimmung[30] und Besai-

---

[30] Vgl. »Luth à cordes avalées«, S. 21.

tung vornahm, wird die Laute allmählich von 11 auf 13 Chöre[31] erweitert und in ihrer Stimmung schließlich auf den d-Moll-Akkord A – d – f – a – d' – f' festgelegt[32].

In dieser letzten und hochbedeutenden Epoche der Lautenkunst wird noch einmal deutlich, wie sehr der »Lautenstil« in vielfältiger Weise Einfluß auf die Kompositions- und Musizierpraxis von 1500 bis 1800 ausüben konnte: Ausbau und Entwicklung von Fantasie, Ricercar, Diminutionspraxis, Instrumental-Variation und Suitenform. Die französischen Clavecinisten von Chambonnières bis Rameau versuchten diesen neufranzösischen, »gebrochenen Lautenstil«, der seine ersten Anfänge bereits in der diminuierten Satztechnik der Lautensätze nach 1600 zeigt — scheinbar regellos gebrochene Stimmführung und sprunghaft wechselnde Kontrapunkteinsätze in einzelnen Stimmen — mit seiner brillanten Ornamentik zu imitieren. Die Entwicklung der Suite im 17. Jahrhundert in ihrer klassischen Satzfolge von Allemande — Courante — Sarabande — Gigue und die Weitergestaltung zur »Sonate« im 18. Jahrhundert sind eng mit den Eigentümlichkeiten der Lautenkomposition, ihrer instrumentalen Struktur und Verzierungskunst verbunden und haben einen nachhaltigen Einfluß auf die Ausbildung eines spezifischen Klavierstils genommen[33].

Die Auswechselbarkeit der akkordfähigen Instrumente wie Cembalo, Orgel, Laute und Gitarre ist vom 16. bis weit in das 18. Jahrhundert hinein belegt. Die beiden Tabulaturwerke von Giovanni Maria Radino »Il primo libro di intavolatura di balli d'arpicordo« und »Intavolatura di balli per sonar di liuto« (beide Venedig 1592) sind, abgesehen von Abweichungen in der Reihenfolge der Stücke, identisch. In der Cembalo-Ausgabe weist Radino darauf hin, daß die Stücke sowohl auf dem Cembalo wie auf der Laute gespielt werden können: ». . . serviranno a due sorti di stromenti gravicembalo et liuto«. »Pièces de luth en musique« (Paris 1680) von Perrine enthalten Stücke von Denis und Ennemond Gaultier, die sowohl für die Laute als auch für das Clavecin bestimmt sind. Paläographisch zeugen für diese Praxis auch zahlreiche Transkriptionen Johann Anton Logys von Gitarre- zu Lautensätzen und umgekehrt. Robert de Visée, der gleich vielen seiner Zeitgenossen wie Hotteterre und Couperin die Ausführung seiner Werke verschiedenen Instrumenten freistellt, schreibt: »Da meine Freunde gefunden haben, daß die Melodie meiner Piècen nicht ohne eine gewisse Anmut sei, haben sie mir zugeredet, einen Teil davon en musique[34] zu übertragen, zur Gemütsergötzung derjenigen, die sie auf dem Clavier, der Viola da gamba und anderen Instrumenten vortragen möchten.«[35] Marin Marais geht in seinem dritten Buch für Viola da gamba (Paris 1711) noch weiter, wenn er für zahlreiche Stücke folgende Besetzungsmöglichkeiten empfiehlt: Orgel, Cembalo, Violine, Diskantgambe, Theorbe, Gitarre, Querflöte

---

[31] 13 Chöre bedeuten auf der Barock-Laute 24 und nicht 26 Saiten, da die beiden ersten Chöre einfach besaitet sind.

[32] Vgl. S. 20.

[33] Hans Neemann, Lautenmusik des 17./18. Jahrhunderts, a.a.O.

[34] »en musique« ist die Bezeichnung für den Notentext in moderner Notation, zum Unterschied der bis ins 18. Jahrhundert hinein üblichen Tabulaturschrift für Lauteninstrumente.

[35] Claude Chauvel, Vorwort zu »Suite c-Moll« von Robert de Visée, herausgegeben von Karl Scheit, Universal Edition, Wien 1974.

und Oboe[36]. Zu den bedeutendsten Beispielen dieser Übertragungspraxis im 18. Jahrhundert gehören J. S. Bachs eigenhändige Bearbeitungen von Solowerken für Violine und Violoncello auf die Laute.

Durch die Vervollkommnung der Tasteninstrumente und in der immer mehr an Popularität gewinnenden Gitarre erhielt die Laute eine Konkurrenz, der sie allmählich erliegen mußte. Die Vielzahl der Saiten der Barocklaute (bis zu 24) stellte besonders die Liebhaber dieses Instruments vor erhebliche spieltechnische Schwierigkeiten, zu denen sich die Probleme des reinen Einstimmens zugesellten. Von Bachs Zeitgenossen Johann Mattheson soll der Ausspruch stammen: »Wird ein Lautenspieler achzig Jahre, so hat er bestimmt deren sechzig damit verbracht, sein Instrument zu stimmen«. Goethe erzählt von seinem lautespielenden Vater, man hätte ihn mehr stimmen als spielen gehört.
Der Kreis der professionellen Lautenspieler und Virtuosen wurde in der 2. Hälfte des 18. Jahrhunderts allmählich kleiner, ihr Wirkungskreis immer mehr eingeschränkt — nach dem Tode des Lautenisten der Wiener Hofkapelle Andreas Bohr von Bohrenfels wurde seine Stelle nicht mehr besetzt —, so daß der Untergang der jahrhundertealten Lautenkunst um 1800 nicht mehr aufzuhalten war. *Ferdinand Seidel*, *Johann Christian Beyer* und *Christian Gottlieb Scheidler* ragen als die letzten Vertreter einer aussterbenden Tradition hervor, die im Zeitalter des klassischen Sinfonieorchesters keinen Nährboden mehr finden konnte.
Als einziger Großmeister der Wiener Klassik kann *Joseph Haydn* nur vorbehaltlich im Zusammenhang mit der Lautenistik genannt werden. Von den drei erhaltenen Lautenkammermusikwerken gelten zwei als Bearbeitungen aus fremder Hand[37], während die Echtheit des dritten fraglich ist[38].

Zu den Hauptvertretern der spätbarocken Lautenkunst gehören in

Frankreich:
Gaultier, *Denis* (Marseille? 1597 oder 1603 — 1672 Paris)[39]
Gaultier, *Ennemond (Vieux Gautier)* (Lyon um 1580 — 1651 Villette/Vienne)
Gaultier, *Jacques (d'Angleterre)* (Ende 16. Jahrhundert — 1672 Paris)
Gaultier, *Pierre* (Orléans Ende 16. Jahrhundert — nach 1660).

Ennemond Gaultier war das älteste Glied dieser weitverzweigten, berühmten Lautenisten-Familie. Der Verwandtschaftsgrad der Namensträger untereinander ist wahrscheinlich, jedoch nicht erwiesen und zum Teil widersprechend. Denis Gaultier dürfte wohl alle übrigen Träger dieses Namens allmählich an Ruhm und Begabung überragt haben, da seine Stücke den größten Raum in den Tabulaturbüchern zwischen 1640 und 1660 einnehmen. Eine Bekanntschaft

---

[36] Colin Tilney, Vorwort zu »Pièces de Clavecin« von Antoine Forqueray, Heugel & Cie., Paris 1970.
[37] Originaltitel der Handschriften: »Quartetto a Liuto obligato, Violino e Basho di Hayden«; »C-dur Cassationa per il Liuto Obligato, Violino & Violoncello del Sig. Giuseppe Haydn à Vienne«. Vgl. Vorwort zu den Ausgaben beider Werke von K. Scheit, L. Doblinger, Wien 1959/60.
[38] Hans Radke, »War Johann Sebastian Bach Lautenspieler?«, a.a.O.
[39] Vgl. Abb. 27.

mit Jacques Champion de Chambonnières, Louis Couperin und Johann Jakob Froberger darf angenommen werden. Als einer der ersten Lautenisten hat Denis Gaultier die Sarabande in die Suite aufgenommen. Der Einfluß seiner Musik erstreckte sich nicht nur auf die französischen Clavecinisten, sondern reichte auch nach Deutschland, über Esaias Reusner und Johann Jakob Froberger bis zu Johann Sebastian Bach und Georg Friedrich Händel[40].

Zum Schülerkreis Denis Gaultiers oder unter seinem Einfluß stehend zählten:

Campion, François (Rouen um 1686 — um 1748 Paris); Theorbist der Pariser Oper, »Professeur-Maître de théorbe et de guitare de l'Académie Royale de Musique«

Chancy, François de (gest. 1656)

Du But (Dubut), Name einer Musikerdynastie im 17. Jahrhundert

Dufaut (Du Fault, Du Faux, Du Faut) (Mitte 17. Jahrhundert)

Gallot, Jacques (I. Le Vieux) (Anfang 17. Jahrhundert — um 1685 Paris)

Gallot, Jacques (II. Le Jeune) (Paris um 1640 — nach 1700); wohl Vater und Sohn.

Le Sage de Richée, Philipp Franz (geb. in Frankreich, lebte in der 2. Hälfte des 17. Jahrhunderts in Breslau); Schüler von Ch. Mouton

Mouton, Charles (1626 — um 1710); neben Jacques Gallot II. der bedeutendste Schüler von Denis Gaultier

Visée, Robert de (um 1660 — nach 1720 Paris).

Deutschland: War bei den französischen Lautenisten keine Reihenfolge der Tänze angegeben — noch handelte es sich im allgemeinen nicht um Suiten mit fester Satzanlage, das Einzelstück war dominierend — so zeigt *Esaias Reusner d. J.* (Löwenberg in Schlesien 1636 — 1679 Berlin), beeinflußt vom gebrochenen Stil der Pariser Schule, in seinem Erstdruck »Delitiae Testudinis« (1667) bereits geschlossenere Suitenfolgen mit den Sätzen Allemande — Courante — Sarabande — Gigue, mit Gavotte als eingeschobenem Nebensatz und einem vorangestellten Präludium oder auch Präludium mit einer Paduana. Esaias Reusner d. J. gilt als einer der hervorragendsten deutschen Lautenkomponisten im 17. Jahrhundert.

Silvius Leopold Weiß (Breslau 1686 — 1750 Dresden)[41] wurde von allen musikalischen Zeitgenossen als der bedeutendste Meister der Laute betrachtet, J. Mattheson bezeichnet ihn als »größten Lautenisten in der Welt«. Befreundet mit Johann Sebastian Bach, mit dem Gelehrten und Schriftsteller Johann Christoph Gottsched, mit Franz Benda u. a. gilt Weiß auch im Hinblick auf sein kompositorisches Schaffen als der genialste Lautenmeister aller Zeiten, als der er schon zu Lebzeiten gefeiert wurde. Hans Neemann schreibt[42]: »Mit seinen unvergleichlichen Kompositionen, die an die Größe und Tiefe Bachscher Musik heranreichen, hat er das Vollendetste geschaffen, was jemals für die Laute geschrieben wurde. Wir nehmen hier Bachs Lautensoli, die manchmal spiel-

---

[40] Hans Neemann, Lautenmusik des 17./18. Jahrhunderts, a.a.O.
[41] Vgl. Abb. 24.
[42] H. Neemann, Lautenmusik des 17./18. Jahrhunderts, a.a.O.

technisch nicht so vollkommen wie die Soli Weiß' auf die eigentümliche Applikatur der Laute Bedacht nehmen, nicht aus. Eine fast unübersehbare Reihe von Kompositionen läßt die Kunst dieses begnadeten Meisters auferstehen, und ihr wahrer Wert wie die Klangfülle des Satzes enthüllt sich erst bei meisterlicher Wiedergabe auf dem Originalinstrument. Er war in seiner Kunst unbestritten der Größte, und niemand konnte besser das Wunder seines Spiels kennzeichnen als der befreundete Lautenist und Kenner der schwierigen Spieltechnik *Ernst Gottlieb Baron* (Breslau 1696 — 1760 Berlin)[43], der am Dresdner Hof den Unterricht von S. L. Weiß genossen hatte und 1727 schrieb[44]:

,*Er ist der Erste gewesen, welcher gezeiget, dass man mehr könnte auf der Lauten machen, als man sonsten nicht geglaubet. Und kan ich, was seine Vertu anbetrifft, aufrichtig versichern, dass es einerley, ob man einen künstlichen Organisten auf einem Clavicimbel seine Fantasien und Fugen machen, oder Monsieur Weissen spielen hört. In denen Harpeggio hat er so eine ungemeine Vollstimmigkeit, in exprimirung derer Affecten ist er incomparable, hat eine stupende Fertigkeit, eine unerhörte Delicatesse und Cantable Anmuth, und ist ein grosser Extemporaneus, da er im Augenblick, wenn es ihm beliebig, die schönsten Themata, ja gar Violin-Concerte von ihren Noten weg spielt und extraordinair so wohl auf der Lauten, als Tiorba den General Bass accompagniert ... Weilen nun die Weissianische Art dieses Instrument zu tractiren vor die Beste, Reelleste, Gallanteste und Vollkommenste ist, so haben sich viele nach dieser neuen Methode, gleichwie die Argonauten das goldene Vliess der Kunst und Geschicklichkeit zu erlangen getrachtet.*'

Schon in den frühest datierbaren Kompositionen des jungen Weiß zeigt sich das durchaus Eigene an Erfindung und Gestaltung. Zunächst herrscht bei seinen ,Sonaten' oder ,Partien' die sechssätzige Suitenform vor mit Allemande — Courante — Bourrée (oder Gavotte) — Sarabande — Menuett (auch I und II) — Gigue, zumeist mit vorangestelltem Prélude. In der mittleren Schaffenszeit treten zu Anfang auch Ouverture, Fantasie oder Entrée, als Mittelsätze Pastorella, Paisane, Badinage, Siciliano, Polonaise, Rondeau, March, Aria, Musette, Adagio, Vivace, Chaconne und als Schlußsatz statt der Gigue ein Presto oder Allegro auf. Damit ist die überwiegend sechssätzige Sonate (Suite) vor der Schematisierung bewahrt ... Nicht allein innerhalb der gesamten Lautenkompositionen steht er über allen, sondern auch ebenbürtig oder überragend über den bedeutendsten Cembalo- und Kammermusik-Komponisten des 18. Jahrhunderts.«

Einen einsamen Gipfelpunkt der Lautenmusik bedeuten die sieben Lautenkompositionen von *Johann Sebastian Bach* (Eisenach 1685 — 1750 Leipzig). Außer den Orchesterpartien, in denen die Laute als Begleitinstrument zum Gesang und im Verein mit anderen Instrumenten von Bach verwendet wurde (im Alt-Rezitativ »Der Glocken bebendes Getön« aus der »Trauerode« (1727), BWV 198, sowie im Bass-Arioso »Betrachte meine Seel'« der »Johannespassion« (1723), BWV 245a—c), sind uns von Bach folgende solistische Kompositionen für die Laute erhalten, deren Quellen sich in drei Gruppen gliedern lassen:

---

[43] Vgl. Abb. 25.

[44] E. G. Baron, Untersuchung des Instruments der Lauten, a.a.O.

1) Autographe
2) Zeitgenössische Abschriften
3) Intavolierungen aus der 1. Hälfte des 18. Jahrhunderts (Leipzig ca. 1730−40)

Nach neuerer Quellenforschung stammen die bislang in die nachbachsche Zeit eingeordneten Tabulaturhandschriften (BWV 995, 997, 1000) aus der Hand des Leipziger Jurastudenten und nachmaligen Notars *Johann Christian Weyrauch* (1694−1771). »Alle drei Tabulaturen gehen, soweit sich erkennen läßt, auf gute, mutmaßlich aus dem Besitz J. S. Bachs stammende Vorlagen zurück.«[45] Als einzige Dokumente ihrer Art geben diese Intavolierungen eine exakte Vorstellung davon, wie im Bachschen Freundeskreis − und zu diesem darf Weyrauch gezählt werden − die schwierigen Lautensätze des Meisters den spieltechnischen Erfordernissen des Instruments angepaßt wurden und damit Zeugnis von einer jahrhundertealten Einrichtungspraxis ablegen, die bis heute nichts von ihrer ehemaligen Bedeutsamkeit für Lauteninstrumente verloren hat.

BWV 995   Suite g-Moll[46]
Dieses Werk ist uns in zwei Fassungen überliefert: als Suite Nr. 5 für Violoncello solo c-Moll BWV 1011, komponiert zwischen 1727 und 1731 in Leipzig sowie in einer nach g-Moll transponierten Version für die Laute, deren Entstehungszeit nicht bekannt ist[47].

    Prélude
    Allemande
    Courante
    Sarabande
    Gavotte I, Gavotte II en Rondeau
    Gigue   für 14-chörige Laute

Quellen:

1) Autograph. Außentitel »Pièces pour la (sic!) Luth à Monsieur Schouster par J. S. Bach«. Innentitel »Suite pour la Luth par J. S. Bach«. Notierung: Doppelsystem im Tenor- und Baßschlüssel. Bibliothèque Royale de Belgique, Brüssel.

2) Anonyme handschriftliche Lautentabulatur. »Pièces pur le (sic!) luth par S^re J. S. Bach«. Musikbibliothek der Stadt Leipzig. »Sollte die von noch unbekannter Hand geschriebene Tabulatur der g-Moll-Suite nach 1750 entstanden sein, so ließ sie sich allen-

---

[45] Vgl. J. S. Bach, Drei Lautenkompositionen, mit einer Einführung von Hans-Joachim Schulze, a.a.O.

[46] Vgl. Autograph, Abb. 16.

[47] »Es wird oft behauptet, die Lautensuite sei eine Bearbeitung der Suite c-moll für Violoncello. Es könnte aber auch gerade umgekehrt sein. Im Vergleich mit der Lautenversion wirkt die Cellosuite wie ein Fragment. Die Cellofassung hat beispielsweise oft weniger Stimmen, gelegentlich ist sie sogar einstimmig, entsprechend den technischen Möglichkeiten des Streichinstrumentes. Die Lautensuite dagegen ist satztechnisch wesentlich reicher und ausgearbeiteter gestaltet als die Cellosuite«. Eugen M. Dombois, Die Barocklaute II, Philips. Vgl. auch Vorwort zur Ausgabe der Suite g-Moll, herausgegeben von Oscar Ghiglia, Edizioni Suvini Zerboni, Mailand 1976.

falls doch auch als Reinschrift nach einer häufig benutzten und darum nicht mehr brauchbaren Vorlage auffassen.«[45]

BWV 996   Suite e-Moll
komponiert wahrscheinlich zwischen 1707 und 1717 in Weimar.
> Praeludio. Passaggio-Presto
> Allemande
> Courante
> Sarabande
> Bourrée
> Gigue   für 13-chörige Laute

Quellen:
1) Abschrift in einem Sammelband vom Weimarer Stadtorganisten Johann Gottfried Walther (1684—1748), einem Freund und entfernten Verwandten Bachs. »Praeludio con la Suite«, Weimar um 1715. Notierung: Doppelsystem im Diskant- und Baßschlüssel. Der Zusatz »aufs Lauten Wercke« stammt von der Hand des Johann Tobias Krebs (1690—1762), dem Vater von Johann Ludwig Krebs (1713—1780), gemeinsam Schüler von Bach und Walther. Deutsche Staatsbibliothek Berlin.
2) Abschrift in einem Sammelband. Bibliothèque Royale de Belgique, Brüssel.

BWV 997   Suite c-Moll
komponiert um 1740 in Leipzig.
> Prélude
> Fuga
> Sarabande
> Gigue/Double   für 13-chörige Laute

Quellen:
1) Handschriftliche Lautentabulatur von Johann Christian Weyrauch. »Partita al Liuto Composta dal Sig^{re} Bach« (ohne Fuga und Double), Leipzig zwischen 1730—40. Musikbibliothek der Stadt Leipzig.
2) Zahlreiche zeitgenössische Abschriften im G- und F-Schlüssel, darunter die von der Hand Johann Friedrich Agricolas (1720—1774) sowie die Klavierfassung von Johann Philipp Kirnberger (1721—1783). Staatsbibliothek Preußischer Kulturbesitz Berlin.

BWV 998   Präludium, Fuge und Allegro Es-Dur
(»pour la Luth ò Cembal«). Zwischen 1740 und 1745 in Leipzig entstanden.   für 14-chörige Laute

Quelle:
Autograph aus dem Nachlaß C. Ph. E. Bachs. »Prélude pour la Luth ò Cembal«. Notierung: Doppelsystem im Diskant- und Baßschlüssel. Bibliothek des Ueno Gakuen College, Tokio.

BWV 999   Präludium c-Moll
Um 1720 in Köthen komponiert, als drittes der sogenannten »Zwölf kleinen Präludien« für Klavier.   für 10-chörige Laute

Quelle:
Zeitgenössische Abschrift von der Hand des thüringischen Kantors Johann Peter Kellner (1705—1772), Prélude in c-Moll »pour la Lute di Johann Sebastian Bach«. Notierung: Doppelsystem im Diskant- und Baßschlüssel. Deutsche Staatsbibliothek Berlin.

BWV 1000   Fuge g-Moll[48]
Ca. 1720 in Köthen entstanden, geht die Fuge auf den zweiten Satz der Sonate g-Moll Nr. 1 für Violine solo, BWV 1001 zurück, die als Primärfassung anzusehen ist. Aus späterer Zeit stammt auch eine Orgelbearbeitung dieser Fuge, BWV 539.
                                                        für 13-chörige Laute
Quelle:
Handschriftliche Lautentabulatur von Johann Christian Weyrauch. »Fuga del Signore Bach«, Leipzig, eher vor 1730. Musikbibliothek der Stadt Leipzig.

BWV 1006(a) Suite E-Dur
Dieses Werk ist in zwei Fassungen erhalten: als Partita III für Violine allein (»Partita 3^{za} a Violino Solo senza Basso«, BWV 1006, die als Nr. 3 der »Sei Solo a Violino senza Basso accompagnato, Libro primo, da Johann Sebastian Bach ao. 1720« in Köthen entstand) und in einer um eine Oktave tiefer transponierten, auf zwei Systemen in Violin- und Baßschlüssel notierten Gestalt ohne Angabe des Instruments (Suite BWV 1006a).
Prélude
Loure
Gavotte en Rondeau
Menuet I und II
Bourrée
Gigue   für 14-chörige Laute

Quelle:
Autograph vor 1740. Musashino College of Music, Tokio.

Wie Thomas Kohlhase annimmt, könnte die Lautenfassung der E-Dur-Suite »mit dem Besuch des ältesten Bach-Sohnes Wilhelm Friedemann sowie der

---

[48] Vgl. Faksimile der Lautenhandschrift, Abb. 17.

Dresdner Lautenisten Silvius Leopold Weiß und dessen Schüler Johann Kropffganss in Leipzig in Verbindung gebracht werden. Weiß und Kropffganss haben nachweislich 1739 in Bachs Haus musiziert; vielleicht hat Bach die Violinpartita aus diesem Anlaß für die Laute arrangiert«[49].

»Die nur wenig abgeänderte Violinfassung wurde dabei mit zusätzlichen Baß- und Akkordtönen versehen. Wegen der tiefen Lage kommt das Cembalo als Instrument wohl kaum in Frage, eher wäre ein Lauteninstrument in Erwägung zu ziehen. Angesichts der Tonart läge es sehr nahe, an eine E-Laute in Renaissance-Stimmung (E – A – d – fis – h – e′ mit den entsprechenden Baßsaiten) zu denken[50].

Dem »Bulletin of Musashino Academia Musicae«, X, 1977, entnehmen wir eine Beschreibung der in der Bibliothek des Musashino College of Music in Tokio aufbewahrten Originalhandschrift der Suite in E-Dur BWV 1006a:

»Diese Handschrift war einst im Besitz des berühmten Bach-Sammlers Franz Hauser (1794 – 1870) und wurde, wie die Widmung auf der Titelseite (Bl. 1ᵖ) besagt, am 24. Dezember 1859 von Hauser an Otto Scherzer (1821 – 1886) dediziert, der damals an dem von F. Hauser geleiteten Münchner Konservatorium lehrtätig war, schon nach der Jahreswende aber, im Jahre 1860, als UniversitätsMusikdirektor nach Tübingen ging und dann seit 1877 pensioniert in Stuttgart wohnte. Nach W. Schmider befand sich die Handschrift 1894 im Besitz der Familie Klinckerfuß in Stuttgart, ein Besitzverhältnis, das bis 1966 unverändert blieb. Seit September 1967 wird die Handschrift in der Bibliothek des Musashino College of Music in Tokio aufbewahrt.

Die Handschrift wird von einem aus anderem Papier bestehenden Umschlag umschlossen, dessen vorderes Blatt (Bl. 1ʳ) in der Mitte den sicher aus späterer Zeit stammenden Titel:

Suite/pour le clavecin/Composé par Jean Sebast. Bach/Original

und an der rechten Oberkante folgende Widmung trägt:

Herrn Otto Scherzer zum Andenken/München, d. 24. Dec. 59 von/Franz Hauser.

Auf der Rückseite des Umschlags (Bl. 1ᵛ) befindet sich folgender Vermerk:

»*Über die folgende Suite sprach sich der berühmte Kenner Joh. Seb. Bachischer Autographen, Wilh. Rust in Berlin, in einem am 12t. April 1861. an mich gerichteten Brief folgendermaßen aus:*

,Die Bachische Suite in E-Dur, die ich mit dem besten Danke zurücksende,

---

[49] Th. Kohlhase, Einführung und Redaktion der Quellen zu »Werke für Laute«, Archiv Produktion.
Vgl. auch Johann Sebastian Bach, Drei Lautenkompositionen, mit einer Einführung von Hans-Joachim Schulze, S. V, a.a.O.

[50] K. Scheit, Musik für Gitarre, Werkskatalog 1976/77, Universal Edition, Wien. Bisherige Unsicherheiten bei der instrumentalen Zuweisung einzelner Lautenkompositionen sowie Anmerkungen zur Spieltechnik und Stimmung sind behandelt im Kritischen Bericht zu »Neue Bach-Ausgabe«, Serie V, Band 10, »Einzeln überlieferte Klavierwerke II und Kompositionen für Lauteninstrumente«, herausgegeben von Hartwig Eichberg und Thomas Kohlhase, Bärenreiter, Kassel 1976, Kritischer Bericht, in Vorbereitung, ebda.

ist (natürlich mit Ausnahme des äußeren Titels) — durchweg ein J. S. Bach'sches Autograph, so echt, wie nur irgendeines. — Auch die Composition ist eine J. S. Bachische, und ich bitte deshalb die Einleitungssymphonie zur 29ten Cantate, Band V, oder die letzte der Sonaten für Violine allein zu vergleichen. — Unentschieden aber muß es bleiben, ob diese Suite für Clavier allein bestehen soll, oder mit Begleitung (des Orchesters?) arrangiert ist. — Auch das frägt sich — da die Angabe »Cembalo« fehlt — ob Bach einst ein anderes Instrument, z. B. die Laute, im Sinne gehabt hat. Auffallend bleibt jedenfalls die tiefe Lage, die selten über ▱ hinausgeht, und in welcher die Laute sich zu bewegen pflegt.'

Für die Genauigkeit obiger Abschrift aus W. Rusts Brief vom 12t. April 1861 bürge ich. München den 16t. Mai 1861. Julius Jos. Maier/Conservator der musik. Abteilung der kgl./Bibliothek in München.«

Da sich in der bis zur Mitte des 18. Jahrhunderts üblichen d-Moll-Lautenstimmung nur ein Teil der Lautenkompositionen J. S. Bachs ausführen läßt, liegt die Vermutung nahe, daß Bach Scordaturen benutzt hat, die unter den zahlreich überlieferten jedoch nicht nachgewiesen werden konnten. Immerhin gibt es zu diesem Thema, das gewiß noch längere Zeit Stoff zu Diskussionen bieten wird, einige Berichte und Studien, die — auf überwiegend spekulativer Grundlage zwar — den Lautenspielern wie den Musikwissenschaftlern doch Anregungen für weitere Auseinandersetzung mit Bachscher Lautenmusik und ihrer Interpretation geben können.

Die wichtigsten Beiträge hierzu lieferten bisher:

> *Johann Sebastian Bach:* Einzeln überlieferte Klavierwerke II und Kompositionen für Lauteninstrumente, Kritischer Bericht zur Neuen Bach-Ausgabe, Serie V, Band 10, a.a.O.
> *Franz Julius Giesbert:* Bach und die Laute, a.a.O.
> *Johann Mattheson:* Der neue Göttingische . . . Ephorus, a.a.O.
> *David Rhodes:* Johann Sebastian Bach, Praeludio con la Suite, a.a.O.

Als einer der bedeutendsten Zeitgenossen Bachs auf dem Gebiete der Instrumentalmusik hinterließ *Johann Friedrich Fasch* (Büttelstedt 1688 — 1758 Zerbst) ein Konzert für Laute, Streicher und Generalbaß.
Auf deutschem Boden folgten nun noch eine Reihe von Lautenisten mit Suiten und Kammermusikwerken: die vortrefflichen Bach-Schüler *Johann Ludwig Krebs* (Büttelstedt 1713 — 1780 Altenburg), *Rudolf Straube* (Trebnitz 1717 —

um 1785 London), der einer berühmten schlesischen Lautenistenfamilie entstammte, *Johann Kropffganss* (geb. 1708 in Breslau), *David Kellner* (Leipzig 1670 — 1748 Stockholm), *Wolff Jakob Lauffensteiner* (Steyr 1676 — 1754 München), *Adam Falkenhagen* (Groß-Daltzig bei Leipzig 1697 — 1761 Bayreuth), *Jacques Bittner* (wahrscheinlich identisch mit Jakob Büttner aus Nürnberg? 17. Jahrhundert) und *Christian Gottlieb Scheidler* (ca. 1752 — nach 1815), der »als Lautenist der letzte einsame Vertreter einer fast schon vergessenen Kunstübung ist«[51].

Italien: Unter den italienischen Komponisten des Hochbarock, die in ihrem Schaffen die Laute berücksichtigen, ragt vor allem der Name *Antonio Vivaldi* (Venedig 1678 — 1741 Wien) hervor. Folgende Konzerte und Kammermusikwerke mit Laute sind in Handschriften erhalten:

»Concerto à Viola d'amore e Liuto e con tutti gli strumenti sordini« d-Moll, P. 266[52] (F. XII, N° 38)[53].

Aufführung 1740 in Venedig. Eine Handschrift davon liegt in der Sächsischen Landesbibliothek in Dresden.

»Concerto con 2 violini, Leuto e Basso« D-Dur, P. 209 (F. XII, N° 15).

Dem Titel folgt eine Widmung an einen Grafen, dessen Name schwer lesbar ist. Unter den Werken, in denen Vivaldi die Laute verwendet hat, ist das Concerto in D-Dur, dessen Original sich in der Nationalbibliothek von Turin befindet, das populärste.

Die gleiche Widmung tragen zwei Triosonaten, deren Originale ebenfalls die Biblioteca Nazionale in Turin verwahrt:

»Il Trio per Leuto, Violino e Basso« C-Dur, F. XVI Nr. 3 (o.P.);

»Trio per Leuto, Violino e Basso Nr. 5« g-Moll, F. XVI Nr. 4 (o.P.).

Die beiden Trios und das Concerto in D-Dur sind für einen Edelmann (»nobil Signore«), vermutlich einen Dilettanten des Lautenspiels, geschrieben. Es sind Gelegenheitskompositionen, die trotz einfacher Struktur Lieblichkeit in der Form und eine gefällige Melodik besitzen. Aus dem Original des Trios in g-Moll geht hervor, daß Vivaldi wenigstens fünf Werke für diese Besetzung geschrieben haben könnte, von denen bis heute aber nur zwei wiedergefunden wurden.

Beide Trios zeigen einen ähnlichen Aufbau: ein langsamer, ausdrucksvoller Mittelsatz wird von zwei heiteren, schnellen Ecksätzen umrahmt. Auch die Concerti lassen formale Ähnlichkeiten erkennen. Der Übergang vom »Concerto grosso« zum Solokonzert ist im Schaffen von Vivaldi besonders deutlich zu verfolgen. Von der ausgewogenen und kontrastreichen Anlage (Tutti-Solo-Wechsel, Dur-Moll-Harmonik) des »Concerto«, in dem zwei konzertierende schnelle Sätze einen von Solokantilenen beherrschten langsamen Satz einschließen, ist Vivaldi selten abgewichen.

[51] Kurt Dorfmüller, MGG 11, Spalte 1625, Bärenreiter, Kassel 1963.

[52] M. Pincherle, »Antonio Vivaldi et la musique instrumentale — Inventaire thématique«, 2 Bände, Paris 1948.

[53] Zählung nach der Gesamtausgabe der Instrumentalwerke durch das »Istituto Italiano Antonio Vivaldi«, gegründet von *Antonio Fanna*.

England: Der wichtigste Vertreter barocker Lautenkunst in England ist *Thomas Mace* (vor 1613? – 1709?). In seinem für die Lautenpraxis des 17. Jahrhunderts sehr aufschlußreichen theoretischen und praktischen Lehrwerk »Musick's monument« (London 1676) gibt er ausführliche Anweisungen über Lautenbau, Verzierungen, über Besaitung, Fingersätze und Spielmanieren. Seine Lautenkompositionen, die im 2. Teil von »Musick's monument« abgedruckt stehen, sind zu Suiten zusammengefaßt und verwenden die sogenannte »French flat tuning«, eine Lautenstimmung, die in der ersten Hälfte des 17. Jahrhunderts in Gebrauch war:

Dieser Stimmung gab Mace den Vorzug vor der zu seiner Zeit üblichen »new tuning«, die dem neufranzösischen »accord nouveau« (A – d – f – a – d' – f') entsprach.

Österreich: Im reichen Wiener Musikleben des 18. Jahrhunderts fand das Lautenspiel – vor allem in kunstsinnigen Adelskreisen – eine intensive Pflegestätte. Zu den z. T. nicht unbedeutenden schöpferischen Kräften dieser letzten Blüte des künstlerischen Lautenspiels gehören u. a.:
Bohr von Bohrenfels, Andreas (Wien 1663 – 1728); letzter Lautenist der Wiener Hofkapelle
Conti, Francesco Bartolomeo (Florenz 1682 – 1732 Wien)
Daube, Johann Friedrich (Hessen 1733 – 1797 Wien)
Fichtel, Ferdinand Friedrich (Wien 1687 – 1722)
Hinterleithner, Ferdinand Ignaz (Wien 1659 – 1710)
Kohaut, Carl (Wien 1726 – 1782), der letzte Vertreter Alt-Wiener Lautenkunst
Losy (Logy), Jan Antonín (Johann Anton), Graf von Losinthal (Böhmen um 1645 – 1721 Prag)
Peyer, Johann Gotthard (Wien 17. Jahrhundert)
Radolt, Freiherr Wenzel Ludwig Edler von (Wien 1667 – 1716)
Saint-Luc, Jacques de (Ath bei Tournai 1616 – nach 1700 Wien?)
Seidel, Ferdinand (Falkenberg/Schlesien 1705 – 2. Hälfte 18. Jahrhundert)
Weichenberger, Johann Georg (Wien 1676 – 1749).

Von den Komponisten, die nur mit vereinzelten Werken aus ihrem Gesamtschaffen das Lautenrepertoire des 17. und 18. Jahrhunderts bereicherten, seien erwähnt:
Buxtehude, Dietrich (1637? – 1707 Lübeck)
Fux, Johann Joseph (Hirtenfeld/Oststeiermark 1660 – 1741 Wien)
Muffat, Georg (Mégève 1653 – 1704 Passau)
Pachelbel, Johann (Nürnberg 1653 – 1706)

---

[54] Auch um eine große Terz tiefer.

Rust, Friedrich Wilhelm (Wörlitz bei Dessau 1739 — 1796 Dessau)
Telemann, Georg Philipp (Magdeburg 1681 — 1767 Hamburg).

3. Das 20. Jahrhundert

Der Anstoß zur Wiedererweckung der Laute in Deutschland — in zwar veränderter Gestalt, als sogenannte *Lautengitarre* mit Lautenkorpus, Gitarrengriffbrett und mit einfachem Saitenbezug: ein Bastardinstrument, das gegen Ende des 19. Jahrhunderts in die Welt gesetzt wurde — erfolgte nach hundertjährigem Schlaf durch die Jugendbewegung um 1900 (»Wandervogel«, »Die Musikantengilde« u. a.), mit der vor allem Namen wie Hans Breuer, Fritz Jöde, Armin Knab, Robert Kothe, Walter Rein, Heinrich Scherer und Max Schlensog verbunden sind. Die Arbeiten des verdienstvollen *Hans Dagobert Bruger* bildeten damals fundamentale Grundlagen für das soeben wiedererstandene Lautenspiel. Obwohl seine praktischen Ausgaben wissenschaftlich fundiert waren — im Gegensatz zu den meisten anderen Publikationen jener Zeit —, waren sie doch für die erwähnte Lautengitarre bestimmt und stellten somit Bearbeitungen dar, die in ihrer Form heute nur noch aus dem damaligen Zeitgeist heraus verstanden und bewertet werden können, aus jener romantisierenden Zuneigung zur Vergangenheit.

Diese von idealistischer Begeisterung getragene Bestrebung, das alte *Volkslied* und die Lautenkunst wieder erstehen zu lassen, war in ihren Anfängen nicht frei von dilettantischen Auswüchsen, von denen sie sich allmählich erst in den dreißiger Jahren zu befreien begann. Mit dem Auftreten von *Arnold Dolmetsch* (England), *Walter Gerwig* und *Hans Neemann* (Deutschland), *Emilio Pujol* (Spanien) und *Karl Scheit* (Österreich) begann eine verheißungsvollere Renaissance der alten Lautenkunst, die in *Julian Bream* heute ihren eigenwilligen und unvergleichlichen Interpreten gefunden hat. Mit der Wiederbelebung des Lautenspiels um die Jahrhundertwende bis zur Gegenwart sind folgende Namen aus Wissenschaft und Praxis verknüpft:

Willi Apel	Richard G. Campbell	Kristian Gerwig
Josef Bacher	Ruggero Chiesa	Walter Gerwig
Anthony Bailes	Oscar Chilesotti	Franz Julius Giesbert
Anne Bailes-van Royen	Orlando Christoforetti	Otto Gombosi
Sydney Beck	Joel Cohen	Daniel Heartz
Alfred Berner	Thurston Dart	Jürgen Hübscher
Thomas Binkley	Miles Dempster	Edgar Hunt
Heinz Bischoff	Benvenuto Disertori	Dieter Kirsch
Suzanne Bloch	Arnold Dolmetsch	Josef Klima
Wolfgang Boetticher	Eugen M. Dombois	Adolf Koczirz
Julian Bream	Kurt Dorfmüller	Oswald Körte
Reginald Smith Brindle	Robert Eitner	Thomas Kohlhase
Hans Dagobert Bruger	Edmund H. Fellowes	Hermann Leeb
Stanley Buetens	Oscar Fleischer	François Lesure
Mirko Caffagni	Rudolf Flotzinger	David Lumsden

Carol MacClintock
Elisabeth Maier
R. Manabe
Raymond Meylan
Helmut Mönkemeyer
Don Guillermo Morphy
Hans Neemann
Karl Nef
W. Wendell Newcomb
Heinz Nickel
Helmuth Osthoff
Peter Päffgen
Michel Podolski
Ernst Pohlmann
Diana Poulton
Karl Prusik
Michael W. Prynne

Walther Pudelko
Emilio Pujol
Ernst Radeke
Hans Radke
Konrad Ragossnig
Gustave Reese
David Rhodes
Hugo Riemann
Monique Rollin
Anthony Rooley
Curt Sachs
Toyohiko Satoh
Michael Schäffer
Karl Scheit
Leo Schrade
Hans-Joachim Schulze
Aaron Skitiri

Hopkinson Smith
André Souris
Robert Spencer
Godelieve Spiessens
Wilhelm Tappert
Heinz Teuchert
Seiichi Tokawa
Bruno Tonazzi
James Tyler
André Verchaly
Peter Warlock
Emanuel Winternitz
Leo Witoszynskyj
Johannes Wolf
Josef Zuth

Ein wichtiges und weitgespanntes Betätigungsfeld bietet sich der Laute gegenwärtig im Rahmen der historischen Aufführungspraxis, die heutige Vorstellungen von alter Musik zu revidieren versucht — ein Prozeß, der zur Wiederfindung des »alten Klanges« notwendig war und in seiner Auseinandersetzung mit den daraus resultierenden Problemen sicher noch nicht beendet ist. Man neigt zuweilen dazu, dabei die Personengebundenheit der Musik zu unterschätzen oder zu ignorieren. Wie Dowland oder Weiß hat vorher und nachher niemand Laute gespielt. Auch historische Berichte über Aufführungen schildern meistens nur *eine* Aufführung. Sie sind als Modelle für uns gewiß wertvoll. Doch jede Interpretation von Musik aus vergangenen Zeiten kann Gegenwärtiges nicht ausschließen.

Unter den wenigen zeitgenössischen Lautenkompositionen zählen die «Sonate für Laute allein«, Werk 31 Nr. 5 und die »Variationen über ein eigenes Thema«, Werk 32 Nr. 2 für Blockflöte und Laute von *Johann Nepomuk David* (1895–1977) zum Gehaltvollsten moderner Lautenliteratur.

Das Lautenspiel besitzt heute bereits an mehreren Musikhochschulen, Akademien und Musikinstituten für Alte Musik vorzügliche Forschungs- und Ausbildungsstätten, so u. a. besonders in *Basel*, *Frankfurt am Main*, *Den Haag*, *Köln* und *Würzburg*.

Kapitel II

Die Gitarre

Ursprung und Entwicklung

Im Unterschied zu der unbestrittenen Gewißheit über die orientalische Herkunft der Laute geben Ursprung und Geschichte der Gitarre immer noch Rätsel auf.

Im vorderasiatischen *târ* mit achtförmigem Holzkorpus, Hautdecke und bündigem Griffbrett, sowie im persischen *setâr*[55] — einem ursprünglich dreisaitigen Lauteninstrument in Tanbûrform, mit langem vielbündigen Hals und kleinem ovalen Holzkorpus — will man Urformen erkennen, die in Gestalt und Namensgebung auf die Gitarre hinweisen (Abb. 2).

Allen Versuchen, die Gitarre — historisch wie organologisch — mit mittelorientalischen, zentralasiatischen oder kaukasischen Langhalslautenarten ähnlich anmutender Formen in Zusammenhang zu bringen, mangelt es am schrittweisen Nachvollzug einer Entwicklung, von der heute noch niemand sagen kann, ob sie überhaupt jemals sich vollzogen hat: wie kam es zu dem großen, flachen Korpus, der damals wie heute die Gitarre kennzeichnet (orientalische Instrumente, die man für Verwandte hält, haben kleine, bauchige Klangkörper), wie zu dem breiten, flachen Hals (orientalische »Gitarren« sind mit langen, schmalen, im Querschnitt häufig dreieckigen oder runden Hälsen ausgestattet), wie zu den Proportionen (Klangkörper und Hals der Gitarre sind etwa gleich lang — bei orientalischen Instrumenten übertrifft die Länge des Halses die des Korpus um das Doppelte oder gar Dreifache)? Die zahlreichen ikonographischen Zeugnisse in Handschriften des Mittelalters belegen zwar die Vielfalt der Gitarreninstrumente für westeuropäische Länder der Zeit, bieten aber keinen Ansatz für entstehungsgeschichtliche Überlegungen (Abb. 30, 31). Die bedeutendsten Abbildungen von Lauten- und Gitarreninstrumenten finden sich in Spanien in den »*Cantigas de Santa María*«, in der 2. Hälfte des 13. Jahrhunderts auf Geheiß König Alfons X. aufgezeichnet und illuminiert, jedoch ohne erläuternde Bezeichnungen.

Unklar ist auch die Geschichte des Terminus »Gitarre«. Die Herkunft des Wortes vom griechischen Instrumentennamen *Kithara* (cithara) ist nicht be-

---

[55] se = drei, târ = Saite, also persisch »Dreisaiter«.

si = dreißig. Die Beschreibung des im »Reallexikon der Musikinstrumente« von Curt Sachs als »Sitâr, Setâr« bezeichneten Instruments bedarf insofern einer Korrektur, als es sich dabei nicht um ein Instrument handelt, für das wechselweise zwei sich ähnelnde, sinnverwandte Termini gebraucht werden; dahinter verbergen sich vielmehr zwei in den Ländern des Nahen Ostens wie in Indien in ihrer heutigen Verwendung grundverschiedene Instrumente; vgl. Text zu Abb. 3.

wiesen. Gleichwohl fehlt es in der Musikwissenschaft unseres Jahrhunderts nicht an Ansatzpunkten für eine Entwicklung von der griechischen Kithara — einem Leierinstrument, das den Joch- und nicht den Halslauten zuzuordnen ist — zur europäischen Gitarre: eine Entwicklung, für die ein kontinuierliches Beweismaterial bis heute nicht erbracht werden konnte[56]. Nach Kathleen Schlesinger, die zum ersten Male Überlegungen mit diesen Zusammenhängen als Möglichkeit formulierte, sei »fidicula« (spanisch »Vihuela«) gleich »cithara«, wie auch ihre Umformung zur Gitarre. Und da die Cithara durch die Römer noch vor den Arabern nach Spanien gekommen sei, wäre auch der Gegensatz »guitarra latina« — »guitarra morisca« klar.

Im »*Roman de la Rose*« von Guillaume de Lorris und Jean de Meung (1236) wird, zusammen mit vielen anderen Instrumenten, auch eine »quitarre« genannt, im bald darauf erschienenen »*Libro de Alexandre*« des Juan Lorenzo de Astorga (León, 1250) eine »gitarra« — erste Erwähnungen im westlichen Europa. Das »*Libro de buen amor*« (Archipreste Juan Ruiz de Hita, 1330) enthält umfängliche Zitate von Instrumentennamen, unter ihnen eine *guitarra morisca* und eine *guitarra latina* (Abb. 30). Ein halbes Jahrhundert zuvor war in der Schrift »*Tractatus de musica*« (*Johannes de Grocheo*, Paris 1280) von einer »guitarra saracenica« (Abb. 31) die Rede gewesen. Hier wie in allen anderen genannten Schriften fehlen Beschreibungen des Instruments, daher kann es über seine Gestalt und die Bedeutung der Termini lediglich Spekulationen geben.

Im 15. Jahrhundert wurde das Instrument als spanische Erfindung (»Hispanorum invento«) bezeichnet, ja sogar als altes spanisches Nationalinstrument (»Guitarra nacional, muy antiguo«) berühmt. Doch hieß es in Spanien auch *Vihuela*, ein Name, der etymologisch den im Mittelalter für Streich- oder Zupfinstrumente gebräuchlichen Bezeichnungen wie *vielle*, *viole*, *viola* zuzuordnen ist[57].

Die »ungereinigte« und keinesfalls auf instrumentenkundliche Katalogisierung ausgerichtete Sprache des Mittelalters hinterläßt uns mit den Instrumentennamen jedoch keine eindeutigen Definitionen im modernen Sinne. Einerseits wurde ein und dasselbe Instrument mit verschiedenen Namen bedacht (erinnert sei in diesem Zusammenhang an die zahlreichen Bezeichnungen der Cister: Citôle, Cithara germanica, Cistre, Cittern, Cithrinchen, Zither), andererseits läßt sich nachweisen, daß ein Name für Instrumente verschiedener Tonerzeugung in Anspruch genommen wurde. So war die Vihuela im Spanien des 16. Jahrhunderts in drei Spielarten in Gebrauch: als *vihuela de pendola* mit dem Federkiel angerissen, als *vihuela de arco* mit dem Bogen gestrichen und als *vihuela de mano* mit den Fingern angeschlagen.

Der niederländische Musikgelehrte *Johannes Tinctoris* weist in seinem Traktat »De inventione et usu musicae« (1480—87) darauf hin, daß in Spanien und

---

[56] Kathleen Schlesinger, »The Precursors of the Violin Family«, London 1910; Artikel »Guitar and Guitar Fiddle« in »The Encyclopedia Britannica«, 11. Ed., Cambridge 1911, Band 12.

[57] Die heute noch in portugiesisch sprechenden Ländern übliche Bezeichnung »*violão*« für Gitarre bestärkt die These von verwandter Bindung zwischen Vihuela und Gitarre in der Vergangenheit.

Italien die »viola« weit häufiger ohne Bogen gespielt werde, und meint damit wohl die *viola da mano* (Abb. 60), die wiederum identisch ist mit der spanischen *vihuela de mano* (Abb. 42).

Der spanische Komponist und Theoretiker *Fray Juan Bermudo* beschreibt in seiner Abhandlung »*Declaración de instrumentos musicales*« (Ossuna 1555) als *vihuela comun* (Normalvihuela) ein mit sechs Chören bespanntes Instrument[58], das morphologisch mit der Gitarre identisch ist[59]: achtförmig geschweifter Korpus, Decke und flacher Boden durch Zargen verbunden, Schallrosette und ein mit Bünden versehener breiter Hals, an dessen oberem Ende sich der leicht zurückgezogene Wirbelkasten mit sagittal-hinterständigen Wirbeln anschließt. Ähnlich wie die Laute war auch die Vihuela in verschiedenen Stimmlagen in Verwendung, von der Bass-Vihuela in D bis zur Diskant-Vihuela in c. Die zahlreichen Tonhöhen, die Bermudo mitteilt, sind jedoch nicht absolut zu verstehen. Die Tonhöhe richtete sich vielmehr nach der Zerreißgrenze der obersten Saite, die eben sehr unterschiedlich gewesen sein muß. Mit der Vielzahl an Vihuela- und Gitarrenstimmungen will Bermudo dem Anfänger verdeutlichen, daß alle möglichen Stimmhöhen, je nach Saitenqualität, anwendbar sind. Die weitaus gebräuchlichste Stimmlage war die Alt-Tenor-Lage mit G als relativem Ausgangston: G – c – f – a – d′ – g′.

Im Unterschied zur Laute war jede Saite der Vihuela verdoppelt und im Einklang gestimmt. Bermudo empfiehlt die Anbringung von festen Bünden am Griffbrett, aus Metall, Knochen oder Elfenbein, was nicht ausschließt, daß auch bewegliche Darmbünde Verwendung fanden.

Die *guitarra* definiert Bermudo als kleineren Typus der sechschörigen Vihuela, dem der oberste und tiefste Chor fehlt. War die sechs- und siebenchörige Vihuela dem Adel und dem Berufsmusiker vorbehalten, so galt die vierchörige »guitarra« als das populäre Instrument des Volkes. *Alonso Mudarra* (»Tres libros de música«, 1546) und *Miguel de Fuenllana* (»Orphenica lyra«, 1554) beziehen sich in ihren Vihuela-Tabulaturbüchern erstmals auf sie.

Oft wird erwähnt, daß der spanische Dichter und Musiker *Vincente Espinel* (1550–1624) einen 5. Chor hinzugefügt habe; doch ist dies zweifelhaft, da bereits *Miguel de Fuenllana* in seinem Tabulaturbuch von 1554 neben Stücken für die sechschörige Vihuela und die vierchörige Guitarra[60] auch Werke für eine *fünfchörige* Vihuela vorsieht. Somit darf angenommen werden, daß das mit fünf Doppelsaiten bespannte und seit der zweiten Hälfte des 16. Jahrhunderts als *Guitarra española* bezeichnete Instrument spätestens um 1550 geboren war.

Im 17. Jahrhundert darf die *fünfchörige* Gitarre als ein im Musikleben Europas durchaus etabliertes Instrument angesehen werden. Die Tabulaturdrucke von *Francesco Corbetta* und *Robert de Visée* lassen auf ein beachtliches Niveau an Spieltechnik und musikalischem Ausdruck schließen.

Bis in die zweite Hälfte des 18. Jahrhunderts besaß die Gitarre doppelten Saiten-

---

[58] Bermudo spricht auch von einer siebenchörigen Vihuela, wofür jedoch kein Repertoire überliefert ist.
[59] Vgl. S. 37.
[60] Fuenllana bezeichnete die vierchörige Gitarre als »Vihuela de quatro órdenes«.

bezug. Der Übergang von *fünfchöriger* zu *sechschöriger* und schließlich zu *einsaitiger* Bespannung erfolgte nach 1775; ein genaues Datum für die Umstellung kann nicht gefunden werden. *Antonio Ballesteros'* »Obra para guitarra de seis órdenes« (Madrid 1780) sowie die Unterrichtsmethoden von *António da Silva Leite* (»Estudio de guitarra«, Porto 1796), *Fernando Ferandiere* (»Arte de tocar la guitarra española por música«, Madrid 1799), *Antonio Abreu* (»Escuela para tocar con perfección la guitarra de cinco y seis ordenes«, Salamanca 1799) und *Federico Moretti* (»Principios para tocar la guitarra de seis órdenes«, Madrid 1799) verfaßten ihre Lehrwerke zwar noch für die *fünf- und sechschörige* Gitarre; Moretti weist aber gleichzeitig darauf hin, daß die Gitarren in Frankreich und Italien jetzt mit *Einzelsaiten* bespannt sind und deshalb leichter gestimmt werden könnten. Ferandiere und Moretti zählten zum Schülerkreis von *Miguel García* alias *Padre Basilio*, der sich einer *siebensaitigen* Gitarre bediente.

Um die Wende des 18. Jahrhunderts veröffentlichte *Antoine-Marcel Lemoine* eine dreiteilige »Nouvelle méthode pour la guitarre«, in der sowohl die *fünf-* als auch die *sechssaitige* Gitarre behandelt wurde. Das sechssaitige Instrument bezeichnet Lemoine als »Lyre ou Guitarre à six cordes« (Abb. 39). Durch die um 1800 nun endgültig erfolgte Hinzufügung der 6. Saite (oder Saitenpaares), die – es sei wiederholt – schrittweise sowohl über die *fünfchörige* wie auch *fünfsaitige* Gitarre erfolgte, erhielt das Instrument »eine Art Vervollkommnung, der sich die fünfchörige Barock-Gitarre etwa 200 Jahre lang widersetzt hatte«[61]. *Carulli* (Paris 1810), *Aguado* (Madrid 1825) und *Sor* (Bonn/Paris 1830) verfaßten die ersten *Lehrmethoden* für die klassische sechssaitige Gitarre in der bis heute gültigen Stimmung:

Verschiedene Stimmungen

Nimmt man für die sechschörige Vihuela die G-Stimmung an:

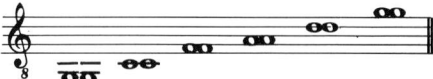

so ergibt sich für die *vierchörige* Gitarre (Abb. 43) im 16. Jahrhundert die Stimmung:

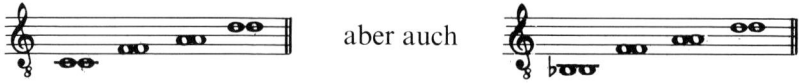

»temple nuevo« (neue Stimmung)   »temple viejo« (alte Stimmung)

Beide Stimmungen legt Alonso Mudarra den Gitarrekompositionen in seinen »Tres libros de música en cifras para vihuela« (Sevilla 1546) zugrunde.

---

[61] Th. Heck, »The Birth of the Classic Guitar«, a.a.O.

Stimmungen für die fünfchörige Gitarre

Bermudos Stimmung für die *fünfchörige* Guitarra war:

Aus diesem Intervallverhältnis (von oben: Quart − Quart − Terz − Quart) geht hervor, daß Bermudo die fünfte Saite über die erste eines vierchörigen Instrumentes gelegt hat, was im Widerspruch zu Fuenllanas Stimmung für eine fünfchörige Vihuela steht, deren Intervallverhältnis von oben eine Quart − Terz − Quart − Quart-Stimmung erkennen läßt, wie sie fast alle fünfchörigen Gitarren bis zum Ende des 18. Jahrhunderts aufweisen:

Gaspar Sanz (1674) empfiehlt für das Continuospiel drei verschiedene Stimmungen:

während er für das solistische Spiel den 4. und 5. Chor im Einklang der höheren Oktave für geeigneter hält, die auch Marin Mersenne schon 1635 in seiner »Harmonie universelle« anführt:

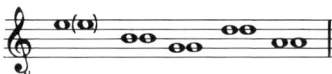

Stimmung, wie sie die französischen Gitarristen in der zweiten Hälfte des 17. Jahrhunderts bevorzugten (Corbetta, Visée u. a.):

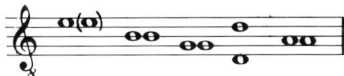

Daß bereits vor 1700 vereinzelt Gitarren mit *6 Chören* in Verwendung standen, bestätigt eine handschriftliche Tabulatur[62], die für die Gitarre (oder Mandora) folgende Stimmung verlangt:

---

[62] Mährisches Museum Brünn, Signatur D 189, aus dem Besitz des Augustinerklosters in Altbrünn. Vgl. Jan Antonín Logy, Pièces de Guitarre, a.a.O.

Stimmung bei Fernando Ferandiere (1799)

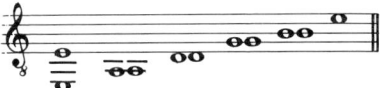

Stimmung bei Federico Moretti (1799)

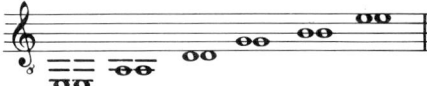

Seit Antoine M. Lemoine (um 1800) und Ferdinando Carulli (1810):

Abarten der Gitarre

Abgesehen von den verschiedenen Landschaftstypen, wie der *English guitar* – ein englischer Cisterntyp aus der 2. Hälfte des 18. Jahrhunderts mit herzförmigem Korpus und sechs Doppelsaiten in C-Dur-Stimmung (c – e – g – c′ – e′ – g′) – oder der *Portugiesischen Gitarre*, deren Formgebung ebenfalls mit der Cister in Verbindung zu bringen sein dürfte, entwickelten sich unzählige historische und moderne Abarten der Gitarre.

Ein wichtiges Bindeglied zwischen Laute und Gitarre stellt die Familie der *Cister* (Cittern, Cithern, Cistre, Cetera, Citôle, Cithrinchen, Cithara) dar (Abb. 20, 32). Ihr Vorkommen kann an Hand von bildlichen Darstellungen bis ins Mittelalter zurückverfolgt werden. Das Instrument mit birnenförmigem Korpusumriß und nach dem Steg hin abnehmender Zargentiefe ist mit Drahtsaiten von 4 bis 7, aber auch bis zu 13 Chören bespannt und wurde sowohl mit dem Federkiel angerissen als auch »mit dem Finger sanft gestrichen«[63]. Ihr Baß-Typus war die als Generalbaßinstrument benutzte *Pandora*[64] (Bandora, Bandoer) (Abb. 20).

Unmittelbare Verwandte der klassischen Gitarre sind die *Baßgitarre* mit Doppelhals und der *Arpeggione* (Abb. 41), auch *Guitare d'amour* oder *Violoncell-Gitarre* genannt, eine vom Wiener Instrumentenbauer *Johann Georg Staufer* (1778 – 1853) erfundene und mit dem Bogen gestrichene Gitarre in Violoncello-Größe, die das 19. Jahrhundert hervorgebracht hat.

---

[63] Curt Sachs, Reallexikon der Musikinstrumente, a.a.O.
[64] Vgl. J. Wolf, Handbuch der Notationskunde II, a.a.O.; Verzeichnis der Literatur für Cistern, S. 129 – 146.

Es entwickelten sich aber auch Kombinationen mit anderen Instrumenten, darunter die *Lyragitarre* (Abb. 39), die *Harfengitarre* und die *Harpolyre*.

Eine Gruppe für sich bilden die *Schlaggitarren*. Unter diesem Namen verbirgt sich die *Chitarra battente* oder *Wölbgitarre* (Abb. 34); das im 17. und 18. Jahrhundert hauptsächlich in Italien ansässige und mit Plekton geschlagene Instrument besaß einen hohen Korpus mit gewölbtem Boden.

Der historischen Chitarra battente entspricht heute die z. T. elektrisch verstärkte *Jazzgitarre* (Elektrogitarre), die ebenso wie das *Banjo* in der Tanz- und Unterhaltungsmusik des 20. Jahrhunderts ihren Platz einnimmt, fallweise aber auch im Ensemble für zeitgenössische Musik Verwendung findet.

Die Notation

Vom 16. bis zur Mitte des 18. Jahrhunderts erfolgte die Notation in *Tabulaturschrift*, die bis in das 17. Jahrhundert im wesentlichen mit der Lautentabulatur identisch war[65], wobei sowohl das *italienische* System (bei Alonso Mudarra, Melchior de Barberiis, Miguel de Fuenllana, Francisco Guerau u. a.) wie auch die *französische* Notierung (bei Guillaume Morlaye, Abb. 43, Adrian Le Roy, Robert Ballard u. a.) auf anfangs vier Linien, für die fünfchörige Gitarre später auf fünf Linien erweitert, zur Anwendung kam.

Beispiele für die italienische Tabulatur

Mudarra, Tres libros de música, 1546
Romanesca II

Übertragung bei Stimmung d – g – h – e′

---

[65] Vgl. Notation der Lautenmusik, S. 15.

Giacomo Monti, Intavolatura di chitarra e chitarriglia, 1646
Bergamasco

Übertragung bei Stimmung A – d – g – h – e'

Beispiel für die französische Tabulatur

Adrian Le Roy et Robert Ballard[66], Troisième livre de tabulature de guiterre, 1552
Branle de Poictou

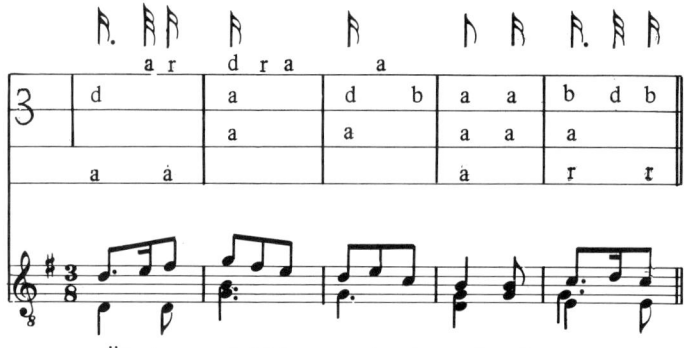

Übertragung bei Stimmung A – d – g – h – e'

Vom 17. Jahrhundert an nimmt das akkordische Griffspiel in stärkerem Maße zu. Dieselben Akkorde kehren immer wieder. Sie stets einzeln in vollem Umfang in Tabulaturschrift aufzuzeichnen, empfand man als zeitraubend und unübersichtlich. So erfand man eine Art Kurzschrift, die in zwei Methoden Verwendung fand: die *italienische*, die für die Akkordbezeichnung Buchstaben verwendete, (»Alfabeto« oder spanisch »Abecedario« genannt) während die *spanische* zum gleichen Zweck mit Ziffern operierte (»Cifras« genannt).

a) **Spanische Methode:**
1586 erschien in Barcelona von *Juan Carlos Amat* ein Lehrbüchlein für die fünfchörige Gitarre, das sich der Ziffern bediente: »Guitarra española y vandola

---

[66] Vgl. Tabulatur in Faksimile von Guillaume Morlaye, Abb. 44.

de cinco órdenes y de quatro«. Das Werk, das bis ins 18. Jahrhundert mehrere Auflagen erfuhr, eröffnete die Reihe der ausschließlich für die Gitarre bestimmten Lehrwerke und ist somit als erste aller Gitarrenschulen auch in pädagogischer Hinsicht von Bedeutung.

Bei der spanischen Griffschrift, den »Cifras«, unterscheidet *Pablo Minguet e Irol* in »Reglas, y advertencias« (Madrid 1752/74) zwischen einem »estilo castellano« und einem »estilo catalano«. Der kastilische Stil, wie er später vor allem durch *Luis de Briçeño* im »Método mui facilissimo para aprender á tañer la guitarra a lo español« (Paris 1626) erläutert wird, bedient sich zur Erklärung der Grifftabelle der französischen Lautentabulatur: die oberste Linie entspricht der obersten Saite.

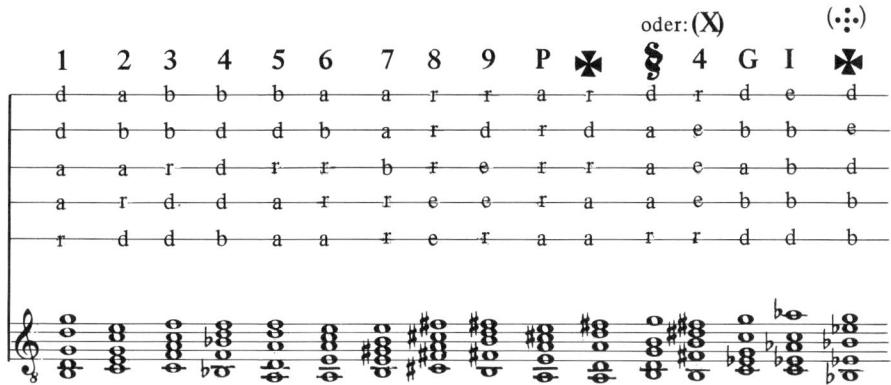

Übertragung bei Stimmung A – d – g – h – e′

Der Rhythmus wird mit Mensuralnoten über den Griffzeichen angezeigt:

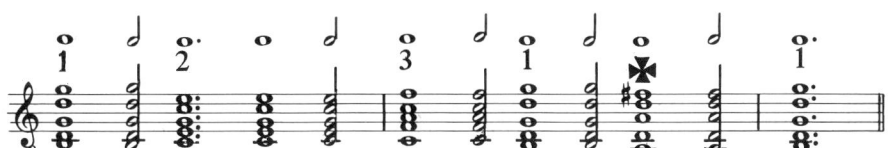

Übertragung bei Stimmung A – d – g – h – e′

Mit geringen Abänderungen bedient sich auch *Lucas Ruiz de Ribayaz* in seinem Werk »Luz y norte musical caminar por las cifras«, Madrid 1677 derselben Zahlen, die bei Briçeño den dazugehörenden Akkord entsprechen.

Die Zahlen und Zeichen werden auf eine Horizontallinie gesetzt, die Richtung des Akkordanschlages (Auf- oder Abschlag) mit unter oder über der Horizontallinie stehenden kleinen Strichen angezeigt: ⊤ bedeutet den Anschlag vom tiefsten zum höchsten Ton eines Akkordes, ⊥ für die entgegengesetzte Richtung des Anschlags. Der Takt ist am Anfang der Linie angegeben:

Übertragung bei Stimmung A – d – g – h – e'

Ein Punkt neben einem Strich verlängert den Wert des Akkordes auf Kosten des folgenden.

b) **Die italienische Methode,** die zur Bezeichnung der Akkorde Buchstaben verwendet, finden wir zuerst bei *Girolamo Montesardo,* der 1606 in Florenz mit einer methodischen Anleitung zum Selbstunterricht hervortrat: »Nuova inventione d'intavolatura per sonare li balletti sopra la chitarra spagnuola senza numeri e note.« Zur Erklärung seines »Alfabeto« zieht er die italienische Notation heran; die oberste Linie entspricht also der untersten Saite:

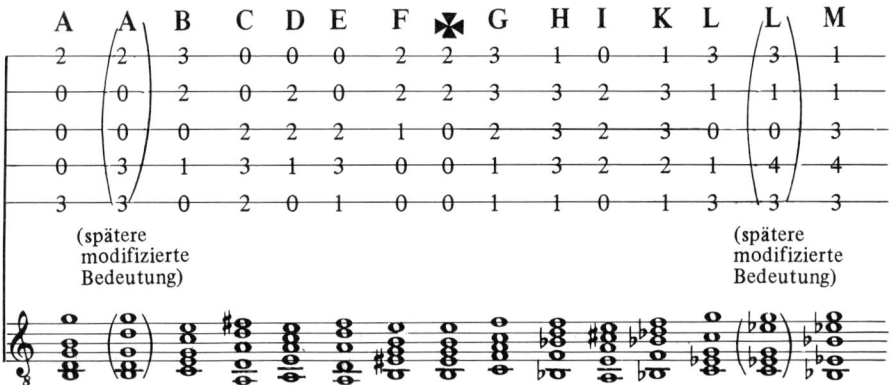

Übertragung bei Stimmung A – d – g – h – e'

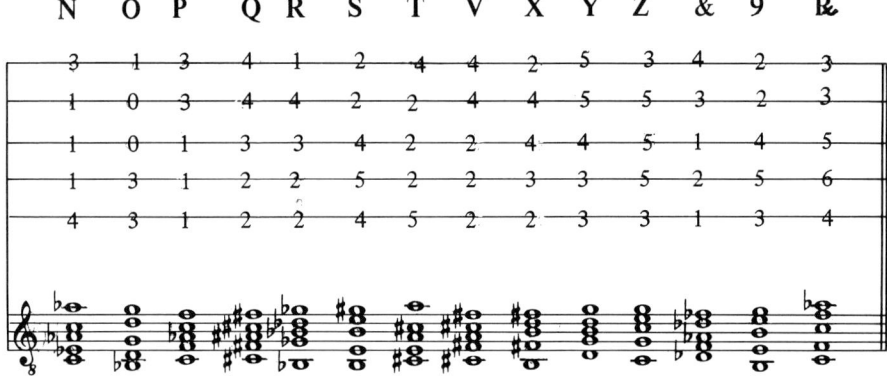

Wenn sich auch bei späteren Autoren Veränderungen und Erweiterungen feststellen lassen, gewann das Alphabet von Montesardo doch allgemeine Bedeutung und weite Verbreitung.

c) Die Notierung rhythmischer Werte

Girolamo Montesardo unterschied zwischen Groß- und Kleinbuchstaben, wobei der große Buchstabe den doppelten Wert des kleinen erhielt:

Villano di Spagna

In *Gaspar Sanz' »Instrucción de música sobre la guitarra española«*, Saragossa 1674 (Abb. 45, 46) wird das Prinzip der Lautentabulaturen angewandt, wonach das über dem Tabulatursystem bzw. Abecedario stehende rhythmische Zeichen bis zur Ablösung durch einen anderen Notenwert Gültigkeit behält:

Auch die Stellung der Anschlagstriche (»colpi« oder »golpes«) zueinander lassen die rhythmische Bedeutung erkennen:

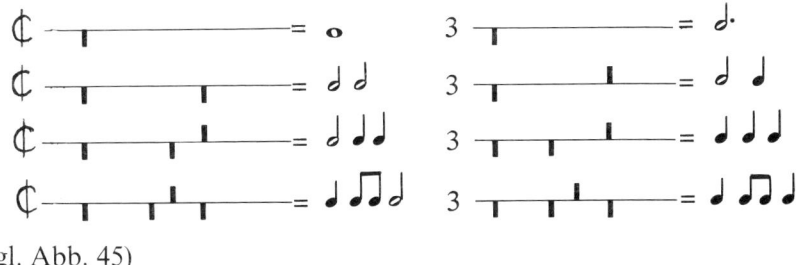

(Vgl. Abb. 45)

In ähnlicher Weise entwickelte sich auch in Frankreich eine Kurzschrift. Aus Gründen eines einfacheren Notenbildes blieben die leeren Saiten in der Aufzeichnung unberücksichtigt; sie wurden vom Spieler ergänzt, je nach Griffposition der einzelnen Akkorde.

Rhythmische Werte wurden sowohl durch Längenunterschiede der Anschlagstriche

$$\mathcal{C} \; \rule{0.7cm}{0.4pt}\; = \; \text{♩ ♫ ♩ ♩}$$

als auch mit den rhythmischen Zeichen selbst dargestellt, wobei die Richtung
der Cauda die Richtung der »colpi« anzeigte (Abb. 47).

Bis in die 2. Hälfte des 18. Jahrhunderts blieben Tabulaturen für die Gitarre in
Gebrauch, wenngleich sich bereits seit dem Ende des 17. Jahrhunderts vereinzelte
Versuche zeigen, Gitarremusik in moderner Notenschrift aufzuzeichnen:
Robert de Visée bringt im Anschluß an seine in Paris gedruckten Tabulaturbücher »Livre de guittare dédié au Roy« (1682), »Livre de pièces pour la
guittare« (1686) und »Pièces de théorbe et de luth« (1716) eine Auswahl an
Suitensätzen in moderner Notation (Oberstimme und Baß), mit dem Hinweis,
daß diese Stücke auch auf anderen Instrumenten (Clavecin, Violine u. a.) vorgetragen werden können.

Der spanische Tanzlehrer, Kupferstecher und Musikverleger *Pablo Minguet
e Irol* verfaßte das letzte in Spanien gedruckte Sammelwerk in Tabulaturschrift:
»Reglas y advertencias generales«, Madrid 1774 (Abb. 48).
In *Frankreich* erscheint von *Michel Corrette* »Les Dons d'Apollon, méthode
pour aprendre la guitare« (Paris 1762, Deuxième livre 1763), eine Schule mit
Chansons zur Gitarrebegleitung und mit Solostücken für die fünfchörige
Gitarre, erstmals auf fünflinigem Notensystem im G-Schlüssel und darunter-
gesetzter Tabulatur, ein Werk also, das deutlich den Übergang und die all-
mähliche Abkehr von der Tabulatur zur modernen Notation dokumentiert.
Auf gleiche Weise ist die »Méthode de guittarre par musique et tabulature«
(Paris 1773) von *Antoine Bailleux* angelegt.

Spielzeichen in Gitarretabulaturen

Die Fingersatz- und Verzierungszeichen in Gitarretabulaturen lassen sich fast
durchwegs in der Lautenmusik nachweisen[67]. Als abweichende Symbole gelten:

»Arpeado« (span.), Akkordzerlegung

---

[67] Vgl. Spielzeichen in Lautentabulaturen, S. 25 ff.

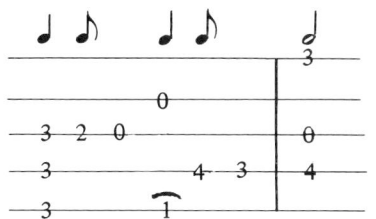

»Esmorsata« (span.),
kurzer Vorschlag von oben

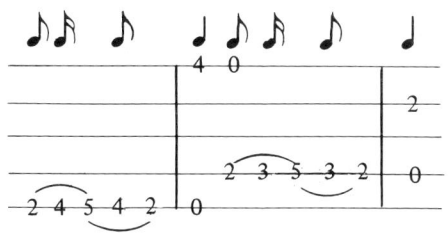

»Extrasino« (span.), Bindung mehrerer Noten nach oben und unten;
Visée und Corbetta bezeichnen diese Art der Bindung nach oben mit
»Cheute« (»Chute«), Bindungen nach unten mit »Tirade«.

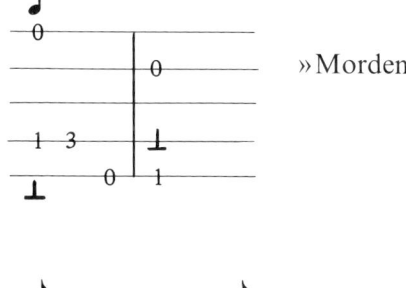

»Mordente« (span.)

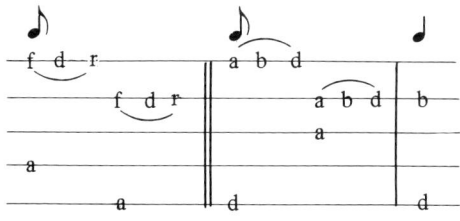

»Roulement« (franz.), entspricht in der Ausführung dem »Strascios«
in italienischen Tabulaturen und dem »Extrasino« in spanischen Drucken
(G. Sanz).

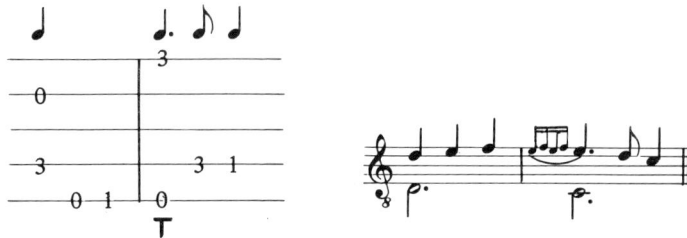

»Trino« (span.), zweigliedriger Praller, mit der Hauptnote beginnend

Das Zeichen T kann, ebenso wie ⁂ (franz. »Miolement«) und * (span. »Tremblor«) »Vibrato« bedeuten[68].

Die rhythmischen Bezeichnungen stehen — wie für die Laute — über der Tabulatur und sind wohl zu unterscheiden von den Angaben für »couler« (eine Art des Arpeggio-Anschlages), die als Rhythmuszeichen *innerhalb* des Tabulaturliniensystems rechts vom Akkord stehen und sowohl die Dauer als auch die Richtung des arpeggierten Akkordes angeben, je nach der Stellung des Notenhalses[68]:

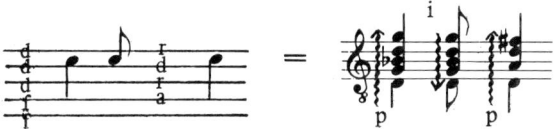

---

[68] Vgl. Spielanweisungen und Verzierungstabellen (Seite XXIV — XXXII) bei Robert de Visée, Suite in sol Minore, Tabulaturübertragung von Alvaro Company und Vincenzo Saldarelli, Edizioni Suvini Zerboni, Mailand 1975.

Gitarristen, Vihuelisten und Komponisten vom 16. Jahrhundert bis zur Gegenwart

Bis ins 18. Jahrhundert hinein hat sich die Verschiedenheit von Laute und Gitarre weniger in bau- und spieltechnischen Besonderheiten als vielmehr in gewissen, sich dauernd ändernden musikalisch-soziologischen Gegebenheiten gezeigt, und dies im Verlaufe einer Geschichte, die für beide Instrumente längere Zeit hindurch parallel verlief.

Man darf wohl sagen, daß die Laute in ihrer kultur- und musikgeschichtlichen Bedeutung in der Renaissance die Gitarre überragte. Die unterschiedliche Wertigkeit ist aber nicht allein an der überlieferten Spielliteratur abzulesen. Sie erklärt sich vor allem aus jenem minderen soziologischen Milieu, in das die Gitarre als Instrument des Volkes vorerst hineingeboren wurde und aus dem sie sich später als die Laute — mit dem Beginn der Barockzeit — befreien konnte, um dann ebenso wie diese in die adelige und höfische Musikübung Eingang zu finden, ohne aber den Boden der Volkstümlichkeit je ganz zu verlieren. Im Gegensatz zur Laute konnte die Gitarre seit ihrem ersten Auftreten im 13. Jahrhundert, nach mannigfaltigen Wandlungen und trotz wechselnder Geschicke, gerade in der Hand des einfachen Volkes ihre Stellung bis in die Gegenwart behaupten.

Wie bei der Laute sind uns schriftliche Zeugnisse des Gitarrespiels aus dem Mittelalter nicht überliefert. Wir begegnen ihnen erst im Zusammenhang mit den ersten Tabulaturdrucken für die Vihuela auf spanischem Boden in der ersten Hälfte des 16. Jahrhunderts.

Nach Epochen und Ländern geordnet folgt eine Zusammenfassung der wichtigsten Vertreter der Gitarristik von der Renaissance bis zur Gegenwart.

1. Renaissance und Barock

Spanien:

Da man im 16. Jahrhundert in Spanien unter der »guitarra« den kleineren Typus der Vihuela verstand, sind die Vihuelatabulaturen auch für die Gitarristik verbindlich[69]. Die Schaffensperiode, aus der uns die Tabulaturdrucke der sieben spanischen Vihuelisten überliefert sind, umfaßt einen Zeitraum von nur 43 Jahren.

a) **Vihuelisten** (in chronologischer Reihung ihrer Tabulaturveröffentlichungen):
Milán, Luis (um 1500 — nach 1561), »Libro de música de vihuela de mano, intitulado El Maestro«, Valencia 1535 (Kolophon: 1536), Abb. 42.

[69] Vgl. S. 37.

Luis Milán, vielleicht die glanzvollste Erscheinung unter den spanischen Vihuelisten, wurde zu seiner Zeit gleichermaßen als Musiker, Dichter und Höfling
gefeiert. »El Maestro« ist das einzige spanische Tabulaturwerk, das keine intavolierte Vokalmusik enthält. Die meisten der 72 Stücke (40 Fantasien, 6 Pavanen,
4 Tentos, 6 doppelt komponierte Villancicos en castellano und en portuguese,
4 Romanzen und 6 italienische Sonette) tragen Tempoangaben und sind als
Lehrstücke für den Selbstunterricht gedacht.
Narváez, Luis de (Granada nach 1500 — nach 1555), »Los seys libros del
Delphín de música de cifras para tañer Vihuela«, Valladolid 1538.
Aus der Widmung, die Narváez seinen Tabulaturbüchern voranstellte, ist zu
schließen, daß er unter den Vihuelisten als erster die Kunst der Variation pflegte
und sich somit erstmals in der Musikgeschichte überhaupt der Variationstechnik
als selbständige musikalische Gattung bediente.
Mudarra, Alonso (vor 1520 — 1580 Sevilla), »Tres libros de música en cifras
para vihuela«, Sevilla 1546.
Dieses Werk enthält erstmals Stücke, die ausdrücklich für die vierchörige
Gitarre bestimmt sind (4 Fantasien, 1 Pavane und Variationen über »Guárdame
las vacas«).
Valderrábano, Enríques de (16. Jahrh.), »Libro de música de vihuela, intitulado
Silva de sirenas«, Valladolid 1547.
Pisador, Diego (um 1509 — nach 1557), »Libro de música de vihuela«, Sala-
manca 1552.
Fuenllana, Miguel de (geb. um 1500 in Navalcarnero), »Libro de música para
vihuela, intitulado Orphenica lyra«, Sevilla 1554.
Das sechste Buch von Fuenllanas Tabulaturdruck enthält, ebenso wie das
Werk von Mudarra, Stücke für die vierchörige Gitarre (». . . para vihuela de
quatro ordenes, que dizen guitarra«): 6 Fantasien, 1 Romance »Passeavase el
Rey Moro«, 1 Villancico und eine Intavolierung von »Crucifixus est«.
Daza, Esteban (Mitte des 16. Jahrh.), »Libro de música en cifras para vihuela,
intitulado el Parnasso«, Valladolid 1576.
Mit diesem Werk schließt die Reihe der Vihuelatabulaturen.

Weitere Primärquellen:
Bermudo, Juan (geb. um 1510 zu Ecija, Sevilla), »Comiença el libro primero
de la declaración de instrumentos«, Ossuna 1549; »Comiença el libro llamado
declaración de instrumentos musicales«, Ossuna 1555.
Als der wohl bedeutendste spanische Theoretiker des 16. Jahrhunderts gibt
Bermudo sehr ausführlich Antwort über Spieltechnik und Besaitung und
spezifiziert eine große Anzahl der damals vorhandenen Vihuelen und Gitarren[70].
Venegas de Henestrosa, Luis (Hinestrosa um 1500 — nach 1557 Toledo?),
»Libro de cifra nueva para tecla, harpa, y vihuela«, Alcalá 1557.
Santa Maria, Tomaso de (Madrid um 1510 — 1570 Valladolid?), »Libro llamado
arte de tañer fantasia, assi para tecla como para vihuela y todo instrumento«,
Valladolid 1565.

---

[70] Vgl. S. 57, 59.

Cabezon, Antonio de (Castrojeriz/Burgos um 1500 — 1566 Madrid), »Obras de música para tecla, arpa y vihuela«, Madrid 1578.

b) **Gitarristen** (in alphabetischer Reihung):
Amat, Juan Carlos (um 1572–1642), Arzt und Musiker, veröffentlicht das erste Lehrwerk für die fünfchörige Gitarre, »Guitarra española y vándola ... de cinco órdenes ... y de quatro ...«, Barcelona 1586? (1596), verschollen; spätere Ausgaben: Lerida 1627, Gerona 1639, 1745, ca. 1750, Valencia 1758.
Ballesteros, Antonio (18. Jahrh.), »Obra para guitarra de seis órdenes«, Madrid 1780.
Briçeño, Luis de (17. Jahrh.), »Método mui facilissimo para aprender á tañer la guitarra a lo español«, Paris 1626.
Ferandiere, Fernando (18. Jahrh.), »Arte de tocar la guitarra española por música«, Madrid 1799.
Guerau, Francisco (17. Jahrh.), »Poema harmonico«, Madrid 1694.
Minguet e Irol (†1801 Madrid), »Reglas, y advertencias generales«, Madrid 1752; sechs überlieferte Faszikel mit abweichenden Titeln tragen die Datierungen 1752, 1754 und 1774.
Moretti, Federico (†1838), »Principios para tocar la guitarra de seis órdenes«, Madrid 1799.
Murcia, Santiago de (um 1700), »Resumen de acompañar la parte con la guitarra«, Madrid 1714; »Passacalles y obras de guitarra«, Madrid 1732.
Ruiz de Ribayaz, Lucas (17. Jahrh.), »Luz y norte musical para caminar por las cifras de la guitarra española y arpa«, Madrid 1672/77.
Sanz, Gaspar (1640–1710), »Instrucción de música sobre la guitarra española«, Saragossa 1674, 2. Auflage 1697.

Portugal:
Silva Leite, António da (1759–1833), »Estudio de Guitarra«, Porto 1796. Von Silva Leite, einem der führenden Musiker seiner Zeit im nördlichen Portugal, sind »Seis Sonatas de Guitarra« in der ungewöhnlichen Besetzung von Violine und zwei Hörnern in einem Druck von 1792 erhalten.

Italien:
Melchior de Barberiis (um 1500 — nach 1549), der älteste Zeuge auf italienischem Boden, fügte im Anhang seiner »Intabolatura di lauto« (Venedig 1549) vier Fantasien »per sonar sopra la Chitarra« für die vierchörige Gitarre (»da sette corde«) bei. Wichtigste Vertreter der italienischen Gitarristik im 17. Jahrhundert sind:

Calvi, Carlo (17. Jahrh.), »Intavolatura di chitarra, e chitarriglia«, Bologna 1646.
Colonna, Giovanni Ambrosio (17. Jahrh.), »Intavolatura di chitarra spagnuola«, Mailand 1637.
Corbetta, Francesco, siehe unter Frankreich.
Falconieri, Andrea (Neapel 1586–1656), »Libro primo di villanelle a 1, 2, 3 voci con l'alfabeto per chitarra spagnuola«, Rom 1616.

Foscarini, Giovanni Paolo (Caliginoso detto il furioso) (Lebensdaten unbekannt), »Il primo, secondo, e terzo libro della chitarra spagnola« o.O., o.J.; »I quatro libri della chitarra spagnola« o.O., o.J.; »Intavolatura di chitarra spagnola, libro secondo«, Macerata 1629; »Li 5 libri della chitarra alla spagnuola«, Rom 1640; »Inventione di toccate sopra la chitarra spagnuola«, Rom 1640.

Granata, Giovanni Battista (17. Jahrh.), »Capricci armonici sopra la chittariglia spagnuola«, Bologna 1646; »Nuove Sinfonie«, op. 2, o.O. u. o.J.; »Nuova scielta di capricci armonici e suonate . . .«, op. 3, Bologna 1651; »Soavi concenti di sonate . . .«, op. 4, ebda. 1659; »Nuovi capricci . . . per chitarra spagnuola, violino e viola concertati . . .«, op. 5, ebda. 1674; »Nuovi soavi concenti di sonate per la chitarra spagnuola et altre sonate concertate a due violini e basso«, op. 6 ebda. 1680; »Armoniosi toni di varie suonate . . . a due violini, e basso con la chitarra spagnuola«, op. 7, ebda. 1684.

Montesardo, Girolamo (um 1600), »Nuova inventione d'intavolatura per sonare li balletti sopra la chitarra spagnuola, senza numeri e note«, Florenz 1606.

Pellegrini, Domenico (17. Jahrh.), »Armoniosi concerti sopra la chitarra spagnuola«, Bologna 1650.

Roncalli, Ludovico (17. Jahrh.), »Capricci armonici sopra la chitarra spagnuola«, op. 1, Bergamo 1692.

Frankreich:

Auch die frühe französische Gitarre ist vierchörig[71] und wird schon im 14. Jahrhundert mit der Bezeichnung »guiterne«, »guistern« oder »ghiterra« erwähnt (Abb. 30).

Von 1551 bis 1555 erscheinen nicht weniger als zehn Tabulaturbücher:

Ballard, Robert (gest. 1588 Paris), fünf »Livre de tablature de guiterre«, Paris 1551—1554, darunter das 4. Buch mit Kompositionen des Augsburgers *Grégoire Brayssing*.

Bailleux, Antoine (1720 — nach 1798), »Méthode de guittarre par musique et tabulature«, Paris 1773.

Campion, François (Rouen 1686—1748), »Nouvelles découvertes sur la guitare«, op. 1, Paris 1705. Sein Werk enthält als erstes — und vermutlich einziges — Fugen für Gitarre. Als Lehrer für Gitarre an der Académie Royale in Paris wurde er zum Begründer des Gitarrespiels im Rahmen akademischer Musikerziehung.

Corbetta (Corbet, Corbette), Francesco (Pavia 1615 — 1681 Paris) (Abb. 49), »De gli scherzi armonici«, Bologna 1639; »Varrii capriccii«, Mailand 1643; »Varrii scherzi di sonate«, Brüssel 1648; »La guitarre royalle«, Paris 1671; »La guitarre royalle«, Paris 1674 (andere Sammlung).

Corbetta war gebürtiger Italiener. Als Virtuose bereiste er Europa und stieg besonders in Paris und London zu hohen Ehren auf, in Paris als Hofgitarrist Ludwig XIV., in London am Hofe des Königs von England Charles II. und als

---

[71] Auf eine erste Blütezeit des Gitarrespiels in Frankreich weist ein anonymer Traktat hin: »Manière de bien et justement entoucher le lucs et guiternes« (Poitiers 1556), der allerdings auch von sechs- und siebenchörigen Typen berichtet (»sis pour onze, et sept pour treze«). Vgl. W. Boetticher in MGG, Band 5, Spalte 188.

Lehrer der zukünftigen Queen Anne sowie zahlreicher Adeliger des englischen Hofes. Die Titel mancher Suitensätze tragen die Namen seiner noblen Schüler — Duke of York, Duke of Monmouth und selbst den des Königs. Gaspar Sanz pries unter den Gitarristen seiner Zeit Corbetta als »El mejor de todos«, den besten von allen.

Corrette, Michel (1709−1795), »Les Dons d'Appollon, méthode pour aprendre la guitare«, Paris 1762.

Gorlier, Simon (16. Jahrh.), »Le troysieme livre . . . mis en tabulature de guiterne, Paris 1551.

Lemoine, Antoine-Marcel (1753−1817), »Nouvelle méthode pour la guitare«, Paris o. J.

Le Roy, Adrian (Paris um 1520−1598), vier Bücher »Tabulature de guiterre«, Paris 1551/52/54/56; »Briefve et facile instruction pour apprendre la tabulature . . . sur la guiterne«, 1551 (verschollen); »A Briefe and easye instruction to learne the tableture«, London 1568, könnte eine englische Übersetzung dieses Werkes darstellen.

Mersenne, Marin (1588−1648). Die »Harmonie universelle« (Paris 1627) des großen Universalgelehrten bringt ausführliche Beschreibungen und Abbildungen des im 17. Jahrhundert gebräuchlichen Instrumentariums, u. a. auch eine fünfchörige Gitarre mit Grifftabelle.

Morlaye, Guillaume (um 1515 − nach 1560), mehrere Bücher für die vierchörige Gitarre (»Tabulature de guiterne«) mit bibliographischen Lücken, zwischen 1551 und 1553 (Abb. 43, 44).

Visée, Robert de (um 1660 − nach 1720 Paris) gilt als einer der glanzvollsten Gitarristen seiner Zeit, der als Schüler von Francesco Corbetta dessen Nachfolge als Hofgitarrist und Theorbist am Hofe Ludwig XIV. antritt. Außer zahlreichen Handschriften sind uns die beiden Gitarre-Tabulaturbücher »Livre de guittarre« (Paris 1682) und »Livre de pièces pour la guittarre« (Paris 1686) erhalten (Abb. 47).

England:

In der *Cittern* (Abb. 20, 32) und ihrem größeren Baßtypus, der *Pandora* (Abb. 20) — beide zur Familie der Cistern gehörend — sowie im *Orpharion* waren seit dem Mittelalter drei Zargeninstrumente in Verwendung, die als Bindeglieder von der Laute zur Gitarre bis ins 18. Jahrhundert eine wichtige Rolle spielten. *Anthony Holborne* (gest. 1602) schrieb eine »Cittharn Schoole«, London 1597, und *Thomas Morley* (1557−1602?) verwendet Cittern und Pandora in »The first booke of consort lessons«, London 1599/1611, als Continuoinstrumente. Im 17. Jahrhundert war es vor allem der Italiener *Francesco Corbetta*, der die Gitarre in den höfischen Kreisen Londons populär machte. Mit einem Lehrwerk für »Güitarre« von *Nicola Matteis*[72] sind die spärlichen Quellen des Gitarrespiels in England bis zum Ende des 18. Jahrhunderts so gut wie erschöpft.

---

[72] N. Matteis (17. Jahrh.), »The false consonances of musick or instructions for the playing of a true base upon the guitarre«, London 1682.

Als »English guitar« (vgl. S. 60) blieb bis zum Auftreten von Sor und Giuliani in England ein Cisterntyp in Verwendung, dessen Saitenbezug sechschörig war und wofür *Francesco Geminiani* (1679—1762) ein Lehrwerk verfaßte: »The art of playing the guitar or cittra, containing several compositions with a bass for the violoncello or harpsichord«, Edinburgh 1760.

Rudolf Straube (1717 — um 1785), ein Bach-Schüler und als Gitarrist und Lautenist nach 1754 in London tätig, veröffentlichte in moderner Notation »Three sonatas for [English] guittar, with accompanyments for the harpsichord or violoncello . . . with an addition of two sonatas for the guittar, accompanyd with the violin« (1768) und *Johann Christian Bach* (1735—1782) »A sonata for the guitar with an accompaniment for a violin (London, o.J.).

Deutschland/Österreich:

Der musikalische Norden Europas hat der Gitarre bei weitem nicht die Popularität und Bedeutung eingeräumt, die das Instrument von Anfang an in den mediterranen Ländern besaß.

Michael Praetorius (1571—1621) beschreibt im »Syntagma musicum« (*De Organographia*, Wolfenbüttel 1619) die in Deutschland mit »*Quinterna*«[73] bezeichnete fünfchörige Gitarre als ein Instrument »zum Schrumpen, darein sie Villanellen und andere närrische Lumpenlieder singen. Es könnten aber nichts desto weniger auch andere feine anmuthige Cantiunculae und liebliche Lieder von einem guten Sänger und Musico Vocali darein musicirt werden«. Bei dem in Rom ansässigen *Johannes Hieronymus Kapsberger* (Deutschland um 1575 — um 1650 Rom) wird die Gitarre als Begleitinstrument zu ein- bis dreistimmigen Villanellen verwendet[74]. Kapsberger macht somit die neuen musikalischen Ausdrucksmittel der Frühmonodie erstmalig der Gitarre und Laute zugänglich. In seiner Arien-Sammlung »Musicalische Gemüths-Ergötzung«, Dresden 1689, stellt *Jakob Kremberg* (um 1650—1718) in gleichlautenden Sätzen als Continuoinstrumente Laute, Angelica, Viola da Gamba und Gitarre gegenüber.

Von *Johann Anton Logy* (Jan Antonín Losy von Losinthal, um 1645—1721), einem der bedeutendsten böhmischen Gitarre- und Lautenmeister, sind eine Reihe von Handschriften erhalten, die ihn als geistvollen Beherrscher der spanisch-italienischen Rasgueado- und Punteado-Manier ausweisen.

Aus der Zeit von *Georg Friedrich Händels* letzter Italienreise (1708/9) schließlich stammt eine »Cantata spagnuola a voce sola e chitarra«, in der die Gitarre als Continuoinstrument Verwendung findet.

Christian Gottlieb Scheidler (ca. 1752—1815) ist der erste namhafte Gitarrist in Deutschland, wo das Instrument um 1800 zu großer Mode gelangt, nachdem die Umstellung in der Notation von der Tabulatur zur modernen Notenschrift vollzogen und die Sechssaitigkeit des Instruments etabliert war.

---

[73] Dieselbe Bezeichnung verwendet *Martin Agricola* (1486—1556) hundert Jahre vorher in seiner »Musica instrumentalis deudsch«, Wittenberg 1529.

[74] J. H. Kapsberger, »Libro primo di villanelle . . . con l'intavolatura del chitarrone et alphabeto per la chitarra spagnola«, Rom 1610.

2. Klassik und Romantik

In fast allen europäischen Ländern beginnt um 1800 eine reiche Pflege des Gitarrespiels, das in den drei Musikzentren Wien, Paris und London seine Stützpunkte findet. In *Wien* hat das Gitarrespiel spätestens im 17. Jahrhundert Wurzeln gefaßt. Charles Burney berichtet in seinem »Tagebuch einer musikalischen Reise« über einen portugiesischen Abbé namens Antonio Costa, der sich in Wien nach 1750 niedergelassen hatte und in musikliebender, erlesener Gesellschaft, in der sich auch Christoph Willibald Gluck befand, Gitarre spielte. Um und nach 1800 fand das Instrument, dessen Pflege vorher in der Hauptsache der vornehmen Gesellschaft anvertraut war, überraschend schnell Eingang in alle Schichten der Bevölkerung. So war die Gitarre auch in *Franz Schuberts* Umgebung keinesfalls unbekannt. Sein Schaffen fällt vielmehr in die Zeit der Hochblüte der Gitarrenkunst, die auf Wiener Boden eine Reihe namhafter Gitarristen aufzuweisen hat:

Call, Leonhard von (ca. 1768 – 1815)
Diabelli, Anton (1781 – 1858)
Matiegka, Wenzeslaus (1773 – 1830)
Mertz, Johann Kaspar (1806 – 1856)

Simon Molitor (1766 – 1848) ist wohl der bedeutendste Vertreter der Wiener Gitarristik vor *Giuliani*. Seine »Grosse Sonate für die Guitare«, op. 7 sollte »als Probe einer besseren Behandlung dieses Instruments« verstanden werden und, wie Molitor in der umfangreichen Vorrede zur Erstausgabe der Sonate op. 7 von 1806 betont, als ein erster Versuch, »auf der Guitare allein ein ganzes, mit beständiger Rücksicht auf die Regeln und Forderungen der Kunst ausgeführtes Tonstück darzustellen«.
Johann Nepomuk Hummel und Ignaz Moscheles traten in öffentlichen Wiener Konzerten mit Giuliani auf, die Schwestern Fröhlich, mit denen Schubert und Grillparzer befreundet waren, sangen Lieder zur Gitarre, »Beethoven hörte gelegentlich eigene Werke von den Schwestern Malfatti auf der Gitarre vorgetragen« (W. Boetticher, MGG 5, Spalte 192), und selbst Franz Grillparzer schrieb in sein Tagebuch: »Ich klimpere wieder manchmal etwas auf der Gitarre. Mein Klavier ist mir verleidet, da es in einem Zimmer steht, wo ich gehört werde wenn ich spiele.«
1806 kündigt die »Wiener Zeitung« aus dem Katalog des Musikverlages Artaria & Co. »Das Veilchen« und »Abendempfindung« von W. A. Mozart, 1807 Beethovens »Adelaide« in Bearbeitungen für Singstimme und Gitarre von Wenzeslaus Matiegka an. Das »Handbuch der Musikalischen Literatur« von Carl Friedrich Whistling und Friedrich Hofmeister (Leipzig 1817, 2. erweiterte Auflage 1828) verzeichnet 26 ein- und mehrstimmige Gesänge von Franz Schubert in Bearbeitungen für Gitarre, die zu Lebzeiten des Komponisten im Druck erschienen, die Mehrzahl davon in Simultanfassungen für Gitarre und

Klavier. Im Anhang zur Ausgabe »Lieder mit Gitarrebegleitung«[74a] führt Josef Zuth 62 Lieder von Franz Schubert an, die zwischen 1820 und 1850 in Bearbeitung für Gitarre erschienen sind. Ankündigungen über Neuerscheinungen von Schubert-Liedern in Whistlings Handbuch sowie Vergleiche, die Thomas F. Heck zwischen den Druckplatten-Nummern der Gitarre- und Klavierausgaben des Wiener Verlagshauses Cappi & Diabelli anstellte, lassen vermuten, daß drei Lieder — »Schäfers Klagelied« (D. 121), »Der Wanderer« (D. 493) und »Morgenlied« (D. 685) — in der Version mit Gitarrebegleitung als Erstausgaben der Drucklegung in der Klavierfassung vorangingen.

Der amerikanische Musikologe Thomas F. Heck beleuchtete bisher unbeachtet gebliebene oder höchstens spekulativ behandelte Zusammenhänge und Details zur Frage: »Schubert Lieder with guitar . . . permissible?«, die er als Titel für seine ausführliche Analyse dieses heiklen Fragenkomplexes wählte[74b].

»Manche Gesänge Schuberts stehen tatsächlich der Gitarre besser an als dem Klavier. Es ist dies schon dem Zeitgeist zu entnehmen, aus dem heraus auch Schubert schuf: der empfindsame Einschlag der damaligen Dicht- und Tonkunst verlangte stellenweise geradezu nach dem sentimental-anmutigen Klangcharakter der Gitarre.«[74a]

Da bis heute außer einem Terzett für drei Männerstimmen und Gitarre[75] kein Autograph gefunden wurde, ist die Urheberschaft des Meisters in den Gitarrebegleitungen zu den bis 1828 erschienenen Liedern nicht nachzuweisen.

Hingegen konnten u. a. die Wiener Gitarristen Franz Pfeifer, Josef Wanczura und vor allem Anton Diabelli als Bearbeiter ermittelt werden.

Das Quartett für Flöte, Gitarre, Viola und Violoncello hat Otto Erich Deutsch als Bearbeitung von Matiegkas Notturno op. 21 für Flöte, Viola und Gitarre identifiziert, zu dem der siebzehnjährige Schubert eine Cello-Stimme komponiert hatte.

Eine Gitarre aus dem Nachlaß des Meisters, die aus der Werkstätte des bekannten Wiener Instrumentenbauers *Johann Georg Staufer* (1778—1853) stammt, ist heute im Besitze des Wiener Schubertbundes (Abb. 37)[76].

Eine der glanzvollsten Erscheinungen unter den Gitarrevirtuosen des 19. Jahrhunderts war *Mauro Giuliani* (1781—1829) (Abb. 52). Er ließ sich 1807 in Wien nieder und wirkte hier als Solist, Lehrer und Komponist, war mit Diabelli, Hummel und Spohr befreundet und erfreute sich der Wertschätzung Beethovens[77].

[74a] Josef Zuth, Gitarrenpflege in Wien zur Zeit Schuberts, Vorwort zur kritischen Ausgabe »Lieder mit Gitarrebegleitung aus der Zeit von 1820—1850 von Franz Schubert«, Edition Strache, Wien 1929.

[74b] Thomas F. Heck, Schubert Lieder with guitar . . . permissible?; »Soundboard«, Vol. III No. 4, Vol. IV No. 1/2, Guitar Foundation of America, Cypress, California 1976/77.

[75] Ein Faksimile des Autographs dieser Kantate (»Ertöne, Leier zur Festesfeier!«), die Franz Schubert zur Namensfeier seines Vaters im Jahre 1813 komponierte, hat Karl Scheit der Neuausgabe beigefügt; L. Doblinger, Wien 1960.

[76] J. G. Staufer baute 1823 auch jene Streichgitarre oder »guitare d'amour«, für die Schubert ein Jahr später seine »Arpeggione-Sonate« schrieb; vgl. Abb. 41.

[77] J. Zuth, Handbuch, a.a.O.; Karl Benyovsky, J. N. Hummel — der Mensch und Künstler, Bratislava 1934, auszugsweise in »The birth of the classic guitar« von Th. F. Heck, a.a.O.

Die Berichte über das Auftreten Giulianis in Wien überschlugen sich vor Begeisterung. So schreibt die »Allgemeine musikalische Zeitung« im Mai 1808[78]: »Am 3ten dieses [Monats] gab M. Giuliani, vielleicht der erste aller Gitarre-Spieler, welche bis jetzt existieren, im Redoutensaal eine Akademie mit verdientem Beyfalle. Man muss diesen Künstler durchaus selbst gehört haben, um sich einen Begriff von seiner ungemeinen Fertigkeit und seinem präcisen, geschmackvollen Vortrage machen zu können«.

6. Juni 1810:
»Am 23sten gab Hr. Mauro Giuliani, vielleicht einer der grössten jetzten lebenden Virtuosen auf der Guitarre, zu seinem Vortheile in dem kl. Red. Saal Concert, und erntete vielen Beyfall«.

13. Januar 1815:
»Auch Hr. Louis Spohr . . . . gab am 11ten, und Hr. Mauro Giuliani am 26sten Concert im kl. Red. Saale. Beyde Künstler bewahrten ihren Ruf als vollendete Meister ihrer Instrumente, erster auf der Violine, letzterer auf der Guitarre.«
Im »Intelligenzblatt der österreichischen Literatur, Vaterländische Blätter«, vom 11. April 1818 findet sich folgende Notiz: »Auf der Harfe zeichnet sich Magd. Gollenhofer, deren Talente noch von keinem Künstler auf diesem Instrumente übertroffen worden, ehrenvoll aus. Ein Gleiches ist in der Guitarre von Hrn. M. Giuliani zu sagen, dessen unermüdetes Studium dieses Instrument zur höchsten Vollendung gebracht, und dessen sich meines Wissens noch kein Künstler ausser ihm rühmen kann.«
Giuliani hat über 200 Werke für Gitarre geschrieben, die weitgehend dem Geschmack der Gesellschaft entsprachen, für die sie komponiert waren und in deren Umgebung sie vorwiegend erklangen: im Wiener Salon.
Zu den wertvollsten Kompositionen Giulianis zählen seine drei Konzerte mit Orchester, op. 30, 36, 70, letzteres für Terzgitarre sowie seine Etüden op. 48, die heute noch zur nützlichen Übungsliteratur gehören. Sieht man von den »6 Conciertos de Guitarra á grande orquesta« ab, die *Fernando Ferandiere* in einem Kompositionskatalog neben zahlreichen Kammermusikwerken verschiedenster Besetzungen im Anhang zu seinem Lehrwerk »Arte de tocar la guitarra española« (Madrid 1799) anführt, so »kann man Giuliani als den Schöpfer des modernen Gitarrekonzertes betrachten, das sich mit Autorität unter die hochentwickelten Formen seiner Epoche einreiht. Im Konzert op. 30 tritt das Instrument mit Schwung und Natürlichkeit in einer Konstruktion von ganz beträchtlichen Ausmaßen hervor und erreicht dadurch eine Schreibart von absoluter Perfektion, die in der Gitarreliteratur des 19. Jahrhunderts nicht übertroffen wurde« (R. Chiesa). Aber auch viele seiner Solo- und Kammermusikstücke sind es durchaus wert, ins Konzertrepertoire wieder aufgenommen zu werden. Freilich verlangen sie vom Interpreten ein beachtliches technisches Können und musikalische Raffinesse, um sie voll zur Geltung zu bringen.
Giuliani war einer der ersten Gitarrekomponisten, der für das Instrument eine

---

[78] Thomas F. Heck, »The birth of the Classic Guitar«, a.a.O.

polyphone Notation verwendete, bei der sich die Stimmen durch die Richtung der Notenhälse unterschieden[79]:

Bis Giuliani übliche Notation (geigenartig)

Notation seit Giuliani (polyphon)

Die Geschichte der Gitarre wurde im 19. Jahrhundert überwiegend von Italienern und Spaniern gestaltet, die jedoch wegen mangelnder Gunst und Förderung in ihrer Heimat meist im Ausland tätig waren. Neben Wien boten sich *Paris* und *London* als kunstsinnige und profitable Wirkungsstätten für Musiker aus ganz Europa an.

So kam *Dionisio Aguado* (1784–1849) (Abb. 50) aus Madrid für einige Jahre nach Paris, wo er bald »der Liebling der Salons und Konzertsäle wurde und mit seinem großen Zeitgenossen Sor Freundschaft schloß«[80]. Die Grundzüge der klassischen Gitarrentechnik hat Aguado in seiner Schule »Método para guitarra« (Madrid 1825) festgehalten, die bis in unsere Tage eine ganze Reihe von Neuauflagen und Übersetzungen erlebte.

Ferdinando Carulli (1770–1841), gebürtiger Neapolitaner, ließ sich ebenfalls in Paris nieder, wo er Triumphe feierte. Er schrieb an die 350 Kompositionen, darunter eine Gitarreschule op. 241 (Paris 1810), die weiteste Verbreitung gefunden hat[81]; ferner zahlreiche Solostücke, Duos in verschiedenster Besetzung und Konzerte mit Orchester. Viele seiner Kompositionen sprechen eine zwar einfache, z. T. jedoch recht charmante Sprache, die ihren Verwendungszweck im Dilettantenkreise nicht verleugnet.

Der aus Florenz stammende *Matteo Carcassi* (1792–1853) machte ebenfalls in Paris Karriere, wo 1836 seine dreiteilige Gitarrenschule op. 59 erschien. Am längsten haben sich daraus die Etüden op. 60 gehalten.

Luigi Legnani (1790–1840), als reisender Virtuose in vielen Städten Europas gefeiert, konzertierte mit Paganini. Seine 36 Capricen op. 38 sind virtuose Etüden, die den Einfluß seines Duo-Partners erkennen lassen. In Wien, wo Legnani auf seinen Konzertreisen zwischen 1819 und 1838 mehrere Male konzertierte, hinterließ sein Spiel nicht nur eine nachhaltige Wirkung auf die dort in hoher Blüte stehende Gitarrenkunst; er machte auch auf dem Gebiet des Gitarrenbaus seinen Einfluß geltend.

[79] M. Giuliani, Oeuvres choisies pour guitare, herausgegeben von Thomas F. Heck, Heugel, Paris 1973.

[80] J. Zuth, Handbuch, a.a.O.

[81] Ursprünglich als »Méthode complète de guitare ou lyre« in 3 Teilen (op. 27, op. 61 und op. 71) erschienen, o. J. (wohl um 1795).

Niccolò Paganini (1782–1840), der glänzendste Violinvirtuose der Musikgeschichte, war auch ein hervorragender Gitarrist, der Effekte von der Gitarre auf die Violine übertrug. Im Druck erschienen u. a. je sechs Sonaten (op. 2 und op. 3) für Violine und Gitarre, Trios und Quartette sowie eine Reihe kleiner Solostücke. Mit Ausnahme der »Grand sonata a chitarra sola con accompagnamento di violino« und der »Sonata concertata« hat die Gitarre in den Kammermusikwerken lediglich Begleitfunktionen. Die sogenannte »Paganini Gitarre« (Abb. 38 a), ein Instrument von Grobert, wurde später Hector Berlioz überreicht, der sie der Instrumentensammlung des Pariser Konservatoriums schenkte.

In *Giulio Regondi* (1822–1872) besaß die Gitarristik des 19. Jahrhunderts einen außergewöhnlichen Virtuosen, der bereits im Alter von acht Jahren auf seinen Konzerten in den musikalischen Zentren Europas — Paris und London, und später in Wien und Prag — durch sein Spiel Aufsehen erregte, das in Presseberichten mit dem Niccolò Paganinis und Franz Liszts verglichen wurde.

Hector Berlioz (1803–1869) war ein glühender Verehrer der Gitarre, die er in seiner »Grossen Instrumentationslehre« behandelte[82]. Er schreibt darin unter anderem: »Gut für Gitarre zu schreiben ist beinahe unmöglich, wenn man sie nicht selbst spielt. Gleichwohl sind die Komponisten, die sie verwenden, meistens weit davon entfernt, das Instrument zu kennen; sie geben ihm dann auch Dinge zu spielen, die wohl außerordentlich schwierig sind, aber weder klingen noch irgend eine Wirkung hervorbringen ... Um sich einen Begriff davon zu machen, was die Virtuosen auf diesem Gebiet leisten können, muß man die Kompositionen berühmter Gitarrespieler, wie Zanni, de Ferranti, Huerta, Sor usw., studieren.«

Fernando Sor (Abb. 51), mit Giuliani, Aguado, Legnani und Regondi der hervorragendste Interpret und zweifellos der gediegenste Komponist für Gitarre im 19. Jahrhundert, wurde am 14. Februar 1778 in Barcelona geboren. Als Sohn eines musikliebenden Kaufmanns besuchte er einige Jahre die Kadettenschule und war später vorübergehend Offizier im Heer und Verwalter von Ländereien des Herzogs von Medina-Celi. Seine musikalische Ausbildung erhielt er im Kloster Montserrat. In politische Aktivitäten verstrickt, mußte er als Franzosenfreund 1813 nach Frankreich flüchten. Bis 1815 hielt er sich in Paris auf, ehe er nach London übersiedelte, wo er durch sein meisterhaftes Spiel bald Aufsehen erregte und auch als Gesangslehrer Anerkennung fand.
1823 nach Paris zurückgekehrt, heiratete Sor hier die Tänzerin Félicité Virginie Hullin und begleitete seine Frau nach Moskau, nachdem sie am Großen Theater eine Anstellung als Primaballerina gefunden hatte. Sor konzertierte als Solist am Hofe von St. Petersburg und kehrte gegen 1827 wieder nach Paris zurück, »wo er vergeblich versuchte, seine Bühnenwerke zur Aufführung zu bringen. Da auch seine Gitarrekompositionen den Liebhabern zu schwierig waren und wenig Absatz fanden, lebte er in ungünstigen Verhältnissen«.[83] Er starb am

---

[82] H. Berlioz, »Grand traité d'instrumentation modernes«, op. 10, Paris 1844, a.a.O.

[83] J. Zuth, Handbuch, a.a.O.

10. Juli 1839 in Paris. Als Gitarrekomponist steht Sor weit über allen Gitarristen der klassisch-romantischen Epoche. Von der Art, wie er die Gitarre als Interpret und Komponist behandelt hat und damit Aufsehen bei seinen Zeitgenossen erregte, gibt ein Artikel in der »Allgemeinen musikalischen Zeitung« (Leipzig 1823) Auskunft: »Sor ist unbezweifelt der erste Gitarrenspieler der Welt; es ist unmöglich, sich einen Begriff davon zu machen, zu welchem Grade der Vollkommenheit er dies . . . Instrument erhoben hat . . . Sors grösste Stärke ist die freye Phantasie: er spielt immer drey- und vierstimmig.«

Außer 67 Werken für Gitarre komponierte Sor zwei Sinfonien, drei Streichquartette, Ballette, Opern, Lieder, Klavier- und Kirchenmusik. Sor erwarb sich auch Verdienste um die Entwicklung des Gitarrenbaus (Lacote, Panormo).

Verzeichnis sämtlicher Werke für Gitarre von Fernando Sor [84]

1. Six Divertissements, op. 1
2. Six Divertissements, op. 2
3. Thème varié suivi d'un Ménuet, op. 3
4. Deuxième Fantaisie, op. 4
5. Six petites pièces, très facile, op. 5
6. Douze Etudes, op. 6
7. Fantaisie, op. 7
8. Six Divertissements, op. 8
9. Introduction et variations sur un thème de Mozart, op. 9
10. Troisième Fantaisie, op. 10
11. Deux thèmes variés et douze ménuets, op. 11
12. Quatrième Fantaisie, op. 12
13. Divertissement, op. 13
14. Grand Solo, op. 14
15. Les Folies d'Espagne avec variations et un ménuet, op. 15a
16. Sonate, op. 15b
17. Marche du ballet de »Cendrillon«, op. 15c
18. Cinquième Fantaisie et variations sur »Nel cor più non mi sento« de Paisiello, op. 16
19. Six Valses (Cahier I), op. 17
20. Six Valses (Cahier II), op. 18
21. Six Airs choisis de l'opéra »La flute Magique« de Mozart, op. 19
22. Introduction et thème varié, op. 20
23. Les Adieux (La Despidida), op. 21
24. Grande Sonate, op. 22
25. Cinquième Divertissement, très facile, op. 23
26. Huit petites pièces, op. 24
27. Deuxième Grande Sonate, op. 25
28. Introduction et variations sur l'air »Que ne suis-je la fougère«, op. 26
29. Introduction et variations sur »Gentil Houssard«, op. 27
30. Introduction et variations sur »Malborough se'en va-t-en guerre«, op. 28
31. Douze Etudes (suite de l'œuvre 6), op. 29
32. Fantaisie et variations brillantes, op. 30
33. Vingt-Quatre leçons progressives pour les Commençants, op. 31
34. Six petites pièces, op. 32
35. Trois pièces de société, op. 33
36. Trois pièces de société (seconde collection), op. 34 (Simrock edition). Andere Ausgaben vermerken »L'Encouragement« als op. 34
37. Vingt-quatre exercices, op. 35
38. Trois pièces de société, op. 36 (identisch mit op. 34 der Simrock Ausgabe)
39. Sérénade, op. 37

William G. Sasser, The Guitar Works of Fernando Sor, Dissertation, The University of North Carolina 1960; University Microfilms, A XEROX Company, Ann Arbor, Michigan 1961.

40. Divertissement pour deux guitares, op. 38
41. Six valses pour deux guitares, op. 39
42. Fantaisie et variations sur un air écossais, op. 40
43. Les deux amis (Los dos amigos), op. 41
44. Six petites pièces, op. 42
45. Mes ennuis, 6 bagatelles, op. 43
46. Vingt-quatre morceaux pour servir de leçons, op. 44
47. Voyons si c'est ca, six petites pièces faciles, op. 45
48. Souvenir d'amitié, Fantaisie, op. 46
49. Six pièces progressives, op. 47
50. Est-ce bien ça?, op. 48
51. Divertissement militaire, duo, op. 49
52. La Calme, Caprice, op. 50
53. A la bonne heure!, op. 51
54. Fantaisie villageoise, op. 53
55. Le premier pas ver moi. Duo, op. 53
56. Morceau de concert, op. 54
57. Trois duos faciles et progressives, op. 55
58. Souvenir d'un soirée a Berlin. Fantaisie, op. 56
59. Six valses et un galop, op. 57
60. Fantaisie pour guitare seule, op. 58
61. Fantaisie elégiaque, op. 59
62. Introduction a l'étude de la guitarre, op. 60
63. Trois duos faciles, op. 61
64. Divertissement pour deux guitares, op. 62
65. Souvenir de Russie. Duo, op. 63
66. Tre danze nazionali spagnole
    a. Bolero
    b. Tirana
    c. Manchegas
67. Méthode pour la Guitare, »Propriété des Editeurs«, Fernando Sor (Paris 1830), Simrock (Bonn 1830). Eine verstümmelte Ausgabe durch Napoleon Coste erschien bei Lemoine, Paris 1832

Die Partitur einer »Sinfonie concertante« für Gitarre und Streicher gilt als verschollen.

Werke für Harpolyre
1. Marche funèbre
2. Trois pièces

Napoleon Coste (1806—1883), Schüler von Fernando Sor, siedelte sich 1830 in Paris an, wo er mit Aguado, Sor, Carcassi und Carulli in Verbindung trat. Ein Unfall, bei dem sich Coste einen Bruch des rechten Armes zuzog, beendete seine vielversprechende Karriere als Solist. Von den 53 Kompositionen haben sich die Etüden op. 38 bis heute als unerläßliche Übungsliteratur zur höheren Ausbildung des Akkord-, Legato- und Lagenspiels erwiesen.

Carl Maria von Weber (1786—1826), der mit dem Gitarrespiel vertraut war, schrieb außer dem Divertimento op. 38 für Gitarre und Klavier über 20 Lieder, die ursprünglich in autorisierter Gitarrefassung bzw. in Simultanausgaben für Gitarre und Klavier im Druck erschienen. Ältere Drucke (Erstausgaben?) von Weber-Liedern, veröffentlicht bei Böhme in Hamburg, Gombart in Augsburg, Hofmeister in Leipzig und bei Schlesinger in Berlin, verwahren u. a. die Bayerische Staatsbibliothek in München, die Hamburger Staatsbibliothek, die Gesellschaft der Musikfreunde in Wien, die Österreichische Nationalbibliothek Fond Albertina, die Wiener Stadtbibliothek im Rathaus und die Staatsbibliothek Preußischer Kulturbesitz, Berlin[85].

---

[85] C. M. von Weber, Gitarrelieder, NA von K. Scheit, L. Doblinger, Wien.

Die aus dem Besitz Carl Maria von Webers stammende, ihm von seiner Braut, Caroline Brandt, geschenkte und von seiner Enkelin, Frau Maria von Wildenbruch geb. von Weber, der »Sammlung alter Musikinstrumente bei der Königlichen Hochschule für Musik zu Berlin« geschenkte Gitarre gehört zu den Kriegsverlusten des Musikinstrumenten-Museums »Staatliches Institut für Musikforschung, Preußischer Kulturbesitz«, in dem das Instrument zuletzt, bis zum Zweiten Weltkrieg, seinen Aufbewahrungsort hatte (Abb. 38 b). Über C. M. von Weber und seine Gitarre schreibt Oskar Fleischer in »Königliche Hochschule für Musik zu Berlin, Führer durch die Sammlung alter Musik-Instrumente«, Berlin 1892, S. 60: »Das Instrument begleitete ihn auf allen seinen Reisen, die er als jüngerer Mann machte und er sang zu ihr seine Lieder, die mit Guitarrenbegleitung geschrieben sind.«

Von *Luigi Boccherini* (1743—1805) wird die Gitarre in einer »Sinfonia concertante« sowie in 12 Quintetten verwendet, von denen heute acht in Neuausgaben vorliegen[86]. Trotz Boccherinis Abneigung gegen spanische Volksmusik, enthält das vierte Gitarrenquintett in D-Dur einen Fandango, der ursprünglich in Op. 40, No. 2 mit folgender Anmerkung des Komponisten erscheint: »Quintett, den von Padre Basilio auf der Gitarre gespielten Fandango imitierend.«[87]

Eine der beachtenswertesten musikalischen Erscheinungen des 19. Jahrhunderts ist das Hervortreten von Komponisten oder Komponistengruppen, mit denen sich Nationen, die bisher am Musikleben nur geringen eigenschöpferischen Anteil genommen hatten, unter bewußter Betonung ihrer nationalen Eigenart in das europäische Konzert einfügen. Glinka, Mussorgsky, Borodin, Smetana, Dvořak, Albéniz, Granados und de Falla — ihnen allen gemeinsam ist das Bemühen um eine von der Nachahmung italienischer, deutscher oder französischer Vorbilder sich lösende Musik, die ihre Substanz (über den Weg der Volksmusikforschung) aus der nationalen Folklore bezieht.

In den Gitarre-Bearbeitungen der Klavierstücke von *Isaac Albéniz* (1860—1909) und *Enrique Granados* (1867—1916) werden harmonische und rhythmische Eigentümlichkeiten, Klang und Farbe spanischer Musik weit deutlicher, als in der Klavierfassung, kennzeichnet doch das Timbre der Gitarre die Quelle musikalischer Inspiration im Œuvre beider Komponisten. Albéniz selbst soll Francisco Tárregas Gitarre-Transkriptionen den Originalen vorgezogen haben.

Wenngleich der überwiegende Teil ihrer Wirkungszeit in das 20. Jahrhundert fällt, ist das Schaffen der beiden lateinamerikanischen Komponisten — das des Mexikaners *Manuel María Ponce* (1882—1948) wie des Brasilianers *Heitor Villa-Lobos* (1887—1959) — von ähnlichen Bemühungen getragen, die das

---

[86] Ruggero Chiesa, Sei Quintetti per quartetto d'archi e chitarra G. 445—450, Edizioni Suvini Zerboni, Mailand 1973.
Erstes Quintett D-Dur, Zweites Quintett C-Dur, drittes Quintett e-moll (G. 448, G. 551, G. 453) bearbeitet und herausgegeben von Heinrich Albert, Verlag W. Zimmermann, Frankfurt a. M., o. J. Die bis heute unauffindbaren übrigen vier Quintette sind im »Thematic Bibliographical and Critical Catalogue of the Works of Luigi Boccherini (Oxford University Press, London 1969) unter der Sammelnummer G. 452 erwähnt.
[87] H. Turnbull, The Guitar, a.a.O.

19. Jahrhundert kennzeichnen: die Schaffung eines nationalen Musiklebens auf der Basis des Volksmusikguts. Ihre Kompositionen für Gitarre, in denen sich folkloristische Einflüsse mit Stilelementen der Romantik, des Impressionismus und des Barock (Neo-Klassizismus) verbinden, sind aus einer eminenten Kenntnis des Instruments heraus geschrieben. Besonders Villa-Lobos hat der Gitarre neue Klangmöglichkeiten wirkungsvoll erschlossen, die nicht ohne Einfluß auch auf andere Komponisten dieses Jahrhunderts blieben.

3. Das 20. Jahrhundert

Während die Gitarre auf der breiten Grundlage ihrer nationalen Existenz in den romanischen Ländern die Zeiten überdauerte, erhielt das Gitarrespiel im deutschen Sprachraum erst durch die blühende Quellenforschung gegen Ende des 19. Jahrhunderts, im Zuge der Wiederbelebung des alten Volksliedes — vorbereitet durch die Dichter der Romantik — sowie in der Jugendbewegung (»Wandervogel«) um 1900 neue Impulse. In Deutschland war es vor allem *Heinrich Albert* (1870—1950), der durch seine Lehr- und Konzerttätigkeit auf die Gitarre als Soloinstrument wieder aufmerksam machte. Neben ihrer Funktion als bevorzugtes Begleitinstrument zu Volksliedern wurde die Gitarre vorerst auch das Instrument zur Wiedergabe alter Lautenmusik. Durch die Schaffung einer zeitgemäßen Spiel- und Konzertliteratur, die anfänglich im Sinne der spanischen folkloristischen Tradition komponiert war, erwuchsen der Gitarre allmählich wieder Möglichkeiten, auch im modernen Konzertleben unseres Jahrhunderts integriert zu werden. Ihr eigenartiges, impressionistisches Kolorit wurde bald von zahlreichen Komponisten zu musikalischen Stimmungswerten genutzt. Den Platz im Ensemble der Avantgarde haben ihr schließlich *Schönberg*, *Webern* und *Boulez* zugewiesen.

Das Interesse und die Begeisterung für die Gitarre erfaßte im Verlauf der letzten dreißig Jahre nahezu alle Bereiche musikalischer Betätigung, so daß sie ihre Förderung auf einer breiten Basis erhielt.

Mannigfaltige Verwendungsmöglichkeiten boten sich der Gitarre in abgewandelten Formen (Elektrogitarre u. a.) in der Tanz- und Unterhaltungsmusik, im *Jazz*, *Beat*, *Bossa Nova* und im *Zupforchester*. In einer farbigen Synthese von Gesang, Tanz und Musik hat auch der *Flamenco* zur Popularisierung der Gitarre beigetragen, wobei der Ursprung dieser Volkskunst bis heute ebenso rätselhaft geblieben ist, wie die Herkunft ihrer authentischen Repräsentanten, der andalusischen Zigeuner. Deutliche Einflüsse hat der Flamenco im Œuvre zahlreicher Komponisten des 19. und 20. Jahrhunderts für die klassische Konzertgitarre hinterlassen, besonders innerhalb der mediterranen und lateinamerikanischen Kulturländer.

Unterzieht man nach diesem allgemeinen Überblick das Gitarrespiel hinsichtlich seiner Entwicklung zur modernen Technik einer genaueren Betrachtung, dann steht an deren Beginn vor allem ein Name: *Tárrega*. Leben und Werk des Wegbereiters modernen Gitarrespiels gehören zwar dem 19. Jahrhundert an; zu weltweitem Erfolg geführt wurde seine Pionierarbeit erst nach der Jahrhundertwende durch die Lehr- und Konzerttätigkeit seiner beiden Schüler *Miguel Llobet* und *Emilio Pujol.*

Das Schaffen und Wirken *Francisco Tárregas* (1852−1909)[88] bedeutet einen Markstein für die Entwicklung der Gitarretechnik. Als der profilierteste Gitarrist und Lehrer seiner Epoche wird er zum Begründer einer neuen Schule, deren verfeinerte Technik die Kunstfertigkeit von Sor und Giuliani weiterentwickelt und über diese hinausführt. In mühevoller Kleinarbeit hat er mit seinen Kompositionen und didaktischen Werken Richtlinien geschaffen, die heute noch Gültigkeit haben, wie der Apoyando-Anschlag und die Stellung der Anschlagfinger zu den Saiten[89]. Das Auflegen des Instruments auf den linken Oberschenkel wird seit Tárrega zur Standardhaltung, als Folge des von *Antonio de Torres Jurado* (1817−1892) neu geschaffenen größeren Gitarrentypus, der zum Vorbild für den modernen Instrumentenbau wird. Tárrega erweiterte das Repertoire durch zahlreiche Transkriptionen, die bis heute zu den erfolgreichsten und meistgespielten Stücken der Konzertprogramme zählen.

Zu den prominentesten Schülern Francisco Tárregas gehören *Miguel Llobet* (1878−1938), *Daniel Fortea* (1878−1953) und *Emilio Pujol* (* 1886), die sowohl durch ihre Konzerte wie durch ihre musikwissenschaftliche und pädagogische Tätigkeit in hervorragendem Maße dazu beitrugen, die Gitarrekunst in unserem Jahrhundert auf eine professionelle Basis zu stellen. Auf der Grundlage der Tárrega-Technik veröffentlichte Pujol 1934 den ersten Band seiner fünfteiligen Gitarreschule »Escuela Razonada de la Guitarra«, die zu den umfangreichsten und gründlichsten Lehrwerken zählt. Der heute zweiundneunzigjährige Doyen der Gitarristik hat als Lehrer, Musikwissenschaftler und Herausgeber von alter und neuer Gitarremusik weltweite Anerkennung gefunden.

Manuel de Falla (1876−1946) eröffnete das Repertoire originaler Gitarrekompositionen im 20. Jahrhundert mit »Homenaja« (»Pour le Tombeau de Claude Debussy«), komponiert 1920 in Granada.

Mit diesem Werk ehrte er nicht nur den großen französischen Komponisten, sondern erfüllte gleichzeitig sein Versprechen an Miguel Llobet, ein Stück für Gitarre zu schreiben.

Aus dem beträchtlichen Schülerkreis Llobets errang die Argentinierin *Maria Luisa Anido* (* 1907) internationale Anerkennung.

Gilt Llobet als der bedeutendste Repräsentant der Schule Tárregas, so hat der 1893 in Linares geborene Andalusier *Andrès Segovia* (Abb. 55) seine Karriere als Autodidakt begonnen. Seit mehr als sechzig Jahren bereist er als Gitarrevirtuose von unvergleichlichem Rang die Welt. Zu den Komponisten, die Werke für Segovias Repertoire schufen, gehören u. a.:

---

[88] Abb. 53.

[89] Emilio Pujol berichtet, daß nach Tárregas eigener Aussage der spanische Gitarrist *Julián Arcas* (1832−1882) erstmals den Apoyando-Anschlag verwendet haben soll, ohne aber ein System des Fingersatzes aufzustellen. Wo immer auch sein Ursprung liegen mag − Vladimir Bobri vermutet ihn in der speziellen Technik der Flamenco-Gitarristen −: entwickelt und rationalisiert wurde das Apoyando-Spiel durch Tárrega. Vgl. V. Bobri, The Segovia Technique, S. 44, a.a.O.

Mario Castelnuovo-Tedesco (1895—1968)
John William Duarte (* 1919)
Darius Milhaud (1892—1974)
Federico Moreno Torroba (* 1891)
Manuel M. Ponce (1882—1948)
Joaquin Rodrigo (* 1902)
Albert Roussel (1869—1937)
Alexandre Tansman (* 1897)
Joaquin Turina (1882—1949)
Heitor Villa-Lobos (1887—1959).

Gleichwohl hat Segovia über zwei Generationen hinaus zahlreiche Solisten und Pädagogen inspiriert und dem Instrument Würde und Ansehen im Musikleben unserer Tage erspielt.

Als Solo- und Kammermusikinstrument hat die Gitarre in die Konzertsäle, bei internationalen Festspielen und Musikwettbewerben (Genf, München, Paris[90]), in die Rundfunk- und Schallplattenproduktion ebenso Eingang gefunden wie als Lehrfach an Konservatorien und Musikhochschulen.
Luise Walker (* 1910) und *Karl Scheit* (* 1909) haben sich gleichermaßen als Lehrer an der Wiener Musikhochschule wie als Konzertsolisten einen international bekannten Namen geschaffen. Die Unterrichtsliteratur für Gitarre hat in Karl Scheit einen ihrer erfolgreichsten Autoren gefunden, seine Lehrwerke wurden in mehrere Sprachen übersetzt.
Julian Bream (* 1933) ist in der kleinen Spitzengruppe der Künstler zu finden, deren Konzerte überall Beachtung finden. Wie keinem anderen Gitarristen seiner Generation ist es ihm gelungen, Komponisten von internationalem Rang eines *Benjamin Britten, Hans Werner Henze* und *William Walton* für das Instrument zu interessieren.
So sind viele zeitgenössische Werke, die von der Behandlung des Instrumentes her als geglückt bezeichnet werden können, aus der Zusammenarbeit zwischen Komponisten und Interpreten entstanden. Es schrieben u. a.:

Balcom, William (* 1938) für Michael Lorimer
Bettinelli, Bruno (* 1913) für Ruggero Chiesa
Borup-Jørgensen, Jens Axel (* 1924) für Erling Møldrup
Bresgen, Cesar (* 1913) für Barna Kovàts
Brouwer, Leo (* 1939) für Oscar Cáceres und Turibio Santos
Dodgson, Stephen (* 1924) für John Williams
Einem, Gottfried von (* 1918) für Konrad Ragossnig
Farkas, Ferenc (* 1905) für László Szendrey-Karper
Gnáttali, Radamés (* 1906) für Laurindo Almeida
Hallnäs, Hilding (* 1903) für Per-Olof Johnson

---

[90] Große Verdienste erwarb sich *Robert J. Vidal* um die Organisation des seit 1958 alljährlich vom Französischen Rundfunk ORTF in Paris veranstalteten »Concours International de Guitare«, der zum Vorbild für die Durchführung ähnlicher Gitarrewettbewerbe in anderen Ländern wurde.

Henze, Hans Werner (* 1926) für Leo Brouwer
Humel, Gerald (* 1931) für Barbara Polasek
Jolivet, André (1905–1974) für Ida Presti und Alexandre Lagoya
Kunad, Rainer (* 1936) für Roland Zimmer
Lacerda, Osvaldo (* 1927) für Maria Livia São Marcos
Marckhl, Erich (* 1902) für Leo Witoszynskyj
Mompou, Federico (* 1893) für Alirio Diaz und Regino Sainz de la Maza
Nørgård, Per (* 1932) für Ingolf Olsen
Ohana, Maurice (* 1914) für Narciso Yepes
Santórsola, Guido (* 1904) für das Duo Italiano Sicca-Fleres
Sauguet, Henry (* 1901) für Angelo Gilardino
Stockhausen, Karlheinz (* 1928) für Karlheinz Böttner
Takács, Jenö (* 1902) für Marga Bäuml
Takemitsu, Tóru (* 1930) für Kiyoshi Shomura
Truhlář, Jan (* 1928) für Milan Zelenka
Yun, Isang (* 1917) für Siegfried Behrend.

Als Interpreten, Lehrer an Hochschulen, als Herausgeber von Gitarreliteratur, durch Schallplattenaufnahmen sowie als Preisträger bei internationalen Musikwettbewerben haben sich einen Namen gemacht:

Ablóniz, Miguel
Abreu, Eduardo
Abreu, Sergio
Alfonso, Nicolás
Artzt, Alice
Assimacopoulos, Angelo
Assimacopoulos, Lisa
Azpiazu, José de
Azpiazu, Lupe de
Balestra, Giuliano
Barbera Bisbal, Miguel
Barbosa-Lima, Carlos
Bartoli, René
Bartoš, Antonín
Beck, Leonhard
Bellow, Alexander
Benkö, Daniel
Biberian, Gilbert
Bickford, Vahdah Olcot
Bitetti, Ernesto
Bobri, Vladimir
Bogdanovic, Dusan
Bolt, Benjamin
Bonell, Carlos
Boyd, Liona

Brojer, Robert
Byrd, Charly
Carfagna, Carlo
Carlevaro, Abel
Company, Alvaro
Criswick, Mary
Cubedo, Manuel
Danner, Peter
Davezac, Betho
De la Torre, Rey
Dobrauz, Carl
Domandl, Willy
Dova, Nina
Duarte, John W.
Ekmetzoglou, Charalambos
Falú, Eduardo
Fampas, Dimitri
Fernandes, Eduardo
Fernández Iznaola, Ricardo
Fernandez-Lavie, Fernando
Feybli, Walter
Forrest, Jim
Friessnegg, Karl
Fujioka, Fumio
Funk, Eike

Gangi, Mario
Garcia, Hector
Gerrits, Paul
Ghiglia, Oscar
Götze, Walter
Gorki Schmidt, Jytte
Gremper, Madeleine
Hammerschmied, Gerda
Hand, Frederic
Hebb, Bernard
Heck, Thomas F.
Hein, Hans
Hein, Inge
Heinzmann, Melitta
Henze, Bruno
Hinojosa, Xavier
Ichkanian, Joseph
Isbin, Sharon
Ivanov-Kramskoi, Alexander
Jape, Mijndert
Jeffery, Brian
Jirmal, Jiři
Kämmerling, Maria
Kämmerling, Werner
Käppel, Hubert
Kamal, Turan-Mirza
Kecskés, Andras
Kennard, Deric (†)
Kirsch, Dieter
Klämbt, F.
Knobloch, Jiři
Koch, Hans Michael
Kondo, Toshiaki
Kreidler, Dieter
Kreml, Inge
LaFleur, Rolf
Lauro, Antonio
Leeb, Hermann
Lendle, Wolfgang
Libbert, Jürgen
Linhares, Dagoberto
López Ramos, Manuel
Mairants, Ivor
Marshall, Jack
Matsuda, Akinobu
Matsumoto, Kenichi

Matthews, William
Membrado, Antonio
Mercadal, Juan
Meunier, Philippe
Michelucci, Stefano
Mikulka, Vladimir
Mills, John
Minella, Aldo
Mönch, Edgar (†)
Mönkemeyer, Helmut
Moser, Wolf
Nagytothy-Toth, Abel
Nakagawa, Nobutaka
Navascués, Santiago
Nelson, Martha
Noad, Frederick
Norman, Théodore
Obara, Yasumasa
Ochs, Gerd
Ortner, Jakob (†)
Osawa, Kasuhito
Paolino, Paolo
Papas, Sophocles
Parkening, Christopher
Peter, Ursula
Petschauer, Roy
Pick, Richard
Pierri, Alvaro
Pinnel, Richard
Pöhlert, Werner
Pomponio, Graciela
Ponce, Alberto
Powrozniak, Jóseph
Proakis, Costas (†)
Prol, Julio
Prunnbauer, Sonja
Pudelko, Walter
Pührer, Else
Purcell, Ronald C.
Putilin, Ivan
Quadt, Adalbert
Quine, Hector
Ragossnig, Konrad
Rentmeister, Josef
Reyne, Gérard
Riera, Richard

Robinson, Marcel
Rövenstrunck, Bernhard
Roger, Michel
Romero, Angel; Caledonio;
    Celin; Pepe (»Los Romeros«)
Rubio, Miguel
Sagreras, Julio S.
Sainz de la Maza, Edouardo
Sasaki, Tadashi
Sasser, William
Savio, Isaias
Schaller, Erwin
Schindler, Otto
Schöllmann, Jürgen
Sensier, Peter (†)
Shearer, Aaron
Silva, Jesus
Sinopóli, Antonio
Smith, Carlton Sprague
Stingl, Anton
Stover, Richard
Strádalová, Klara
Strizich, Robert W.
Suzuki, Iwao
Tagliavini, Enrico
Takahashi, Isao
Tanno, John W.
Tarragó, Graziano
Tarragó, Renata
Terzi, Benvenuto

Teuchert, Heinz
Teuchert, Michael
Thomatos, Spiros
Tomás, José
Tonazzi, Bruno
Uhlmann, Ferdinand
Urban, Štěpan (†)
Usher, Terry
Van der Staak, Peter
Van Feggelen, Carl
Van Gonnissen, Olaf
Van Puijenbroeck, Victor
Valdes-Blain, Albert
Valdes-Blain, Roland
Visser, Dick
Wangler, Rudolf
Warren, George
Watanabe, Norihiko
Weller, Malcolm
Wensiecki, Edmund
Williams, Len
Wölki, Konrad
Würdinger, Walter
Yamashita, Kazuhito
Yoghourtian, James
Zaczek, Brigitte
Zanoskar, Hubert
Zarate, Jorge Martinez
Zayas, Rodrigo de
Zykan, Otto

Zahlreiche zeitgenössische Komponisten haben sich die reiche Klangfarbenskala und die mannigfaltigen Verwendungsmöglichkeiten der Gitarre zunutze gemacht und schufen im Verlaufe der letzten drei Jahrzehnte eine ansehnliche Literatur für das Instrument. Werke für Gitarre solo, Konzerte mit Orchester, Lieder und Kammermusik mit Gitarre komponierten u. a.:

Ambrosius, Hermann (* 1897)
Amy, Gilbert (* 1936)
Angerer, Paul (* 1927)
Apostel, Hans Erich (1901 – 1972)
Arnold Malcolm (* 1921)
Artner, Norbert (1922 – 1971)
Auric, Georges (* 1899)
Barrios, Agustin (1885 – 1944)

Bartolozzi, Bruno (* 1911)
Baumann, Herbert (* 1925)
Baur, Jürg (* 1918)
Bennett, Richard Rodney (* 1936)
Berg, Gunnar (* 1909)
Berkeley, Lennox (* 1903)
Bialas, Günter (* 1907)
Bondon, Jacques (* 1927)

Borup-Jørgensen, Axel (* 1924)
Boulez, Pierre (* 1925)
Brindle, Reginald Smith (* 1917)
Britten, Benjamin (1913—1976)
Burghauser, Jarmil (* 1921)
Burkhard, Willy (1900—1955)
Burkhart, Franz (* 1902)
Bussotti, Sylvano (* 1931)
Cardew, Cornelius (* 1936)
Cerf, Jacques
David, Johann Nepomuk (1895—1977)
David, Thomas Christian (* 1925)
Duarte, John William (* 1919)
Erbse, Heimo (* 1924)
Feld, Jindřich (* 1925)
Fheodoroff, Nikolaus (* 1931)
Fricker, Peter Racine (* 1920)
Gefors, Hans (* 1952)
Genzmer, Harald (* 1909)
Ghedini, Giorgio Federico (1892—1965)
Ginastera, Alberto (* 1916)
Guarnieri, Camargo M. (* 1907)
Halffter, Cristóbal (* 1930)
Halffter, Ernesto (* 1905)
Hartig, Heinz Friedrich (1907—1969)
Hasenöhrl, Franz (1885—1970)
Haubenstock-Ramati, Roman (* 1919)
Haug, Hans (1900—1967)
Henze, Hans Werner (* 1926)
Humel, Gerald (* 1931)
Ibert, Jacques (1890—1962)
Jelinek, Hanns (1901—1969)
Kagel, Mauricio (* 1931)
Kelterborn, Rudolf (* 1931)
Klebe, Giselher (1925)
Kont, Paul (* 1920)
Kotoński, Włodzimierz (* 1925)
Kounadis, Arghyris P. (* 1924)
Kováts, Barna (* 1920)
Křenek, Ernst (* 1900)
Kronsteiner, Joseph (* 1910)
Kubizek, Augustin (* 1918)
Kučera, Václav (* 1929)
Lacerda, Osvaldo (* 1927)
Lampersberg, Gerhard (* 1928)
Lauro, Antonio (* 1917)

Lechthaler, Josef (1891—1948)
Leukauf, Robert (* 1902)
Linde, Hans-Martin (* 1930)
Maderna, Bruno (1920—1973)
Malipiero, Gian Francesco (1882—1973)
Martin, Frank (1890—1974)
Migot, Georges (* 1891)
Miroglio, Francis (* 1924)
Mittergradnegger, Günther (* 1923)
Morançon, Guy (* 1927)
Nielsen, Tage (* 1929)
Noro, Takeo
Obrovská, Jana (* 1930)
Petrassi, Goffredo (* 1904)
Pfister, Hugo (1914—1969)
Porrino, Ennio (1910—1959)
Poulenc, Francis (1899—1963)
Previn, André (* 1930)
Rawsthorne, Alan (1905—1971)
Rebay, Ferdinand (1880—1953)
Ruders, Poul (* 1949)
Ruiz-Pipó, Antonio (* 1934)
Schibler, Armin (* 1920)
Schönberg, Arnold (1874—1951)
Schwertberger, Gerald (* 1941)
Searle, Humphrey (* 1915)
Seiber, Mátyás (1905—1960)
Siegl, Otto (* 1896)
Skorzeny, Fritz (1900—1965)
Sojo, Vincente Emilio (1887—1974)
Sprongl, Norbert (* 1892)
Strawinsky, Igor (1882—1971)
Suriñach, Carlos (* 1915)
Suter, Robert (* 1919)
Tippet, Michael (* 1905)
Uhl, Alfred (* 1909)
Uray, Ernst Ludwig (* 1906)
Vlad, Roman (* 1919)
Walton, Sir William (* 1902)
Webern, Anton (1883—1945)
Weiss, Harald (* 1949)
Wissmer, Pierre (* 1915)
Zbinden, Julien-François (* 1917)
Zehm, Friedrich (* 1923)
Zimmermann, Bernd Alois (1918—1970)

Der außergewöhnliche Aufstieg der Gitarre und ihre enorme Beliebtheit ist, wie wir im Verlaufe dieses Kapitels verfolgen konnten, keine völlig neue instrumentengeschichtliche Begebenheit; seit 1600 wiederholte sich dieses Phänomen in jedem Jahrhundert. Was jedoch eine dauerhafte Verankerung der Gitarre im Musikleben für die Zukunft erwarten läßt, ist nicht nur ihre gegenwärtige weltweite Verbreitung, sondern vor allem die große Anzahl Studierender an den Musikhochschulen in Europa und Übersee, die das Gitarrespiel zu ihrem Beruf erwählen.

Kapitel III

Verzierungen [91]

Allgemeines

Improvisation und Verzierung gehören von Anbeginn jeglicher Musikübung zueinander. Die Komponisten vergangener Epochen setzten eine Auszierung ihrer Werke durch den Interpreten voraus. Deshalb notierten sie oftmals nur ein »harmonisches Gerüst«, das erst durch die Verzierungskunst des Sängers oder Instrumentalisten zu einem lebendigen, klangvollen Kunstwerk wurde.

»Der Ausdruck Diminution, der vom 14. bis ins 19. Jahrhundert gleichzusetzen ist mit allen anderen Ausdrücken für Verzierung (Manieren, Ornamente, Coloraturen, Agréments, Graces, Embellishments, FioW ituren u. a.), gibt eine klare Antwort auf die Frage, was man unter dem Begriff ›Verzierung‹ zu verstehen hat: ›diminuere‹ heißt zerkleinern. Durch Diminution wird also ein Ton in mehrere Einzeltöne aufgespalten und damit eine Tonfolge in eine Reihe von kleineren Notenwerten zerlegt. Es gab von jeher verschiedenartige Möglichkeiten zur Verzierung einer Melodie.« [92]

Im 16. Jahrhundert wurde es üblich, die ursprünglich improvisierten Diminutionen schriftlich zu fixieren und ihre Ausführung und Anwendung durch gewisse Regeln und spezielle Zeichen deutlich zu machen. Die Ausführung der Verzierungen war jedoch dem Geschmack des Spielers ebenso überlassen wie die Entscheidung über ihre Anwendung, die je nach Charakter und Tempo des Werkes unterschiedliche Interpretationen erlaubte. Verzierungen sollen stets der Eigenart und den technischen Möglichkeiten des Instruments angepaßt sein.

Francesco Geminiani schreibt in seiner Einleitung zu »The art of playing the guitar or cittra« (1760): »Wahl und Ausführung der einzelnen Verzierungen hängen von den Möglichkeiten der Instrumente ab; manche für die Violine angegebenen Ornamente können auf der Gitarre nicht ausgeführt werden.«

Verzierungen sollten — unter Voraussetzung einer ausgefeilten Technik — nicht stundenlanges Üben erfordern. Was nicht auf Anhieb gelingt, eignet sich meistens nicht als Ornament [93]. In Sätzen, die eine Wiederholung verlangen,

---

[91] Siehe auch unter »Spielzeichen in Lautentabulaturen«, S. 25 und »Spielzeichen in Gitarretabulaturen«, S. 66.

[92] H. M. Linde, Kleine Anleitung zum Verzieren alter Musik, a.a.O.

[93] Diego Ortiz in seinem »Tratado de glosas« (Lehrbuch der Variierung): »Wer sich dieses Buches mit Nutzen bedienen möchte, muß die Geschicklichkeit erwägen, die er besitzt, und dieser entsprechend die ihm am besten erscheinenden Variierungen auswählen; denn, wenn auch die Variierung gut ist: vermag ihr die Hand nicht zu folgen, so kann sie nicht gut ausfallen«. (Deutsche Übertragung von Max Schneider, Diego Ortiz, »Tratado de glosas ...«, Rom 1553, a.a.O.). Vgl. auch S. 98f.

empfiehlt es sich zunächst unverziert zu spielen und erst bei der Wiederholung zu diminuieren. Beispiele für bereits vom Komponisten ausgezierte Wiederholungen — später *Double* genannt — finden sich in zahlreichen Lautensätzen des 16. bis 18. Jahrhunderts.

Agréments wurden eingesetzt, um »kahle« Stellen zu verdecken, die Melodie auszuschmücken und die Stimmführung zu beleben; sie waren ein wesentlicher Bestandteil der Musik vergangener Jahrhunderte. Jedoch: »Dekoration soll nicht zu viel fesseln; Dekoration soll angenehm berühren; Dekoration ist dort vonnöten, wo sonst Langeweile herrschen würde« (Gustav Leonhardt).

Nach Joachim Quantz werden die Verzierungsarten in zwei große Gruppen eingeteilt: in die *wesentlichen* (= feststehenden) und in die *willkürlichen* (= freien) *Manieren*[94].

Die wesentlichen oder französischen Manieren

---

1. **Triller** (»vibrato«, »tremolo«, »tremblement«, »cadence«)

Zeichen und Ausführung

a) **Kurzer oder halber Triller (Praller)**

Bis zum 16. Jahrhundert — seltener bis ins siebzehnte — begann der Triller mit der Hauptnote.
Eingliedrige Triller waren in der Lautenmusik des 16. Jahrhunderts häufig.

Bis ca. 1800 beginnt der *Praller* mit der oberen Nebennote und wird *betont* (auf den Schlag) gespielt. Mit dem Zeichen ∿ war in der Barockzeit jede Art von Triller gemeint; erst ab der zweiten Hälfte des 18. Jahrhunderts verstand man darunter den Praller im besonderen.

b) **Schneller** (einfacher Praller)
Er beginnt mit der Hauptnote und wird *antizipiert* (vor dem Schlag) gespielt. Das Zeichen ∿ im Sinne

---

[94] Johann Joachim Quantz, Versuch einer Anweisung, die Flöte traversiere zu spielen, Berlin 1752; Neuausgabe Bärenreiter, Kassel.

eines Schnellers wird erst in der 2. Hälfte des 18. Jahrhunderts gebräuchlich; er konnte auch in kleinen Nötchen ausgeschrieben sein.

c) **Längere Trillerformen**

Im 16. Jahrhundert begannen auch längere Trillerketten (»*tremolo*«, »*tremoletti*«, »*senzillo*«) mit der Hauptnote.

Als Kadenzverzierung war im 16. und 17. Jahrhundert der *Groppo* sehr beliebt.

Seit dem 17. Jahrhundert beginnt der Triller im allgemeinen von oben, wobei die obere Hilfsnote antizipiert gespielt wird.

d) **Stütztriller** (»tremblement appuyé«)

Als Verbindung eines Vorschlages von oben mit einem Triller beginnt der Stütztriller mit der oberen Nebennote, die auf den Schlag gespielt wird und verschieden lang sein kann. Diese Art des Trillers endet sehr oft auf einem »point d'arrêt« (Haltepunkt). Sollen mit der Trillernote noch andere Töne angeschlagen werden, so müssen diese mit dem Beginn des Trillers — hier also mit der Stütznote — erklingen.

e) **Triller mit Nachschlag**
(Double-Cadence, Double-Relish)

In schnellen Sätzen kann der kurze Triller auch mit der Hauptnote beginnen oder durch kurze Vorschläge ersetzt werden.

Der »*trillo*« bei Johann Sebastian Bach:

2. **Mordent** (»pincé«, »beat«, »martellement«)

Er ist dem Triller verwandt und »soll mit der Note beginnen, über der er steht . . . seine Trillerschläge müssen im Wert der Hauptnote einbegriffen sein« (Fr. Couperin). Seine Ausführung ist also betont, nicht antizipiert.

Kurzer Mordent

Langer Mordent

3. **Vorschlag** (»accento«, »accent«, »port de voix«)

Er gehört zu den wichtigsten Ornamenten des Barock und wird je nach Ausführung in *lange* und *kurze* Vorschläge unterschieden. Der *lange* Vorschlag soll auf den Schlag betont kommen; der *kurze* kann gelegentlich auch auf den Schlag und betont gespielt werden, (»in lombardischer Manier«), allgemein durchgesetzt hat sich jedoch seine antizipierte Ausführung. Mehr als bei jeder anderen Verzierung bleibt die Entscheidung über die Ausführung des Vorschlages dem Geschmack des Interpreten überlassen. Vorschläge werden eingesetzt, um »kahle« Stellen zu verdecken, Sprünge zu verbinden, Abschlüsse zu verzögern.

Sie wurden zuerst von den Lautenisten verwendet und später auf
andere Instrumente übertragen.

a) **Der lange Vorschlag** (»port de
voix«, »accent«, »appoggiatura«)

Normalerweise erhielt der lange Vorschlag — ungeachtet seines notierten Wertes — die Hälfte der Hauptnote.

Vor punktierten Noten kann der
Vorschlag zwei Drittel, die Hauptnote nur ein Drittel des Gesamt-
wertes erhalten.

Zu lange Vorschläge sind dann zu
vermeiden, wenn eine Dissonanz
nicht zur Wirkung kommt.

Vor Hauptnoten, die an weitere
Noten gleicher Tonhöhe gebunden
sind, erhält der Vorschlag den ganzen Wert der Hauptnote.

b) **Der kurze Vorschlag** (»coulement«)
Er wurde allgemein antizipiert, seltener auf betonten Taktteil fallend
gespielt.

Die auf betonte Zeit fallende Ausführung in der »lombardischen Manier« lautete:

Der betonte kurze Vorschlag wird
vor allem angewendet, wenn die
folgende Note dissonant zum Baß
steht.

Die Ausführung eines Vorschlages
vor einem Achtel mit zwei nachfolgenden Sechzehnteln änderte sich

im Laufe der Zeit. Eine solche Figur wurde erst gegen 1800 in durchlaufende Sechzehntel aufgelöst.

Unter »acciaccatura« versteht man eine Verzierung, die aus dem gleichzeitigen Anschlag einer Note und ihrer unteren, meist chromatischen Nebennote besteht, wobei die Nebennote kurz nach ihrem Anschlag abgehoben, die Hauptnote jedoch ihrem notierten Wert entsprechend ausgehalten wird (nur bei Tasten- und Lauteninstrumenten ausführbar). Im allgemeinen werden sehr kurze, unbetonte Verzierungsnoten, wie der kurze Vorschlag (seit der Mitte des 18. Jahrhunderts als kleine Achtel- oder Sechzehntelnote mit durchstrichenem Notenhals angedeutet: ♪ , ♪) als *Acciaccaturen* bezeichnet, während *Appoggiaturen* langsame, auf betonte Zeit fallende Verzierungen kennzeichnen (vgl. Beispiel a: »Der lange Vorschlag«).

»Accent« und »Trillo«

»Accent« und »Mordant« bei J. S. Bach

Die Verbindung eines Trillers mit einem Vorschlag von oben ergibt den bereits behandelten »Stütztriller«.

4. **Schleifer** (»coulé«, »slide«)

Er füllt meistens Intervallsprünge aus und kann sowohl schnell (antizipiert) als auch auf den Schlag betont (in der lombardischen Manier) gespielt werden, in der letzteren

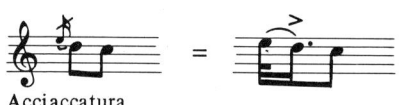

Acciaccatura

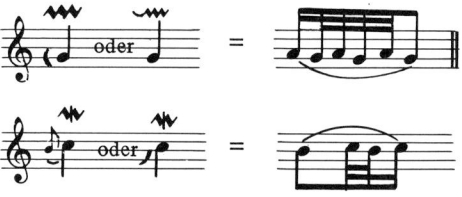

Antizipiert, die Quart f-b verbindend

Ausführung besonders vor punktierten Noten.

Auf den Schlag betonte Ausführung vor punktierter Note

Andere Zeichen für den Schleifer

Sind zur gleichen Zeit mit dem Schleifer noch andere Töne anzuschlagen, dann müssen diese, wie beim Triller, mit der ersten Note des Ornaments angeschlagen werden.

5. **Doppelschlag** (»gruppetto«, »double«, »turn«)
Neben den Zeichen ∾ und ? wird der Doppelschlag auch mit kleinen Nötchen notiert. Die Schnelligkeit seiner Ausführung hängt vom Tempo und Charakter des Stückes ab.

Seit Mitte des 18. Jahrhunderts die gebräuchlichste Ausführung

Varianten in der Ausführung des Doppelschlages sowie Kombinationen mit anderen Ornamenten:

Zwischen zwei Noten

Doppelschlag mit Triller kombiniert

In schnellen Sätzen kann der Doppelschlag den Triller ersetzen, wenn dieser aus technischen Gründen schlecht ausführbar ist.

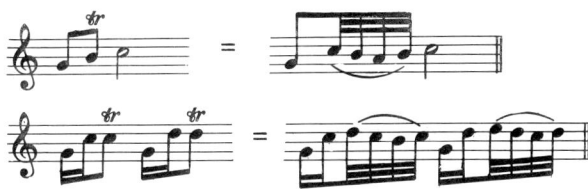

97

Selbstverständlich gibt es bei allen wesentlichen Manieren geringe Abweichungen von den Regeln, die sich aus jedem lebendigen und phantasievollen Musizieren heraus erklären.

Die willkürlichen oder italienischen Manieren

Das Auszieren oder »Diminuieren«, also das Zerkleinern längerer Notenwerte in kleinere, ist in zahlreichen Beispielen — zum Zwecke der Demonstration von Verzierungsmöglichkeiten durch den Komponisten selbst dargestellt — in alten Schulwerken zu finden. Andererseits war das freie, »willkürliche« Ornamentieren für die Wiedergabe alter Musik unerläßlich und wurde vom Spieler auch dort erwartet, wo der Komponist — oft mit der Person des Interpreten identisch — keinerlei Verzierungshinweise gab.
Frühe Beispiele der Diminution liefern die Lautensätze des 16. und 17. Jahrhunderts. So notiert John Dowland im Diskant der »Lachrimae«-Pavan:

und bei der Wiederholung dieses Teiles:

Adrian Le Roy fügt vielen seiner Tänze eine diminuierte Fassung bei, die schon im Titel als solche gekennzeichnet ist:
Aus »A briefe and easye introduction«, London 1568
Passemeze

»Passemeze more shorter (plus diminué)«

Unter den rund zehn Diminutionslehrbüchern, die in der Zeit zwischen 1535 und dem Ende des 16. Jahrhunderts erschienen, erweist sich der »Tratado de glosas sobre clausulas . . . « (Rom 1553) von Diego Ortiz insofern von Bedeutung, als er — in der Form eines regelrechten Nachschlagewerkes angelegt — mit den Regeln über Verzierungen auch deren mannigfaltige praktische Anwendung zeigt: die »Variierungen über allen Kadenzen (clausulas) und anderen Notenarten«, über steigende und fallende Tonschritte charakterisieren die ganze Ornamentik des 16. Jahrhunderts. Hier wird deutlich, wie reichhaltig man sich die Veränderungen einer fertigen Komposition durch Sänger und Instrumentalisten erwartete, wobei Ortiz ihre schriftliche Fixierung sogar ausdrücklich fordert[95].

Aus dem ersten Buch des zweiteiligen Werkes sind hier zwölf Beispiele zur Variierung einer aufsteigenden Sekunde zitiert:

Greifen wir aus der Tanzsammlung von Martino Pesenti (1645) den Anfang eines »Balletto« heraus:

und verändern diese Tonfolge so:

so wird deutlich, daß mit dieser Art von Verzierung mehr neue Töne in variabler Reihenfolge in eine Komposition einbezogen werden können, als dies bei den wesentlichen Manieren möglich ist. Die Verwendung der willkürlichen Ornamente, die übrigens nicht nur auf Kompositionen in italienischer Manier beschränkt blieben, verlangen vom Interpreten ein sicheres und phantasievolles Stilgefühl.

In Frankreich haben sich im 17. Jahrhundert zwei besondere Spielweisen willkürlicher Manier entwickelt, die sich im ungleichmäßigen (inegalen) Ablauf von punktierten Noten äußern. Innerhalb dieser rhythmischen »Inégalité« unterschied man in der französischen Musik zwischen »pointé« und »louré«.

---

[95] Vgl. S. 91[93].

Unter »pointé« versteht man ein scharfes Punktieren, bei dem die kurzen Noten nach der Punktierung kürzer als notiert gespielt werden:

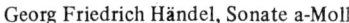

Beim triolisierenden »Lourer« werden punktierte Noten weicher, schleifend, »etwas ungleich« (und daher schriftlich nur ungefähr wiederzugeben) gespielt:

Aber auch gleichwertig notierte Rhythmen konnten fallweise »pointé«, häufiger jedoch »louré« gespielt werden[96]:

Punktierte Rhythmen konnten dem vorherrschenden Rhythmus angeglichen werden[97]:

Georg Friedrich Händel, Sonate a-Moll

Aus Gustav Scheck,
»Die Flöte und ihre Musik«,
S. 122, a.a.O., Schott ED 6364

Historische
Notation

Larghetto, Takt 12

Ausführung

Moderner Druck

Verzierungen sind nicht nur von Regeln, sondern auch vom Gefühl abhängige, zarte musikalische Elemente. »Überdecken sie die Musik, so schaden sie ihr mehr, als sie ,verzieren'. Die Beschäftigung des Spielers mit der richtigen Art des Verzierens darf nie seinen Sinn für den musikalischen Zusammenhang stören oder verdrängen.«[98]

[96] Vgl. R. de Visée, Suite c-Moll (Tombeau de Mr. Francisque Corbet); J. S. Bach, Suite g-Moll, BWV 995 (Courante).
[97] Vgl. G. Fr. Händel, Sonate a-Moll für Blfl. und BC; Kantate »Nel dolce dell'oblio« für Sopran, Blfl. und BC.
[98] Th. Dart, Practica Musica, a.a.O.

Kapitel IV

Über das Nagel- und Kuppenspiel

Wenige Instrumente haben im Laufe ihrer Geschichte Anlaß zu Diskussionen und Kontroversen von solcher Heftigkeit gegeben, wie Gitarre und Laute durch die Art ihrer Tonerzeugung, die entweder mit der Kuppe oder mit den Fingernägeln der rechten Hand erfolgen kann[99]. Eine naheliegende Begründung für die Ablehnung des Nagelspiels in den Lehrbüchern des 16. und 17. Jahrhunderts dürfen wir in mangelnder Nagelkosmetik vermuten. Wenn Philipp Hainhofer in seinem Lauten-Codex von 1603 fordert: »halt dhände rein, wiltu auf der Lauten schlagen fein«, muß an einer gründlichen Fingernagelpflege in dieser Zeit erst recht gezweifelt werden. Nur ein sorgfältigst gepflegter Nagel aber, der mit Feile, Polierpapier, Seife, Bürste, Ledertuch, Lack und dergleichen behandelt wird und darüber hinaus eine von Natur aus geeignete Form besitzt, wird eine einwandfreie Tongebung gewährleisten.

Ausdrückliche Anweisungen oder ästhetische Abhandlungen über den Anschlag mit Kuppe oder Nagel enthalten mehrere Quellen des 16. und 17. Jahrhunderts[100]. *Miguel Fuenllana* beschreibt die auf der Vihuela gebräuchliche Anschlagsart in der Reihenfolge ihrer Vollkommenheit und beginnt dabei mit dem weniger vollkommenen »dedillo«, einer Anschlagsart, bei der nur der Zeigefinger anschlägt, aber beim Hin- und Zurückschlagen die Saite trifft. Er schreibt[101]: »Was den dedillo betrifft, so bekenne ich, daß er leicht und angenehm für das Ohr ist, doch man darf ihm eine Unvollkommenheit nicht absprechen. Da bei dieser Art des redoble der Finger, wenn er einsetzt, die Saite anschlägt, kann man es nicht verhindern, daß der Nagel beim Zurückgehen die Saite trifft. Und das ist eine Unvollkommenheit. Denn dadurch kann einmal der Ton nicht gestaltet werden und weiterhin gibt es keinen ganzen und wahren Schlag. Daher kommt es, daß diejenigen, die mit dem Nagel redoblieren, mehr Leichtigkeit in ihrem Tun finden werden, aber keine Vollkommenheit . . . Ich möchte nur sagen, daß es Gutes und Besseres gibt«.

Bei der Beschreibung des Wechselschlages zwischen Zeige- und Mittelfinger schreibt Fuenllana:

»Was die dritte Art des redoble betrifft — nämlich die mit den beiden ersten der vier Finger der rechten Hand — so sage ich, daß diese Spielart des redoble solche Vorzüge hat, daß ich wage zu sagen, in ihr allein besteht die ganze Voll-

---

[99] Umfangreiche Erörterungen zu diesem Thema finden sich bei Josef Zuth: Das künstlerische Gitarrespiel, Leipzig 1915, S. 15; Adolf Koczirz: Über die Fingernageltechnik bei Saiteninstrumenten, Festschrift für Guido Adler, Wien 1930, S. 164; Emilio Pujol: El Dilema del Sonido en la Guitarra, Buenos Aires, 1960, Ricordi.

[100] Dieter Kirsch, Anschlagsanweisungen in Lautenbüchern, Manuskript.

[101] Zitate in deutscher Übersetzung aus Dieter Kirsch, »Anschlagsanweisungen in Lautenbüchern«, Manuskript, mit freundlicher Genehmigung des Autors.

kommenheit, die in allen möglichen Spielarten des redoble existieren kann, sowohl was die Geschwindigkeit, wie auch die Sauberkeit, als auch die Vollkommenheit dessen betrifft, was man spielt. Denn wie gesagt, es hat großen Vorteil, wenn man die Saite anschlägt, ohne daß sich der Nagel oder irgend eine Art der Erfindung einmischt. Denn allein mit dem Finger − wie in jeder lebendigen Sache − besteht der wahre Geist, den man beim Treffen der Saite dem Spiel verleiht.«[102]

Im 6. Kapitel von *Alessandro Piccininis* »Intavolatura di liuto e di chitarrone«, Bologna 1623, mißbilligt der Autor den zu langen Daumennagel. Im 7. Kapitel des zitierten Werkes schreibt er jedoch: »Die anderen drei Finger, genannt Zeige-, Mittel- und Ringfinger, müssen freilich Nägel haben, die so lang sind, daß sie etwas über die Kuppe hinausragen, aber nicht länger, mit einer leichten Rundung, d. h. daß sie in der Mitte ein wenig höher sind. Sie werden so angewendet, daß − wenn ein Pizzicato ausgeführt wird oder wenn eine Saite allein klingen soll − sie diese Saite mit der äußersten Kuppe berühren und sie gegen die Decke anreißen, so daß dabei der Nagel beide Saiten schwingen läßt, die dabei den schönsten Zusammenklang geben, da die Saiten alle beide zusammen erklingen.«

Thomas Mace schreibt auf S. 73 seines Lehrwerkes:

»Dabei habe acht, daß du deine Saiten nicht mit den Nägeln anschlägst, wie es manche tun, die das für die beste Art zu spielen halten. Ich tue das nicht, und zwar aus dem Grund, weil der Nagel keinen so süßen Klang aus der Laute holen kann, wie das weiche Ende der Kuppe es kann.

Ich gebe zu, im Consort mag es gut genug sein, wo die Lieblichkeit − welche die allervornehmste Genugtuung einer Laute ist − sich in der Menge verliert. Aber beim Solospiel könnte ich niemals vom Nagel so sehr zufriedengestellt werden, wie von der Kuppe. Wie auch immer − das ist meine Meinung − : laß andere tun, wie es ihnen am besten scheint.«[103]

Silvius Leopold Weiß schreibt in seinem Brief vom 21. März 1723 an Johann Mattheson, daß Theorbe und Arciliuto, »welche unter sich selbst wieder ganz differieren ... zu Galanterie-Stücken gar nicht zu gebrauchen« sind. Beide »werden ordinairement mit den Nägeln gespielet, geben also in der Nähe einen aspern, ruden Klang von sich«.

Das 19. Jahrhundert sah die prominenten Gitarrevirtuosen in zwei Lager gespalten: Aguado, Giuliani, Carulli als Vertreter des Nagelspiels, Sor, Carcassi und Meissonnier, die es verachteten. Den Grundstein für den Nagelanschlag seit Beginn des 19. Jahrhunderts legte *Dionisio Aguado* in seiner »Método para guitarra« (Madrid 1825/45):

»Wir können entweder mit den Nägeln oder mit den Fingerkuppen der rechten Hand spielen. Was mich betrifft, habe ich immer meine Nägel benutzt. Nichtsdestoweniger entschloß ich mich, meinen Daumennagel abzuschneiden, nachdem ich meinen Freund Sor spielen hörte, und ich beglückwünsche mich, seinem Beispiel gefolgt zu sein. Der Impuls der Daumenkuppe für die Bässe erzeugt

---

[102] M. de Fuenllana, Orphénica lyra, Sevilla 1554, S. 5f.
[103] Th. Mace, Musick's monument, London 1676.

einen vollen und angenehmen Ton. Für den Zeige- und Mittelfinger behalte ich die Nägel bei. Meine lange Erfahrung dürfte mich berechtigen, meine Meinung zu dieser Frage darzulegen. Mit den Fingernägeln erzielen wir auf der Gitarre eine Farbe, die sich weder mit dem Klang der Harfe noch mit dem der Mandoline vergleichen läßt. Meines Erachtens ist die Gitarre mit einem Charakter gekennzeichnet, der sie von anderen Instrumenten unterscheidet: sie ist süß, harmonisch, pathetisch, manchmal majestätisch. Sie hat nicht Zugang zur Erhabenheit der Harfe oder des Klaviers. Ihre zarte Anmut und ihre Vielfalt an Klangmodulationen machen sie hingegen zu einem Instrument voll von Geheimnissen. Aus diesem Grunde halte ich es für wünschenswert, die Saiten mit den Nägeln anzuschlagen. Sie erzeugen einen klaren, metallischen, mannigfaltigen Ton voll Zartheit, mit Licht und Schatten. Gleichwohl sollte man beachten, daß es nicht die Nägel allein sind, mit denen ich die Saiten berühre; in diesem Falle wäre der Ton grob und unangenehm. Die Saite wird zuerst mit der linken Fingerkuppe berührt und gleitet dann bis zum Nagel; die nun zuletzt folgende Bewegung verleiht dem von der Kuppe ausgegangenen Impuls erst eine klare Tongebung. Die Nägel sollten eher biegsam und nur wenig über die Fingerkuppe hinausragen. Zu lange Nägel sind für die Technik hinderlich, da die Saite einige Zeit benötigt, den Widerstand des Nagels zu überwinden. Wie ich beobachten konnte, sind Schnelligkeit und Klarheit in raschen Passagen von der richtigen Verwendung der Nägel abhängig.«

Francisco Tárrega, der Zeit seines Lebens an der Verbesserung und Erweiterung klanglicher Möglichkeiten arbeitete, war ein Verfechter des Nagelspiels, ehe er — von 1900 bis zu seinem Tode im Jahre 1909 — dem Kuppenanschlag den Vorzug gab[104].

Neue Aspekte zu diesen Anschlagsmanieren liefert *Heinz Nickel*[105], dessen Beitrag, auszugsweise zitiert, dieses viel diskutierte Thema beschließen soll:

»Beim Übergang vom Plektrum- zum Fingeranschlag[106] erscheint es natürlich, den über die Fingerkuppe hinausragenden Nagel als ein natürliches Plektrum zu benutzen, um so die Vorteile des Plektrums — geringerer Widerstand beim Anschlag und damit größere Schnelligkeit — mit der Beweglichkeit der Finger zu verbinden. Die zahlreichen Beispiele und Anweisungen aus Lauten- und Vihuelatabulaturen, die gegen den Nagelanschlag zu Felde ziehen, beweisen nicht — wie oft argumentiert wird — daß in der Regel die Kuppe benutzt wurde. Die Benutzung des Nagels muß selbstverständlich gewesen sein, denn es gibt kein Zeugnis, das ihn verteidigt oder fordert[107]. Es ist nicht notwendig, etwas zu verteidigen oder zu fordern, was allen geläufig ist. Die akustischen Ergebnisse beider Manieren bleiben jedoch eine Frage des persönlichen Geschmackes.«

---

104 E. Pujol, El Dilema del Sonido de la Guitarra, a.a.O.
105 H. Nickel, Beitrag zur Entwicklung der Gitarre in Europa, a.a.O. S. 107, 108.
106 Um die Wende vom 15. zum 16. Jahrhundert, Anm. des Herausgebers.
107 Mit Ausnahme von A. Piccinini, vgl. S. 102, Anm. des Herausgebers.

Kapitel V

Musikalische Formen der Lauten- und Gitarrenmusik des 16. bis 18. Jahrhunderts

Air (Ayre, Air de cour[t])
Im Frankreich des 17. Jahrhunderts verstand man darunter eine überwiegend einstimmige, hauptsächlich von der Laute begleitete Liedform (J. B. Besard, Airs de court, 1603), wobei auch rein instrumentale Übertragungen für Laute allein gemacht wurden (G. Bataille, Airs de cour, mis en tablature de luth, 1612/14). Qualitativ hochstehender waren die englischen Airs vom Ende des 16. Jahrhunderts ab, die sowohl französische wie italienische Einflüsse verraten. Den Airs (Ayrs, Ayres) von Dowland und Morley haben offensichtlich italienische Canzonetten Pate gestanden. Sie waren über Jahrzehnte die populärste Liedform in England.

Allemande (Allemanda, Almain)
Sie ist wohl älter als ihr Name und war für die Deutschen der Tanz (»dantz«) schlechthin, mit »Nachtanz« oder »Hupfauf« und in der Verbindung Allemande-Tripla eines der Tanzpaare, das später zur Suite führte. Erst in der zweiten Hälfte des 16. Jahrhunderts wurde sie durch die Franzosen sanktioniert. Stets geradtaktig, ist die Allemande ein Reigentanz in langsamer, gemessener Bewegung, Zeichen eines »zufriedenen Gemuths, das sich an guter Ordnung ergetzt« (Mattheson). In der 1. Hälfte des 18. Jahrhunderts verliert sie ihre Tanzmusikfunktion und findet als erster Satz (mit Einleitungscharakter) Eingang in die Solosuite.

Ballo (Balletto, Ballet)
wurde ursprünglich als Sammelname für Tänze aller Art verwendet. Im Zusammenhang mit den in den Lautentabulaturen des 16. und 17. Jahrhunderts vorkommenden Tanzsätzen mit der Bezeichnung »Ballo« wird eine zweiteilige Tanzform in rascherem Tempo und im Geradtakt verstanden. (C. Negri, S. Molinaro, J. Gorzanis, G. A. Terzi.)

Basse danse
Im 15. Jahrhundert als »Königin der Tänze« bezeichnet, enthält die Basse danse nach T. Arbeaus »Orchésographie« von 1589 drei Teile: die eigentliche »Basse danse«, »Recoupe« und »Tourdion«. Gewöhnlich stehen die beiden ersten Sätze im Dreiertakt, der Tourdion im 6/8 oder 6/4 Takt. Abweichungen von dieser Regel kommen bei Attaingnant häufig vor. In der dreiteiligen Folge

können Basse danse – Recoupe – Tourdion als eine Vorform der Suite angesehen werden. Auch Basse danse – Saltarello waren als Tanzpaarverbindung eines Reigentanzes mit einem Springtanz üblich. Nach der Mitte des 16. Jahrhunderts kam die Basse danse außer Gebrauch, so daß auf dem Gebiet der langsamen zeremoniellen Schreittänze im zweizeitigen Rhythmus nur noch die Pavane fortlebte.

Battaglia (Battaille)
Mit diesem Terminus werden Musikstücke bezeichnet, die kriegerische Handlungen, Schlachten und Aufzüge schildern. Die programmatischen Instrumental-Battaglien, wie sie auch für die Laute existieren (Attaingnant 1529, Francesco da Milano 1536, Jean-Baptiste Besard 1603, Hans Neusidler 1536) waren im 16. Jahrhundert Übertragungen der Chanson »La Guerre« von Clément Janequin.

Bergamasca (Bergamascha)
Ursprünglich der Name für ein italienisches Tanzlied der Bauern aus der Umgebung von Bergamo, gilt die Bergamasca als humorvoller Tanz, der als solcher in Lautentabulaturen des 17. Jahrhunderts recht zahlreich vertreten ist (Jean-Baptiste Besard 1603, Girolamo Montesardo 1606 u.a.).

Bourrée
Aus der Auvergne stammend, war die Bourrée im 16. Jahrhundert ein Volkstanz, der spätestens im 17. Jahrhundert als Hoftanz Eingang in die Kunstmusik fand, wo er sich großer Beliebtheit erfreute. Sie steht in heiterem Zweiertakt und unterscheidet sich von der Gavotte durch ihr schnelleres Tempo und – wenn sie auftaktig beginnt – durch ihren Beginn auf dem letzten Viertel. In der Suite steht sie zwischen Sarabande und Gigue. Besonders bei Bach erweiterte sich ihre Form, indem der Bourrée ein Double folgen kann (mitunter in Moll), worauf die Bourrée I wiederholt wird.

Branle
Vom 15. bis 17. Jahrhundert begegnet uns der Branle als Reigentanz und bildet ursprünglich den Schluß-Pas in den Basses danses. Vom 16. Jahrhundert an erscheint er als selbständiger Tanz, sowohl im geraden Takt wie auch im Tripeltakt, der nach Arbeau in verschiedenen Zeitmaßen getanzt wurde: Branle double und Branle simple im langsamen Zeitmaß (für ältere Leute), Branle gay im lebhaften Dreiertakt (für junge Eheleute), Branle de Bourgogne und Branle de Champagne im schnellen Zweiertakt (für die jüngsten Tänzer). Mit 26 Abarten gehören die Branles zu den vielfältigsten und umfangreichsten Tanzformen des 16. Jahrhunderts.

Calata
Die ersten gedruckten Tänze dieses Namens finden sich bei Dalza (Intabulatura de lauto, Petrucci 1508). Die Zeichen ₵, ₵ oder ₵ 3 weisen auf Tänze mit variablen Tempi und Rhythmen.

»Calata de strambotti« ist eine Calata mit Strambotto-Melodien. In Dalzas Tabulaturwerk finden sich auch Tänze mit der Bezeichnung »Calata ala Spagnuola«.

Canarie

Mit diesem Namen bezeichnete man einen sehr schnellen, punktierten 3/8- oder 6/8-Tanz aus der Gigue-Familie. Als reines Instrumentalstück ist sie an keine Norm gebunden und kann auch im geraden Takt auftreten. Ihren Namen empfing sie vermutlich durch ihre Herkunft von den Kanarischen Inseln.

Capriccio

Das Lautencapriccio wird oft als präludienhaftes Stück aufgefaßt (S. L. Weiß), das fallweise die Imitation verwendet, der Volte nahesteht und nicht selten ironische Bedeutung hat.

Carola

Diese vereinzelt in Lautentabulaturen auftretende Bezeichnung für eine Art Rundtanz ist wahrscheinlich vom mittelalterlichen »carole« abgeleitet, einer frühen Liedform.

Chaconne (Ciacona)

Unter Chaconne versteht man ursprünglich einen aus Mexiko (oder Indien?) stammenden und seit 1600 in Spanien nachweisbaren Tanz, der bald in die Instrumentalmusik Eingang fand und als Variationsform bis 1800 lebendig blieb. Die ältesten Chaconnebeispiele finden sich in den Fantasien des spanischen Vihuelisten Miguel de Fuenllana (1554) sowie in zahlreichen Gitarre- und Lautentabulaturen des 17. Jahrhunderts (Nicolas Vallet, L. Ruiz de Ribayaz, Gaspar Sanz, Luis de Briçeño). Die rasche Aneignung der Chaconne durch italienische Gitarristen, besonders in Neapel, wo schon im 16. Jahrhundert Variationen über ostinate Baßmelodien gepflegt wurden, versteht sich aus der Tatsache, daß die »Chitarra spagnuola« zu Anfang des 17. Jahrhunderts in Italien ein aus Spanien kommendes Modeinstrument war, wobei man mit dem Instrument zugleich auch sein Repertoire übernahm. Aus dem Bereich der Lauteninstrumente führte Frescobaldi die Chaconne in die Cembaloliteratur ein, von wo sie später in fast alle Bereiche instrumentaler und vokaler Musikliteratur Eingang fand. Als eine Reihe von Variationen über einen ostinaten Baß (d. h. über ein mehr oder weniger unverändertes, sich stets wiederholendes Baßthema von 4, 8 oder 16 Takten) ist die Chaconne nahe verwandt mit der Passacaglia, wobei Mattheson diese von jener dahingehend unterscheidet, daß die Chaconne mit größerer Freiheit vom vorgesetzten »Thema im Basse weichen darf als die Passecaille«.

Chanson

Bis zum 15. Jahrhundert versteht man unter Chanson jede Art weltliches Lied in der Volkssprache, sei es Ballade, Rondeau oder Virelai. Der Chansontyp, wie er um die Mitte des 16. Jahrhunderts in den Tabulaturdrucken von Attaingnant, Le Roy und Ballard vertreten ist, war hervorragend zur Wiedergabe durch eine Solostimme mit Lautenbegleitung geeignet. Die strophisch-homophonen Chansons in dieser, von der höfischen Gesellschaft der 2. Jahrhunderthälfte bevorzugten Darbietungsart, erfreuten sich ganz außerordentlicher Beliebtheit und dürften die eigentlichen Gesellschaftslieder jener Zeit gewesen sein. Später erhielten sie auch die Bezeichnung »Air« (»Air de cour«) und bildeten die Hauptform der weltlichen Vokalmusik in Paris (siehe unter »Air«).

Chorea

Griechische Bezeichnung für Lautentänze, z. T. Volkstänze unterschiedlichen Charakters (»Chorea italiana«, »Chorea polonica«, »Chorea pastorum«, ein »Chorea Anglicana Doolandi« bei J.-B. Besard, 1603).

Courante (Corrente, Corranto)

Sie gehört zu den Tanzformen des 16. bis 18. Jahrhunderts und hatte als Nachtanz der Allemande ein längeres Leben als diese. Die älteren Couranten haben langsames Tempo, um die Mitte des 17. Jahrhunderts werden sie rascher, und Praetorius verlangt für sie ein schnelles Tempo. Typisch für die Courante im 17. Jahrhundert ist der ungerade Takt, im 18. Jahrhundert ein Auftakt mit kurzen Noten und das Auftreten punktierter Rhythmen. Von der im Tempo gemäßigteren französischen 3/2- oder 6/4-Courante unterscheidet sich die italienische 3/4- oder 6/8-Corrente durch ein schnelleres Zeitmaß in gleichförmig laufender Bewegung[108]. Beide Typen ähneln in manchen Fällen der Galliarde, der Gigue und dem italienischen Saltarello und sind mit dem deutschen Spring- oder Nachtanz (Hupfauf) verwandt.

Diferencia

Als erste unter den spanischen Tabulaturen für Vihuela enthält die von Luis de Narváez (»Los seys libros del Delphin de música«, 1538) Stücke mit der Bezeichnung »diferencias«. Wie bei der Chaconne handelt es sich auch hier um eine frühe Variationsform. Die sechs diferencias über die Hymne »O gloriosa Domina« von Narváez zählen zur besten Instrumentalmusik des 16. Jahrhunderts (J. M. Ward).

Double (Diminution, Division)

Double ist der vom 16. bis 18. Jahrhundert gebräuchliche Name für die mit Verzierungen ausgestattete Wiederholung eines Suitensatzes und als solche identisch mit den Begriffen Diferencia, Diminution, Division, Glosa, Redoble, und Variatio.

Echo (Rondeau en Echo)

Mehr als bei jedem anderen Instrument ist das »Echo« (forte-piano) ein reizvolles und willkommenes Stil- und Interpretationsmittel, die Ausdruckskraft bei Laute und Gitarre zu vertiefen, andererseits aber auch Mängel zu verdecken,

---

[108] Vgl. die Couranten in Bachs Lautensuite e-Moll, BWV 996 und in der Cellosuite C-Dur, BWV 1009.

wie etwa den lückenhaften vielstimmigen Lautensatz bzw. seine Scheinpoly-phonie.
Die Musik des 17. und 18. Jahrhunderts kennt im erhöhten Maße elastische Dynamik; Titel wie »Echo en Marche«, »Rondeau en Echo«, »Air en Echo« (S. L. Weiß) und »Corant Echo« bestätigen diese Vermutung.

Entrée (siehe unter »Präludium«)

Fantasia (Fantasie, Fancy)
Unter Fantasia versteht man im 16. Jahrhundert ein nach polyphonen Komposi-tionsprinzipien (oder wenigstens in imitierender Satzkunst) gearbeitetes Instrumentalstück. Die ersten Kompositionen dieses Namens finden wir in den Lautentabulaturen von L. Milán[109], A. Mudarra und M. de Fuenllana (auch für vierchörige Gitarre), auf italienischem Boden erstmals bei F. da Milano (1536); S. Molinaro, G. A. Terzi und J.-B. Besard folgen zum Teil bereits dem englischen Lauten-Fancy John Dowlands. Gegen die Mitte des 16. Jahrhunderts ist in verschiedenen zeitgenössischen Lautendrucken die Fantasia synonym mit dem italienischen »Ricercar« und dem spanischen »Tiento«, die zur späteren Aus-formung der Fuge geführt haben. (Siehe auch unter »Fuge« und »Ricercare«).

Favorito
Da der Name »Favorito« nur sehr vereinzelt in Lautentabulaturen erscheint, darf man daraus schließen, daß es sich hierbei um keinen Tanz eigenständigen Charakters handelt. Die Tatsache, daß Favoritos in Joachim van den Hoves Tabulaturbuch (1612) in einer Gruppe von Galliarden und Passamezzi ein-geschlossen sind, legen vielmehr die Vermutung nahe, daß es sich bei den im Dreitakt komponierten Stücken um besonders kunstvolle und bevorzugte Tänze der Galliarden-Familie handelt.

Folia (la Folia, les Folies d'Espagne)
»La Folia« war ursprünglich ein portugiesischer Tanz und ist als solcher seit dem Ende des 16. Jahrhunderts nachweisbar. Als »Moresca« (englisch: Morrisdance, deutsch: »Schwartz Knab«) dem primitiv-religiösen Dämonentanz zugehörig, wie er heute noch im Ritual des »Wilden Mannes« in Basel fortlebt und all-jährlich die »Fasnacht« (mit »Leu« und »Vogel Gryff«) einleitet, hat sie auch Eingang in die höfische Kultur gefunden. Mit der Familie des italienischen Passa-mezzo Antico und der Romanesca aufs engste verwandt, taucht die Musik der Folia, in ihrer klassischen Form auf einem 16-tönigen Ostinato-Baß aufgebaut, zuerst in Spanien auf. Zu den frühesten Quellen der Folia gehören Lauten- und Gitarretabulaturen des 16. Jahrhunderts, in denen sie recht zahlreich vertreten ist und dort oft als »Pavana« (Valderrabano, Pisador) oder »Pavana Italiana« (Cabezon, Mudarra) bezeichnet wurde.

---

[109] Luis Milán unterlegt in seinem Tabulaturbuch »El Maestro« (1535/36) erstmals dem Wort »Fantasia« folgende Erklärung: »Jedes in diesem Buch enthaltene Stück, welch immer seine Tonart, heißt Fantasia, denn es entstammt einzig und allein der Fantasie und Schöp-fungskraft seines Urhebers«.

Frottola

Die Frottola ist eine altitalienische Liedform mit volkstümlichen, balladenhaften Elementen und vereinigt als Sammelbegriff verschiedene in Musik gesetzte Dichtungsformen, wie Barzelletta, Strambotto, Oda, Giustiniana, Sonetto, Canzone, Capitolo, Canto Carnascialesco u. a. Sie konnte von einem a cappella-Chor, einem einzelnen Sänger mit instrumentaler Begleitung (Laute, Spinett, Viole) oder einem Lautenisten vorgetragen werden. Die ersten Frottole für eine Singstimme mit Lautenbegleitung druckte Petrucci (F. Bossinensis, »Tenori e contrabassi intabulati col soprano in canto figurato per cantar e sonar col lauto«, Venezia 1509).

Ihre Hauptmeister sind Marco Cara und Bartolomeo Tromboncino. Daß die Frottola auch auf der Laute allein vorgetragen wurde, bezeugt Joan Ambrosio Dalzas »Intabulatura de lauto« (Petrucci, 1508).

Fuge (Fuga, Fugue)

Die Fuge ist die letztentwickelte Kunstform des kontrapunktischen Stils. Das Thema wird zu Beginn von einer Stimme allein vorgetragen (lat. dux, »Führer«). Die zweite Stimme (lat. comes, »Gefährte«) antwortet in der Oberquinte oder Unterquarte, mitunter auch in anderen Intervallen. Von der ersten Stimme wird unterdessen ein Kontrapunkt (Gegenstimme) zur zweiten Stimme ausgeführt. Die dritte Stimme greift (bei einer vierstimmigen Fuge) meist wieder das Thema der ersten Stimme auf, während die vierte Stimme auf den »Gefährten« Bezug nimmt. Ansätze zur Fugenform finden sich in der Lautenmusik des 16. Jahrhunderts, als Fantasia, Ricercare und Tiento. François Campions Gitarre-Tabulaturbuch (»Nouvelles decouvertes sur la guitare«, Paris 1705) enthält mehrere Fugenkompositionen für die fünfchörige Gitarre. Die drei Fugen aus den Lautenwerken J. S. Bachs bilden den erhabenen Höhepunkt dieser Kompositionsgattung innerhalb der gesamten Lautenmusik.

Galliard (Galliarde, Gagliarda, Gaillarde)

Sie gehört wie der Saltarello, Proportio, Hupfauf usw. zur Gattung der im Tripeltakt stehenden Nachtänze, die mitunter jedoch auch als selbständige Tanzstücke auftreten. Einem Tanz in mäßigem oder langsamem Geradtakt folgend (Pavane, Passamezzo, Basse danse, Dantz), erfreute sich die Galliarde von ca. 1500–1700 großer Beliebtheit. Über das Tempo der Galliard liegen in zeitgenössischen Quellen widersprüchliche Aussagen vor. Offenbar war diese Tanzform mannigfaltigen Umwandlungen unterworfen.

Das französische »gaillard« bedeutet fröhlich, munter keck, das italienische »gagliardo« hingegen kraftvoll. Diese beiden unterschiedlichen Charaktereigenschaften französischer und italienischer Galliarden, die auch nach verschiedener Interpretation verlangen, erhalten bei Thomas Mace (in »Musick's monument«, London 1676) eine zusätzliche Variante: er schreibt, daß die Galliard einem langsamen, breiten Tripeltakt folge und meistens ernsten Charakters sei (vgl. J. Dowlands »Melancholy Galliard«).

Im allgemeinen darf man ein mäßig bewegtes Tempo annehmen, etwa vergleichbar mit dem späten Menuett.

Gassenhauer (siehe unter »Hupfauf«)

Gavotte (Gavotta)
Im 16. Jahrhundert trifft man die Gavotte als einen Abkömmling des Branle, wo sie den ernsten Charakter der Basse danse als Nachtanz des Branle auflockerte. Zur Zeit Ludwig XIV. war sie einer der bevorzugten Tänze. Im 17. Jahrhundert fand sie als Zwischensatz (ruhig bis mäßig bewegt, in **C**) zwischen Sarabande und Gigue Eingang in die Suite.

Gigue (Jig, Giga)
Der aus der Instrumentalmusik des 17. und 18. Jahrhunderts bekannte Tanz in sehr raschem Zeitmaß und fallweise mit punktierten Rhythmen taucht zuerst auf den britischen Inseln unter dem Namen »jig«, »jigg« u. a. auf. Die Ableitung vom altfranzösischen »gigue« (mittelhochdeutsch: gîge = Geige) ist nicht sicher belegbar. »Jig« bezeichnete im England des 16. Jahrhunderts auch eine Art Posse, mit einer in Versform gekleideten Handlung, mit populären Melodien und grotesken Tänzen. Mehrere Tanz-Jigs weisen auf diese Jig-Posse hin (Kemp's Jig). Die ersten Jigs finden sich in den Lautenwerken englischer Komponisten wie Francis Cutting, Thomas Ford und Thomas Robinson. Sie werden gelegentlich mit der »Toye« sowohl identifiziert als auch gekoppelt. Um die Mitte des 17. Jahrhunderts gelangte die Gigue — deutlich unterscheidbar von der fließenderen 6/8-»Giga« Italiens — durch englische Komödianten auf den Kontinent und erhielt durch die Aufnahme als letzter Satz in die Suite größere musikalische Bedeutung. Die Übernahme der Gigue in die französische Suite erfolgte auf dem Gebiet der Lautenmusik (Gaultier, Reusner).

Glosa (siehe unter »Double«)

Haulberroys
Bei Attaingnant nachzuweisender altfranzösischer Reigentanz, meist in geradem Takt, der gegen Ende des 16. Jahrhunderts bereits veraltet war.

Hornpipe (siehe unter »Musette«)

Hupfauf
Der dem Schreittanz (Dantz) folgende Springtanz wurde in Deutschland »Hupfauf«, »Nachtanz«, »Gassenhauer«, »Auff und Auff« und »Proporz« (»Proportio«), in Italien »Saltarello«, in Frankreich »Tourdion« (auch »Saulterelle«) und in Spanien »Alta danza« genannt. Der zur Pavane gehörige Nachtanz wurde »Galliard«, der der Allemande folgende »Tripla« genannt.

Intrada (siehe unter »Präludium« und »Pavane«)

Kanzone (Canzon[e], Canzona)
Unter diesem Terminus sind die verschiedensten Formen vokaler und instrumentaler Kompositionen bezeichnet. Die mit »Canzone« benannte *instrumentale*

Kompositionsform ist aus der Übertragung der französischen Chanson auf das Instrument (Cembalo, Orgel oder Laute, später auch für Instrumentalensembles) entstanden. Der in Lautenbüchern des 16. Jahrhunderts häufig anzutreffende Terminus »canzone francese« bezeichnet die Intavolierung einer französischen Chanson für die Laute. Imitierende Satzweise, Abschnittswiederholungen und ein schnelleres Zeitmaß waren im 16. Jahrhundert charakteristisch für diese Kompositionsform.

Kowaly

Aus dem polnischen Tanzrepertoire stammend, finden wir einen Schreittanz mit dieser Bezeichnung im »Lautenbuch des Albert Długoraj«, Leipzig 1619. Er zählt zu den sehr wenigen Beispielen unter den polnischen Lautentänzen des 16. bis 17. Jahrhunderts mit Imitationselementen.

Loure

»Loure« bezeichnet sowohl ein in Frankreich (Normandie) vom 13. bis 16. Jahrhundert gebräuchliches Musikinstrument von der Art eines Dudelsacks, als auch einen Tanz oder Suitensatz im späteren 17. und 18. Jahrhundert. Möglicherweise ist bei der normannischen Loure die Sackpfeife nicht nur das aufspielende, sondern auch das namengebende Instrument. Mattheson nennt sie als Tanz »aufgeblasen«. Mit ihrem 3/4- oder 6/4-Takt (bestehend aus $2 \times$ 3/4) und schwerem Auftakt [110], ist die Loure ein langsamer Zweig der Gigue-Familie.

Marche

Die Lautensuite des 18. Jahrhunderts kennt die französische »marche« als Füllsatz, wobei der Einfluß von Lullys Ballettopern ebenso nahe liegt, wie preußische Vorbilder.

Mascherada

Ein Karnevalstanz von schnellerem Tempo und punktiertem Rhythmus. Der »Maruscat Tantz« bei Wolff Heckel (1556) ist wohl damit identisch.

Menuett

Wenn die Courante den Übergang von der Renaissance zum Barock erlebte, so ist das Menuett Zeuge einer Wende vom Barock zur Klassik, wenngleich die Bezeichnung erstmals im 16. Jahrhundert für eine der 26 Abarten des Branle auftritt. Praetorius leitet das Menuett vom »Branle de Poitou« ab (Terpsichore, 1612). Unter Ludwig XIV. wurde es als Hoftanz eingeführt und übertraf an Beliebtheit bald alle anderen Tänze. Die Verbindung eines ersten mit einem zweiten Menuett (als Alternativ-Satz) war seit dem 18. Jahrhundert häufig, wobei das erste Menuett nach dem zweiten wiederholt wird und so die Grundform der späteren Anlage A – B – A (Menuett – Trio – Menuett) vorweg nimmt.

---

[110] Vgl. J. S. Bachs Loure aus der Lautensuite E-Dur, BWV 1006a.

Das Menuett war vor 1700 ein langsamer Tanz im 3/4-Takt, um 1700 wird es schneller und um die Mitte des 18. Jahrhunderts wieder langsamer, wobei Mattheson, Quantz u. a. auf den Unterschied zwischen getanztem Menuett (schneller) und das in Suiten, Sonaten usw. aufscheinende Spielmenuett (langsamer) hinweisen. Die schnelle Abart des Menuetts wurde zum »Passepied«. Louis-Léon Pajot hat 1735 eine Art Metronom-Tabelle mit 22 Musikstücken aufgezeichnet, wie sie zur Zeit Ludwig XIV. praktiziert wurden. Auf Grund dieser Studie, die sicher nicht Allgemeingültigkeit hat, aber doch Anhaltspunkte für die Interpretation der französischen Musik von ca. 1680 bis 1720 gibt, darf angenommen werden, daß die Tempi der meisten Tanzformen aus dieser Zeit erheblich schneller waren, als wir sie heute gewohnt sind zu interpretieren. Dabei ist es auffallend, daß Pajot vor allem für das Menuett das fast schnellste Tempo überhaupt vorschreibt. Eine Erklärung dafür könnte die verbürgte Tatsache liefern, daß Ludwig XIV. ein virtuoser, d. h. äußerst beweglicher Menuett-Tänzer gewesen ist. Pajot dürfte somit das Tempo seines Königs tabellisiert haben, mit dem er in engstem persönlichen Kontakt stand[111].

Moresca (siehe unter »Folia«)

Musette
Als Tanz- und Instrumentalstück gefälligen Charakters (im 6/8-, 3/4- oder 2/4-Takt), liegt die Besonderheit der Musette im liegenden Baßton. Ihren Namen erhielt sie von der französischen Abart des Dudelsacks und hat in der englischen Hornpipe ihre schnellere Parallele. Sie war zur Zeit Ludwigs XIV. sehr beliebt.

Nachtanz (siehe unter »Hupfauf«)

Ouverture (siehe unter »Präludium«)

Padoana (Padovana, Paduana)
Diese drei synonymen Termini für eine italienische Tanzform des 16. Jahrhunderts sollten nicht mit der Pavane verwechselt werden, wenngleich der Begriff »Padoana« und »Pavane« bereits in den frühest überlieferten Quellen inkonsequent gebraucht wurde. Tatsächlich hat der Name zwei Bedeutungen:
1. Zu Beginn des 16. Jahrhunderts wurde »Paduana« und »Pavane« als Gattungsbegriff für Tänze des Pavana-(Pass'e mezzo-)Typs verwendet. In diesem Falle handelte es sich um einen langsamen Schritttanz, dem Dalza in seiner »Intabulatura de lauto« (1508) einen »Saltarello« als Springtanz und die »Piva« oder »Spingardo« als zweiten schnellen Tanz hinzufügte und damit die frühest belegte Vorform der Suite schuf.

---

111 Helmuth Christian Wolff, Das Tempo der französischen Musik um und nach 1700; Musica 1973, Heft 5, Bärenreiter, Kassel.

2. Seit der zweiten Hälfte des 16. Jahrhunderts wurde die Bezeichnung »Padoana« oder »Padovana« auf einen schnellen Tanz in vierzeitigem oder zweizeitig zusammengesetztem Metrum bezogen, der meistens als Nachtanz in der Reihenfolge Pass'e mezzo – Padoana – Saltarello (oder Pass'e mezzo – Gagliarda – Padovana) Verwendung fand (Lautentabulaturen von Bianchini, Gorzanis und Rotta; siehe auch unter »Passamezzo«).

Paisanne (Paysane) (siehe unter »Pastorale«)

Passepied (siehe unter »Menuett«)

Passacaglia (siehe unter »Chaconne«)

Passamezzo (Pass'e mezzo, Passo e mezzo)
Der Passamezzo ist ein italienischer Tanz des 16. Jahrhunderts, eine Art Pavane (Arbeau bezeichnet ihn als eine schnellere Abart der Pavane), die aus mehreren, in der Art von Variationen über feststehende harmonische Modelle durchgeführten Teilen besteht. Zwei Modelle haben sich besonders mit diesem Tanz verbunden: der »Passamezzo antico« und der »Passamezzo moderno« (englisch »Quadro Pavan«). Die meisten Passamezzi des 16. Jahrhunderts sind figurationsreich und virtuos und wurden auch über andere Variationsthemen als den »Antico« und den »Moderno« geschrieben: über die »Romanesca« (ein weitverbreitetes Tanz- und Variationsthema des 16. und 17. Jahrhunderts), über »La Folia« sowie über verschiedene andere volkstümliche Melodien (»Guardame las vacas«, »La rocha e 'l fuso«). Romanesca, Folia und Passamezzo antico ähneln einander sehr und sind mitunter sogar identisch. Luis de Narváez' »Diferencias sobre Guardame las vacas« sind über die Romanesca, »Tres diferencias por otra parte« über den Passamezzo antico geschrieben. Die beiden Modelle des Passamezzo wurden nicht selten zu Variations-Suiten verwendet (Passamezzo – Saltarello; Passamezzo – Gagliarda; Passamezzo – Padoana – Saltarello) und zählten zu den umfangreichsten Instrumentalstücken des 16. und 17. Jahrhunderts. A. Rotta liefert mit der Tanzfolge Pass'e mezzo – Gagliarda – Padovana (Padoana) einen wichtigen Beitrag zur Entwicklung der Suite, wobei die Gagliarda und die schnelle Padovana im Tripeltakt sich durch rhythmische Variation aus dem Passamezzo ableiten. Beispiele für Passamezzi finden sich in den Lautenbüchern von Gorzanis, Galilei, Molinaro, Terzi u. a. Der Passamezzo antico wird oft auch als »Bolognese«, »Milanese«, »Ferrarese«, »Veneziano« usw. bezeichnet (u. a. bei Dalza und Judenkünig).

Pastorale (Paisanne, Paysane, Pastorella, Chorea pastorum)
Über ihre ursprüngliche Herkunft vom »Schäfer Tantz« sagen diese Stücke, die seit dem 17. Jahrhundert Eingang in die Lautensuite fanden, wenig aus. Sie ersetzen fallweise die Sarabande.

Pavane (Pavan, Pavana, Pavin)
Die Pavane gilt als Muster eines langsamen Schreittanzes; ihre Glanzzeit fällt ins 16. Jahrhundert. Die früheste überlieferte Quelle für diesen Tanz ist Dalzas »Intabulatura de lauto«, 1508. Weitere frühe Beispiele finden sich bei Judenkünig, Attaingnant und Milán und erreichten bei den englischen Lautenisten und Virginalisten (Dowland, Morley, Byrd, Bull u. a.) einen hohen Stand künstlerischer Aussage. Gewöhnlich folgte der geradtaktigen Pavane ein schnellerer Nachtanz im Dreiertakt (Saltarello, Galliard oder Piva). Beispiele von Pavanen im ungeraden Takt (3/2, 3/4) enthalten Miláns »El Maestro«, Mudarras »Tres libros de música« und Attaingnants »Dixhuit basses dances«. Zu Beginn des 17. Jahrhunderts wird die Pavane in die deutsche Tanzsuite (Variationensuite) aufgenommen: Pavane — Intrada — Dantz — Galliarda; Pavane — Galliard — Allemande — Courante (Schein, Peuerl).

Piva (siehe unter »Padoana«)

Präludium (Praeambulum, Preambel, Priamel, Preludio, Intrada, Entrée)
Unter diesen Bezeichnungen versteht man seit dem 16. Jahrhundert ein einleitendes Vorspiel von meist freier, oft auch improvisierender Form (auch eine Art Fantasie u. ä.), das zuerst in der Orgel- und Lautenmusik auftauchte. Auch Titel wie »Ricercare«, »Tastatura«, »Tastar de corde«, »Tiento«, »Toccata«, »Fantasia«, »Intrada« und »Entrée« (»Entrée de luth« bei Robert Ballard, 1611) sind weitgehend Sinnverwandte des Präludiums. Gegen Ende des 17. Jahrhunderts wird sein Charakter bestimmter. In den Lautensuiten von E. Reusner (1667) nimmt es die Stelle des ersten Satzes ein (Prélude, Allemande, Courante, Sarabande, Gigue) und behält im Barock seine Suiten-Einleitungsfunktion, die dann zur Form der Ouverture auswächst.

Proporz (Proportio, siehe unter »Hupfauf«)

Redoble (siehe unter »Double«)

Ricercar (Ricercare, Recercar)
Die ersten Instrumentalstücke mit der Bezeichnung »Ricercar« erscheinen in italienischen Lautentabulaturen zu Beginn des 16. Jahrhunderts (F. Spinacino, 1507; A. Dalza, 1508; F. Bossinensis, 1508). Diese frühen Lauten-Ricercari haben Einleitungsfunktion; bei F. Bossinensis sind sie als Vorspiele den intavolierten Frottolen beigeordnet, bei J. A. Dalza werden die Stücke mit einem als »Tastar de corde« bezeichneten, bewegten improvisatorischen Teil eröffnet, dem dann in ruhigerem Tempo das eigentliche Ricercar (»Il ricercar dietro«) folgt.
Dem italienischen »Ricercare« (= suchen, forschen, im musikalischen Sinne ein Instrument anschlagen, präludieren, improvisieren) entspricht in Spanien das »Tiento« oder »Tento« (von »tentar« = belasten, suchen, in der Tonart des folgenden Stückes intonieren). Im »El Maestro« von Luis Milán (1535/36) erscheint erstmals für Instrumentalstücke dieser Gattung die Bezeichnung

»Fantasia« neben »Ricercar«. Von der Mitte des 16. Jahrhunderts an versteht man unter »Ricercar« eine in Imitationstechnik gearbeitete Instrumentalform, aus der später die Fuge hervorging. Schon zu Beginn des 17. Jahrhunderts wird der Terminus »Ricercare« synonym mit »Fuga« verwendet.

Rigaudon

»Übrigens ist der Rigaudon ein rechter Zwitter, aus Gavot und Bourrée zusammengesetzt und mögte nicht unfüglich eine vierfache Bourrée heissen«. So hat Mattheson (1739) diesen lebhaften, geradtaktigen Volks-, Ballett- und Hoftanz, der oft von einer Bourrée nur schwer zu unterscheiden ist, erklärt. In der Instrumental-Suite des 17. und 18. Jahrhunderts steht der Rigaudon gewöhnlich zwischen Sarabande und Gigue. (In Suiten von J. A. Logy, S. L. Weiß sowie in anonymen Gitarre- und Lautenhandschriften.)

Recoupe (siehe unter »Basse danse«)

Romance

Die »spanische Romance« der Vihuelisten im 16. Jahrhundert sollte nicht mit der deutschen »Romanze« des 19. Jahrhunderts verwechselt werden. Der Ursprung der spanischen Romance geht auf das 14. Jahrhundert zurück und ist die typischste literarische Musikgattung spanischen Geistes und als solche bis heute lebendig geblieben. In ihrer reinsten Form findet sich die instrumental begleitete Romance als Strophenlied bei den Vihuelisten des 16. Jahrhunderts, z. T. mit Zwischenspielen und variierter Strophenbegleitung in der Vihuela.

Romanesca (siehe unter »Passamezzo«)

Rondeau (Ronde, Rondo)

Das instrumentale Rondeau (= Rundgesang) des 17. Jahrhunderts bezeichnet eine musikalische Form, bei der ein Hauptthema, das als eigentliches »Rondeau« auch mit »Refrain« oder »Ritornell« bezeichnet wird, mindestens einmal wiederkehrt. Das Rondeau wird besonders in der französischen Cembalo-Musik entwickelt (Couperin), doch ist es auch in Lauten- und Gitarretabulaturen anzutreffen (Weiß, Visée, Saint Luc). Alle möglichen Tonsätze wie Air, Prélude, Gavotte, Menuett, Passepied, Chaconne, Passacaglia usw. können »en Rondeau« gestaltet sein (vgl. J. S. Bachs Gavottes en rondeaux in den Lautensuiten g-Moll und E-Dur). Das »Rondo« (zum »Sonatenrondo« umgestaltet) lebt in der Instrumentalmusik der Klassik weiter, wo es wegen seiner Leichtfaßlichkeit oft Schlußsatz von Sonaten ist (Sor, Giuliani, Diabelli).

Ruggiero

Unter »Ruggiero« versteht man ein Baß-Modell, das als Thema für Instrumentaltänze und Variations-Zyklen verwendet wurde. Bei Gaspar Sanz (1674) als »Rujero« bezeichnet, dem ein Nachtanz (»Paradetas«) im Dreiertakt folgt.

Sarabande

Die Sarabande ist vermutlich mexikanischen Ursprungs und war im 16. Jahrhundert in Spanien ein wilder, obszöner Tanz; das Absingen der »Zarabanda« wurde mit Peitschen- und Galeerenstrafe gebüßt. Ein Jahrhundert später wurde sie trotz aller Proteste als Hoftanz in Spanien und Frankreich akzeptiert. Der ursprünglich übermütige Charakter der Presto-Sarabanden im 17. Jahrhundert (in Italien und England, auch bei Praetorius) wandelt sich erst um 1650 zu einem Tanz von sehr langsamer Bewegung im Tripeltakt. Als solcher wurde er im 17. Jahrhundert in die Suite aufgenommen und zwischen Courante und Gigue eingeschoben.

Saltarello (Sauterelle) (siehe unter »Hupfauf«, »Padoana«, »Passamezzo«, »Pavane«)

Sonett (Soneto) (siehe unter »Frottola«)

Spingardo (siehe unter »Padoana«)

Suite

Die Form der Suite hat im Laufe ihrer Geschichte mannigfache Wandlungen durchgemacht. Lose aneinandergereihte Lautentänze ergaben die Urform der Suite: Dantz-Proporz (Hupfauf); Basse danse — Recoupe — Tourdion; Pavana — Saltarello — Piva; Pavane — Galliarde; Suite des Branles; Passamezzo — Padoana — Saltarello usw.

Zu Anfang des 17. Jahrhunderts bestand die deutsche Variationensuite aus Paduana — Intrada — Dantz — Galliarda bzw. Pavane — Galliarde — Allemande — Courante (P. Peuerl, M. Praetorius, M. Frank, H. Schein, S. Scheidt und J. Staden). Der eigentliche, klassisch gewordene Suitentypus, wie er von Froberger, Chambonnières und Couperin geschaffen wurde (Allemande — Courante — Sarabande — Gigue), ist nicht ohne Lullys Orchestersuite und den Einfluß der französischen Lautenisten (besonders Denis Gaultier) denkbar. Gaultiers Präludientyp (vom Spieler improvisiert, mitunter nur andeutungsweise notiert), seine Verzierungen und Spielanweisungen, sowie sein scheinpolyphoner Lautensatz hat die Clavecinisten in ihrer Schreibweise stark beeinflußt und darüber hinaus auf die Ausbildung der deutschen Klaviersuite eingewirkt. Als einer der ersten Lautenisten hat Gaultier die Sarabande in die Suite aufgenommen.

Tastar de corde (siehe unter »Präludium«)

Tiento (siehe unter »Fantasia«, »Präludium«, »Ricercar«)

Toccata (siehe unter »Präludium«)

Tombeau

Die mit diesem Titel bezeichneten Instrumentalstücke erscheinen zuerst in den

Tabulaturen der französischen Lautenisten Ennemond und Denis Gaultier. Man versteht darunter eine Instrumentalkomposition zum Gedächtnis einer bekannten Persönlichkeit. Neben der Laute und der Gitarre wurde das Tombeau auch vom Clavecin und von der Viole übernommen. Robert de Visée schrieb das »Tombeau de Francisque Corbett« seinem Lehrer zum Gedenken.

Tourdion (siehe unter »Basse danse«)

Tripla (siehe unter »Allemande« und »Hupfauf«)

Toy(e)
Toyes sind Tanzstücke heiteren Charakters aus dem elisabethanischen England, die sowohl mit der Jig identifiziert werden, als auch mit ihr gekoppelt vorkommen (Th. Mace: »Toys or Jiggs are Light-squibbish Things, only fit for Fantastical and Easie-Light-Headed People«). Toys finden sich u. a. bei Thomas Robinson und Francis Cutting.

Villancico
»Villancicos« hießen im 16. Jahrhundert in Spanien volkstümliche weltliche und geistliche Lieder. Fast alle spanischen Vihuelisten verfaßten Villancicos mit Lautenbegleitung, die zur grundlegendsten Form musikalischen Ausdrucks im Spanien des 16. Jahrhunderts gehörten, verwandt mit der italienischen »Ballata« und dem französischen »Virelay« des Mittelalters.

Villanella
»Villanella« nannte man das volkstümliche, schlichte (oft auch heitere und derbe) mehrstimmige Straßenlied italienischen Ursprungs. Auch Solostücke für die Laute trugen im 16. Jahrhundert diesen Titel.

Villano
Bei Gaspar Sanz (1674) vorkommender spanischer Volkstanz im 4/4-Takt.

Volte (Volta, Lavolta)
Als lebhafter Tanz aus der Provence erreichte die Volte zwischen 1550 und 1650 als Volks- und Gesellschaftstanz ihre größte Beliebtheit. Sie gehört als Typus der Galliarden-Familie an, wie Saltarello und Tourdion, und ist in zahlreichen Lautentabulaturen überliefert (A. Le Roy, G. Barbetta, G. A. Terzi sowie in deutschen und englischen Quellen).

Kapitel VI

Die Gitarre im Unterricht

1. Allgemeine Bemerkungen zur Unterrichtspraxis

Betrachtet man die Musikerziehung als Bestandteil einer breiteren musischen Erziehung, so ergeben sich für den Musiklehrenden neben den musikalisch-technischen vor allem auch pädagogische, soziale und kulturelle Bildungsaufgaben, die in der hier getroffenen Zusammenfassung ihrer Wirkungskräfte, ihrer methodischen Hilfsmittel und Zielsetzungen als Diskussionsgrundlage im Methodikunterricht dienen sollen.

Obwohl in unserer Gesellschaft nicht selten die Ansicht vertreten ist, daß Musik lediglich eine angenehme Freizeitbeschäftigung darstellt, die höchstens als kulturelles Aushängeschild dienen kann, obgleich der Musikunterricht als wesentlicher Bildungsfaktor den anderen Unterrichtsdisziplinen durchaus nicht gleichgestellt ist und »Ignoranz in musikalischen Dingen nicht als diskriminierend gilt, müssen Musikpädagogik und Musikerzieher auf dem harten Boden der Wirklichkeit das Kunststück vollbringen, die Anleitung zu fachlicher Erkenntnis mit der Aufgabe menschlicher Bildung im weitesten Sinne zu verbinden, und das gegen vielerlei Widerstände (Interesselosigkeit, Unwissenheit, Unsicherheit)«[112].

Soll also durch die Musikerziehung der ganze Mensch erfaßt werden, durch die in ihm erst einmal die Fähigkeit geweckt wird, Musik als solche zu »vernehmen« und im weiteren Verlauf sie zu »verstehen« und auszuüben, so hat sich die Aufmerksamkeit des Musikerziehers auch der ganzen Persönlichkeit seines Schülers zuzuwenden. Besonders dann, wenn es sich um Jugendliche handelt, muß sich der Lehrer am Beginn der musikalischen Ausbildung nicht nur über *Alter*, *Vorbildung* und *Milieu* seines Schülers informieren; er soll sich im weiteren Verlaufe auch ein klares Bild schaffen über die *Leistungsfähigkeit*, die *Geschmacksneigungen*, über *Einfluß* und *Anregung durch Elternhaus* und *Freunde*.

Wenn ein Jugendlicher zum Musikberuf drängt, ist neben seinen musikalischen Anlagen, die in einer *Begabungsprüfung* (Intervalle nachsingen, Rhythmen nachklatschen, Erkennen von Dur und Moll, Blattsingen, kurze melodische und rhythmische Improvisation) erfaßt werden können, auch auf seine *geistige* und *körperliche Eignung* zu achten. Der Beruf des Musikers sollte keinesfalls als Ersatz für Unzufriedenheit oder Mißerfolg in einem anderen Tätigkeitsbereich gewählt werden.

Die *fragende Lehrform* als Prinzip der Unterrichtsmethode fordert den Schüler

---

[112] Handbuch des Musikunterrichts, herausgegeben von E. Valentin, W. Gebhardt und Hans Joachim Vetter, a.a.O.

vom Anfang an zu aktiver Mitarbeit am Unterricht auf. Je nach Alter, Begabung und Fortschritt des Schülers wird der Lehrer — vom Bekannten ausgehend — zwischen *Anweisen* und *Selbstfindenlassen*, *Vormachen* und *Nachmachen*, *Führen* und *Wachsenlassen* abwägen und dabei die musikalische Erziehung mit allgemeinen pädagogischen Zielen, wie die Förderung von *Konzentration, Aufmerksamkeit, Interesse, Ehrgeiz, Fortschritt* und *Zielbewußtsein* verbinden. »Das Geheimnis des guten Unterrichts, vor allem in der Arbeit mit Kindern, liegt darin, immer wieder neu zu fesseln und anzuregen, ohne deswegen den roten Faden des methodischen Aufbaus aus dem Auge zu verlieren.«[113]

Die Anweisungen des Lehrers sollten mit größtmöglicher *Anschaulichkeit* für den Schüler erfolgen. Er muß wissen, worauf er seine Aufmerksamkeit zu richten hat: auf richtige Haltung des Instruments, auf den rhythmischen Ablauf, auf saubere Tongebung, auf die Vorstellung von Melodie- und Begleitstimmen, auf technisch einwandfreie Interpretation usw., wobei *technische Schwierigkeiten* in der Koordination und Unabhängigkeit zwischen rechter und linker Hand getrennt geübt werden müssen.

Der Aufbau für eine optimale *Unterrichtsgestaltung* ergibt sich aus der Betrachtung der verschiedenen *Lehrziele*.

Im Mittelpunkt steht das *Klangerlebnis*, das bewußte Wahrnehmen von Musik, die organische Entwicklung der musikalischen und technischen Kräfte, die in systematischem Aufbau von Anfang an gefördert werden müssen durch

- melodische und rhythmische Gehörerziehung (Anleiten zu bewußtem Hören)
- singendes Erfassen einer Melodie und ihre
- Aufzeichnung in Notenschrift und Wiedergabe auf dem Instrument
- Schaffung theoretischer Grundlagen (Intervalle, Tonarten, Kadenzen, Agogik, Dynamik)
- systematische Erweiterung der Technik
- Vorwegnehmen von musikalischen und technischen Problemen (Auftakte, Triolen, Punktierungen usw.) durch musikalische Erfindungsübungen unter Einbeziehung von Volksmelodien (singend und am Instrument), die später durch die Etüden ersetzt werden
- Transpositionen einfacher Melodien (Fünftonreihen) in verschiedene Lagen und auf verschiedenen Saiten erleichtert die Kenntnis des Griffbretts.

Nachdem inzwischen die grundlegende Haltung des Instruments und die Tonerzeugung erläutert und eine manuelle Spielfertigkeit erreicht wurde, die im Schwierigkeitsgrad der technischen und musikalischen Entwicklung des Schülers entspricht, würde der *Ablauf einer Unterrichtsstunde* demnach enthalten:

1. Technische und tonbildende Übungen (Tonleitern).
2. Etüde.
3. Vortragsstück, wobei nötige Korrekturen nicht während des Vorspielens, sondern erst am Ende des Vortrages besprochen werden sollen (Herausgreifen schwieriger Stellen).

---

[113] Wilhelm Gebhardt, in Handbuch des Musikunterrichts, a.a.O.

4. Neue Aufgabenstellung mit Erläuterungen der technischen und musikalischen Besonderheiten (gegebenenfalls teilweises Vorspielen durch den Lehrer).
5. Kurze Blattspielübung, die auch mit dem neu zu erarbeitenden Spielstück verbunden sein kann.
6. Fallweises Duettspiel zwischen Lehrer und Schüler; auf der Unterstufe können hier noch eine gehörbildende Aufgabe gestellt oder kadenzartige Verbindungen und deren Transposition geübt werden.

Für den Anfangsunterricht, besonders an Musikschulen, wird oft der *instrumentale Gruppenunterricht* empfohlen oder zur Pflicht gemacht. Hierbei sollte darauf geachtet werden, nicht mehr als vier Schüler in einer Gruppe gemeinsam zu unterrichten, da anderenfalls eine gewissenhafte Kontrolle durch den Lehrer nicht mehr gewährleistet ist. Vorspielen und Nachspielen durch Gruppenteilung (je zwei Schüler bilden eine Gruppe) oder das Zusammenspielen von Lehrer und einzelnen Schülern werden das gemeinsame Musizieren und kritische Zuhören fördern. Durch gehörbildende und rhythmische Übungen in der Gruppe kann der Unterricht aufgelockert und bereichert werden. Der *Einzelunterricht* bleibt jedoch das Kernstück musikalischer Ausbildung und sollte auch innerhalb einer permanenten Gruppenunterrichtsgestaltung als optimale Unterrichtsform gepflegt werden.

Für das *Werkstudium* der Spielliteratur in der *Mittel- und Oberstufe* empfiehlt sich folgender Ablauf:

— Analyse über Charakter und Stil des zu studierenden Werkes (Tanz, Sonate, Variation, Fantasie usw.).
— Die Festlegung des Fingersatzes hat sich nach Tempo und Phrasierung des Werkes zu richten.
— Gedächtnismäßige Erarbeitung, fallweise in festzulegenden Abschnitten (optisch, akustisch und technisch-manuell); eventuelle Fingersatzkorrekturen.
— Üben der schwierigen Stellen durch langsames Spiel.
— Die Einschaltung einer *Denkpause* wird sich sehr oft als nützlich erweisen.
— Nachbereitung (Interpretation) des Werkes in seiner Gesamtheit.

Etwa bis ins dritte Lebensjahrzehnt steht der junge Künstler mehr oder weniger unter dem Einfluß seines Lehrers oder eines verehrten Vorbildes. Die Nützlichkeit der Schallplatte und des Tonbandes sollte heute in der Erziehung des jungen Musikers bei vernünftiger Verwendung nicht übersehen werden. Meisterhafte Schallplattenaufnahmen können — ergänzend zum unmittelbaren Konzerterlebnis — dem jungen Musiker helfen, die klanglichen und technischen Möglichkeiten seines Instruments von verschiedenen Gesichtspunkten aus kennenzulernen. Die eigene Interpretation darf dabei freilich nicht als Spiegelbild der gehörten fixiert werden.

2. Anleitung zum täglichen Üben

Keine seriöse Lehr- und Unterrichtsmethode kann darauf verzichten, den Lernenden von der *ersten* Stunde an die lange Kontinuität einer fundierten technischen wie musikalischen Ausbildung nahezubringen, die in lebenslanger Betätigung erworben und in der Vollendung nur durch ständiges Üben erhalten werden kann. Ein Gewinn für die musikalische Gestaltung ist in der Regel nur dann erreichbar, wenn die täglichen Übungszeiten einen gesicherten Platz im Tagesablauf einnehmen. Das Üben erfordert eine besondere Technik, die jedoch unter Anleitung des Lehrers nach und nach erlernt werden kann. Folgende Regeln seien hier zur Erlangung einer leistungssteigernden Übetechnik kurz zusammengefaßt:

— Die Einteilung des täglichen Übungsprogrammes sollte gegliedert sein in *technische Übungen* (Tonleiter, Arpeggien, Übungen zur Koordination und Unabhängigkeit von Griff- und Anschlagtechnik, Barré, Legato, Perkussion), *Etüden* und *Vortragsstücke*[114].
— Man übe in gut gelüfteten und eher kühleren als zu warmen Räumen.
— Eine regelmäßige Übedauer sollte eingehalten werden, die jedoch nur dann eine größtmögliche Leistungssteigerung erbringt, so lange man körperlich und geistig frisch ist. Bei Ermüdungserscheinungen Pausen zur Entspannung einschalten. Die tägliche Übedauer ist vom Talent, vom Lebensalter und der körperlichen Konstitution abhängig; sie sollte individuell flexibel gehandhabt werden.
— Technische Übungen und Etüden möglichst auswendig üben.
— Stets langsam üben, bis Sicherheit in allen technischen und musikalischen Details erreicht ist.
— Je nach Begabung und Fortschritt sind für das *Auswendiglernen* eines Werkes drei Faktoren von Bedeutung: die *visuelle* Aufnahme über das Notenbild, die *akustische* über das Gehör und die *muskuläre* (motorische) nach dem Ablauf der Fingerbewegung beider Hände. Eine Faustregel wäre etwa so zu formulieren: man soll dann mit dem Auswendiglernen beginnen, wenn es möglich ist, im *langsamsten* Tempo eine gewisse Satzeinheit ohne gravierende Fehler, vor allem ohne Abbrüche, zu produzieren.
Beim Auswendigüben sollte der Notentext in optischer Vorstellung mitverfolgt werden. Bei Gedächtnislücken zurück zum Text!
Fehlerquellen sogleich korrigieren!
— Die Höhe der Sitz- und Fußbank sollte in einem natürlichen Verhältnis zur Körpergröße stehen: Sitzflächen eher niedriger, als zu hoch, Fußbank eher höher als zu niedrig, damit der Oberkörper in seiner Stellung zum Instrument nicht zu stark gewölbt werden muß.
— Man achte darauf, beide Beine so aufzusetzen, daß sie eine flexible Haltung

---

[114] Vgl. Konrad Ragossnig, Leitfaden zum täglichen Üben für Gitarristen, a.a.O.

des Instruments gewährleisten, das heißt: linkes Bein nur mit etwa der Hälfte der Fußsohle auf die Kante der Fußbank aufgestützt, rechtes Bein leicht nach rückwärts in die Nähe des rechten Stuhlbeines so aufgestellt, daß die Ferse den Boden nicht berührt. Rechte wie linke Schulter nicht nach oben ziehen, sondern entspannt nach unten fallen lassen.

— Das Spielen vor Publikum kann als Vorübung im Familien- und Freundeskreis erprobt werden. Eine Faustregel, die Hans-Martin Linde den Blockflötenspielern zur wirkungsvollen Begegnung der Nervosität empfiehlt, kann wörtlich für Gitarristen übernommen werden — die Vorstellung: »Kopf hoch — Schulter fallen lassen«. »In Pausen soll tief durchgeatmet und der gesamte Körper, besonders die Finger, bewußt gelockert werden. Auch während des Spielens kann man Nacken und Schulterpartien entspannen und lösen.«[115]

— Fingersatzeintragungen oder, wenn nötig, deren Korrekturen erleichtern in hohem Maße ein sinnvolles Üben und nehmen auf die Festlegung der Phrasierung gewichtigen Einfluß. Fingersätze erfüllen jedoch nur dann ihren Zweck, wenn sie mit dem Notentext optisch zusammenhängend erfaßt werden können. Dabei ist auf eine einheitliche Zeichensetzung zu achten:

1, 2, 3, 4 als Fingersatzbezeichnung für die *linke* Hand stehen am besten unmittelbar *vor* der betreffenden Note, nicht dahinter, darüber oder darunter;

p, i, m, a, als Fingersatzzeichen für die *rechte* Hand sollten unmittelbar über oder unter die zu bezeichnende Note gesetzt werden:

Technische Bindebögen (linkshändiges Legato) werden in Ausgaben von Julian Bream von Phrasierungsbögen sinnvoll durch einen punktierten Bogen ⌢‥‥‥⌢ unterschieden.

Wird der allgemein übliche Bindebogen ⌣ verwendet, sollte ein Fingersatzhinweis für die rechte Hand (p, i, m, a) besonders dort angebracht werden, wo ein linkshändiges Legato über mehr als zwei Noten gesetzt wird, um den technischen Legatobogen vom Phrasierungsbogen zu unterscheiden:

Technisches Legato

---

[115] H. M. Linde, Handbuch des Blockflötenspiels, a.a.O.

Technisches Legato mit Phrasierungsbogen

»*Üben ist tätige Meditation.* Effektiv üben wird fast immer bedeuten müssen, die Spontaneität vorerst zurückdrängen. ‚Im Sturm nehmen‘ erweist sich meist als Pyrrhussieg; das Ostinato des Lehrers: festina lente *(eile langsam)* ist nur so lange Pedanterie für den Lernenden, wie das Prinzip der Meditation noch nicht verstanden ist. In einer *Fingerübung* sollten die unangenehmsten Positionen unermüdlich geübt werden, in einem darzustellenden *Werk* (Vortragsstück) dagegen sollten alle vermeidbaren Schwierigkeiten vermieden werden.«[116]

3. Literaturverzeichnis

Die Veröffentlichungen von alter und neuer Gitarremusik haben in den letzten zwei Jahrzehnten ein Ausmaß erreicht, daß ihre Einordnung im Rahmen des vorliegenden Handbuches nur auf selektiver Basis sinnvoll erschien. So sind hier Werke der Sololiteratur, Konzerte mit Orchester, Kammermusikwerke, Lieder sowie Schulen und Etüden angeführt, die einerseits zum Standardrepertoire der Gitarristen gehören, andererseits Anregung bieten sollten, die verschiedenen Aspekte greifbarer Gitarreliteratur miteinander zu vergleichen und das für seine Zwecke brauchbare Material auszuwählen.
Die nachfolgenden Literaturangaben für *Gitarre solo* wurden nach Schwierigkeitsgraden in *Lernstufen* zusammengefaßt, die in progressiver Ordnung der musikalischen und technischen Entwicklung des Studierenden Rechnung tragen. Eine Lernstufe entspricht einem Studienjahr (zwei Semester). Je nach Alter, Begabung, Lernfortschritt und Studienziel (Laie oder Berufsmusiker) scheint es empfehlenswert, einzelne Werke aus späteren Lernstufen vorwegzunehmen, bzw. aus der Fülle des angebotenen Lehrstoffes eine Werkauswahl zu treffen. Die Literatur der ersten vier Lernstufen ist für den Unterrichtsbeginn an Musikschulen und Konservatorien gedacht, im Schwierigkeitsgrad einerseits für den Laien erreichbar, andererseits für ein Berufsstudium an einem Musikinstitut vom Range einer Musikhochschule als Vorbereitungsstoff geeignet.
Die hier angegebene Werkliste erhebt also keinen Anspruch auf Vollständigkeit im Hinblick auf die im Musikalienhandel angebotene Spielliteratur; sie will nur richtungsweisend sein und bedarf in jedem Falle der individuellen Ergänzung.

---

[116] J. Uhde, Eine Theorie des Übens am Klavier, Musica, Heft 1, Bärenreiter, 1973 Kassel.

Schulen

a) Klassische Gitarreschulen in Neuausgaben

Aguado, Dionisio: Método de guitarra (R; UME)
Carcassi, Matteo: Gitarren-Schule (SCH)
Carulli, Ferdinando: Gitarren-Schule (R; SCH)
Giuliani, Mauro: Metodo per Chitara, op. 1 (BE)
Sor, Fernando: Gitarre-Schule, Nachdruck der Erstausgabe von 1830 (DIX)
         Méthode complète de guitare (HL)

b) Moderne Lehrwerke

Albert, Heinrich: Moderner Lehrgang des künstlerischen Gitarrespiels in 4 Teilen
         (RL)
Azpiazu, José de: Gitarrenschule (R)
Brojer, Robert: Die Gitarre im Gruppenunterricht (MS)
Chiesa, Ruggero: Tecnica fondamentale delle Chitarra (ESZ)
Dodgson, Stephen/Quine, Hector: Schule des Blattspiels auf der Gitarre (R)
Duarte, John W.: Bases of Classic Guitar Technique (NO)
         Foundation Studies in Classic Guitar Technique (NO)
Fernández-Lavie, Fernando: École de guitare (ME)
Gerrits, Paul: Gitarren- und Lautenschule (MÖ)
Gerrits, Paul/Kirsch, Dieter: Vorschule für Gitarre (MÖ)
Gerwig, Walter: Ich lerne Gitarrespielen (für Kinder) (RL)
         Das Spiel der Lauteninstrumente (RL)
Götze, Walter: Gitarren- und Lautenschule (SCH)
Henze, Bruno: Das Gitarrespiel (MFH)
Johnson, Per-Olof: Gitarrskola I/II (AM)
Kreidler, Dieter: Gitarrenschule I/II (SCH)
Mönkemeyer, Helmut: Wir spielen Gitarre (TO)
Noad, Frederick: Solo Guitar Playing (MP)
Papas, Sophocles: Method for the classic guitar (CO)
Parkening, Christopher: Guitar Method (AC)
Polasek, Barbara: Anleitung zum Gitarrespiel (R)
Pujol, Emilio: Escuela Razonada de la Guitarra (R)
Quine, Hector: Introduction to the Guitar (OUP)
Sagreras, Julio: Lecciones para Guitarra (R)
Sao Marcos, Maria Livia: Einführung in das klassische Gitarrespiel (HG)
Schaller-Scheit: Lehrwerk für die Gitarre (UE)
Scheit, Karl: Lehr- und Spielbuch für Gitarre (ÖBV)
Schwarz-Reiflingen, Erwin: Gitarrenschule (S)
Teuchert, Heinz: Gitarren-Schule (HS)
Zanoskar, Hubert: Neue Gitarrenschule (SCH)

Etüden

a) Für Anfänger

Aguado, Dionisio: Studi per chitarra (ESZ; SCH)
Brouwer, Leo: Etudes simples (ME)
Carcassi, Matteo: Etüden op. 60 (SCH; UE)
Giuliani, Mauro: 120 Arpeggi, aus op. 1 (ESZ)
          Studien I (SCH)
Polasek, Barbara: Leichte Übungen für den Gruppenunterricht mit Kindern und Anfängern (R)
Sor, Fernando: Zwölf leichte Etüden aus op. 60 (SCH; UE)
          Zwölf leichte Etüden, op. 35 (SCH)
Scheit, Karl: Die ersten Etüden (UE)
          Tonbildungsstudien nach alten Weisen (UE)

b) Für die Mittelstufe

Ablóniz, Miguel: 50 Arpeggios for the right hand (BE)
          Essential exercises for the left hand (BE)
Aguado, Dionisio: Studi per chitarra (ESZ)
          Etüden und Studien (SCH)
Coste, Napoleon: Neun Studien (UE)
Dodgson, Stephen/Quine, Hector: Studies for Guitar (R)
Giuliani, Mauro: 24 Etüden, op. 48 (UE; SCH)
          120 Arpeggi, aus op. 1 (ESZ)
          Studien, op. 1a (SCH)
Pujol, Emilio: Estudios aus »Escuela Razonada de la Guitarra« Band III (R)
Ponce, Manuel: 12 Préludes (SCH)
Sor, Fernando: Mittelschwere Etüden aus op. 6, 31, 35 (UE)
          Zwölf mittelschwere Etüden (SCH)
          Mittelschwere und schwere Etüden, op. 6, 29, 31 (UE)
Tárrega, Francisco: Sämtliche Präludien (UE)
          Sämtliche technische Studien (UE)

c) Zur virtuosen Ausbildung

Alard-Tárrega: Estudio sobre la Sonatina de D. Alard (R)
Coste, Napoleon: 25 Etüden, op. 38 (H)
Dodgson, Stephen/Quine, Hector: Studies for Guitar (R)
Legnani, Luigi: 36 Capricen in allen Dur- und Molltonarten op. 20 (SCH)
Pujol, Emilio: El abejoro (R)
Sagreras, Julio: El colibri (R)
Sor, Fernando: Mittelschwere und schwere Etüden (UE)
Villa-Lobos, Heitor: 12 Etudes (ME)
Walker, Luise: Das tägliche Training (H)

Übungs- und Konzertliteratur

a) Gitarre solo

1. und 2. Lernstufe

Anonymi:
   Tänze aus Österreich (UE)
   Tänze und Weisen aus dem Barock (UE)
   Tänze aus der Renaissance (UE)
   Leichte vergnügliche Originalstücke aus dem 18. Jahrhundert (UE)
   Arien und Tänze der Renaissance, Heft II (R)
   Canzonen und Tänze aus dem 16. Jahrhundert (UE)

Diabelli, Anton:
   Vortragsstücke für Anfänger, op. 39 (UE)
   24 leichte Altwiener Ländler (SCH)

Dowland, John:
   Vier leichte Stücke (UE)

Götze, Walter:
   Leichtes Gitarrespiel, Kleine Solostücke (SCH)

Küffner, Joseph:
   25 leichte Sonatinen op. 80 (SCH)

Logy, Johann Anton:
   Partiten a-Moll, C-Dur (UE)

Schaller, Erwin:
   Das Gitarren-Werk (EPM)

Scheit, Karl:
   Erstes Musizieren auf der Gitarre (UE)
   Musizierbüchlein für Anfänger (UE)
   Dänische und schwedische Weisen (UE)

Die leichtesten Solostücke berühmter Lauten- und Gitarremeister (UE)

Sor, Fernando:
   Leichte Stücke aus op. 35 (SCH; UE)
   Fantasie No. 2, op. 4 (OUP)

Stingl, Anton:
   Spielbuch für den Anfang (SCH)

Stücke aus Shakespeares Zeit (UE)

Tansman, Alexandre:
   12 Pièces faciles (ME)

Weiß, Silvius Leopold:
   Menuett, Sarabande, Menuett (UE)

Zanoskar, Hubert:
   Österreichische Volkstänze (SCH)

3. und 4. Lernstufe

Anonymus (ca. 1750):
   Partita C-Dur (UE)
   Präludium und 2 Menuette (UE)

Anonymus (19. Jh.):
   Notturno (UE)

Antologia di chitarristi del barocco spagnolo
   (Sanz, Guerau, Murcia) (ESZ)

Bach, Johann Sebastian:
   Drei leichte Stücke (UE)
   Gavotte aus der Cello-Suite No. 6 (UE)
   Vier Stücke aus dem Notenbüchlein der A. M. Bach (UE)

Sarabande und Bourrée aus der Cello-Suite No. 3 (SCH; R)

Bellow, Alexander:
Cavatina (CHD)

Brescianello, Giuseppe Antonio:
Partita VII (ESZ)
Partita XVI (ESZ)

Brouwer, Leo:
Preludio (ME)
Pieza sin titulo (ME)
Deux Aires populaires Cubains (ME)

Carulli, Ferdinando:
Sei Andanti (ESZ)

Diabelli, Anton:
Fünf Wiener Tänze (UE)

Dowland, John:
Air and Galliard (UE)
2 Galliarden (UE)
Melancholy Galliard and Allemande (UE)

Drei Gitarristen des italienischen Barocks
(Corbetta, Pellegrini, Roncalli) (R)

Duarte, John W.:
A Variety of Guitar Music (FA)

Europäische Gitarren- und Lautenmusik
(16.–18. Jahrhundert), 7 Hefte (R)

Frescobaldi, Girolamo:
Aria con variazioni detta la Frescobalda (SCH)
Toccata per Spinettina sola over liuto (ESZ)

Gaillards und Airs
(Dowland, Holborne u. a.) (SCH)

Giuliani, Mauro:
Leichte Variationen, op. 47 (UE)

Holborne, Anthony:
Five pieces (OUP)

Joplin, Scott:
Weeping willow (GWP)
Sunflower slow drag (GWP)

Legnani, Luigi:
6 leichte Capricen, op. 250 (SCH)

Llobet, Miguel:
Drei Catalanische Weisen (UE)

Logy, Johann Anton:
Ausgewählte leichte Stücke (UE)

Marschner, Heinrich:
Drei Bagatellen, op. 4 (SCH; UE)

Mendelssohn Bartholdy, Felix:
Romanze op. 30/3 (R)
Sechs Lieder ohne Worte (SCH)

Mertz, Johann Kaspar:
3 Nocturnes, op. 4 (H)
Tarantella (BE)

Milán, Luis:
6 Pavanas (UE)

Moreno Torroba, Federico:
Burgalesa (SCH)
Aires de la Mancha (SCH)

Mozart, Wolfgang Amadeus:
Allegro/Andante/Menuetto/Allegro,
KV 487 (UE)

Murcia, Santiago de:
Preludio/Allegro (ME)

Narváez, Luis de:
Canción del Emperador (SCH; UE)

Negri, Cesare:
Lautentänze des 16. Jahrhunderts (UE)

Paganini, Niccolò:
Sonatina (UE)
Sechs Originalkompositionen (UE)
Fünf Stücke (R)

Ponce, Manuel Maria:
Valse (SCH)

Rameau, Jean Philippe:
Menuet I/II, D-Dur (R)
Menuet I/II, A-Dur (SCH)

Robinson, Thomas:
Toy, Air and Gigue (UE)
Fünf Stücke (UE)

Roncalli, Ludovico:
Suiten (UE)

Sanz, Gaspar:
Dieci composizioni (ESZ)
Pavans, Fuge, Canarios (UE)
Folia — Españoleta — Matachin usw. (UE)

Schibler, Armin:
Every night I dream (EE)

Schwertberger, Gerald:
Glory Halleluja (DO)
Ragtime (DO)
Guitar Sounds (DO)

Schweyda, Willy:
Deux Pièces (ME)

Sor, Fernando:
Andantino, op. 2/3 (UE)
Menuett aus der Sonate op. 25 (UE)

First Set of Divertimenti, op. 1 (OUP)
Second Set of Divertimenti, op. 2 (OUP)
Third Set of Divertimenti, op. 8 (OUP)
Andante Largo, op. 5/5 (UE)
Menuett aus der Sonate op. 22 (UE)
20 ausgewählte Menuette (SCH)

Tansman, Alexandre:
Barcarole aus der Cavatina in E (SCH)
Pezzo in modo antico (BE)
Trois pièces (ME)

Tárrega, Francisco:
Originalkompositionen (UE)

Uhl, Alfred:
10 Stücke (UE)

Villa-Lobos, Heitor:
Prelude No. 4 (ME)

Visée, Robert de:
Suiten (UE)

Wanek, Friedrich K.:
Zehn Essays (SCH)

Weiß, Silvius Leopold:
Tombeau (UE; B & H)
Angloise (UE)
Zwei Menuette (SCH)
Elf Vortragsstücke aus der Londoner Handschrift (R)
Suite No. 4 in A (SCH)

5. und 6. Lernstufe

Albéniz, Isaac:
Asturias (SCH)
Zambra granadina (SCH)
Capricho Catalan (CHD)

Bach, Johann Sebastian:
Sarabande aus der Lautensuite
c-Moll, BWV 997 (SCH; CHD; R)
Gavotte I und II aus der Cello-
Suite No. 6, BWV 1012 (SCH;
CHD)
Sarabande und Bourrée aus der
Partita h-Moll für Violine solo,
BWV 1002 (UE)
Fuge für Laute, BWV 1000 (ME; R)
Suite No. 1 für Violoncello, BWV
1007 (CHD; SCH)
Suite No. 3 für Violoncello, BWV
1009 (CHD; R; SCH)

Bakfark, Valentin:
Drei Ricercari (SCH)

Baroque Guitar, The
Sammlung verschiedener Kompo-
nisten des 17. und 18. Jahrhunderts
(ARM)

Bellow, Alexander:
Prelude, Scherzetto & Gigue (CHD)
Study in Tremolo (CHD)

Bondon, Jacques:
Trois Nocturnes (ME)

Brescianello, Giuseppe Antonio:
18 Partiten (ESZ) (Original für Colascione)

Brindle, Reginald Smith:
Do not go gentle (ESZ)

Brouwer, Leo:
Elogio de la danza (SCH)
Tres apuntes (SCH)
Danza caracteristica (SCH)
Fuga No. 1 (ME)

Carulli, Ferdinando:
Solo, op. 76 No. 2 (ESZ)

Cimarosa, Domenico:
Three Sonatas (FA)

Classical Guitar, The
Sammlung verschiedener Kompo-
nisten des 18. und 19. Jahrhunderts
(ARM)

Couperin, Louis:
Passacaglia (SCH)
Tombeau de Mr. Blancrocher
(CHD)

Crespo, Jorge Gomez:
Norteña (CO)

Diabelli, Anton:
Drei Sonaten (SCH)
Sonate C-Dur (UE)
Zwei Fugen, op. 46 (R)

Dowland, John:
Three Fantasies (CHD)
Selected works for one and two
lutes (ARM)

Four Elizabethan Dances
(Dowland, Johnson, Batchelar)
(OUP)

Frescobaldi, Girolamo:
5 Stücke (SCH)
Passacaglia (R)

Froberger, Johann Jakob:
Tombeau pour Mr. Blancrocher
(CHD)

Gaultier, Denis:
Tombeau de Mr. Blancrocher
(CHD)

Genzmer, Harald:
Sonatine 1962 (RL)

Giuliani, Mauro:
Sonate C-Dur, op. 15 (UE; ARM)

Grieg, Edward:
Drei lyrische Stücke, op. 12 (FA)

Händel, Georg Friedrich:
8 Aylesforder Stücke (SCH)

Haubenstock-Ramati, Roman:
Hexachord 1 und 2 (UE)

Haug, Hans:
Alba (BE)

Haydn, Joseph:
Menuett D-Dur (R)
Andante (DEM)
Menuett E-Dur (SCH)

Hispanae Citharae Ars Viva
Werke spanischer Vihuelisten (SCH)

Kohaut, Karl:
Sonate (OUP)

Kováts, Barna:
Minutenstücke (SCH)
Trois Mouvements (ME)

Kratochwil, Heinz:
Triptychon (UE)

Lampersberg, Gerhard:
Drei Stücke (UE)

Legnani, Luigi:
Fantasia (ZA; Z)

Llobet, Miguel:
Diez Canciones populares Catalanas
(UME)

Malats, Joaquin:
Serenata española (BE)

Martin, Frank:
Quatre pièces brèves (UE)

Meier, Jost:
Trois reflets (BE)

Mendelssohn Bartholdy, Felix:
Sechs Lieder ohne Worte (SCH)

Mertz, Johann Kaspar:
Preghiera, op. 13/5 (BE)

Milán, Luis:
Fantasia XVI (ME)
Fantasia XXXVIII (B & VP)
Fantasien aus »El Maestro« (ESZ)

Moreno Torroba, Federico:
Serenata burlesca (SCH)

Mudarra, Alonso:
4 Fantasien, Pavana, Romanesca (R)
2 Fantasien, 2 Tientos (R)

Ponce, Manuel Maria:
Tres Canciones populares Mexica-
nas (SCH)
Scherzino Mexicano (PM)
Suite (PM)

Poulenc, Francis:
Sarabande (R)

Renaissance Guitar, The
Sammlung verschiedener Komponisten des 16. Jahrhunderts (ARM)

Rodrigo, Joaquin:
Tres piezas españolas (SCH)
Por los Campos de España (EMM)
Zarabanda lejana (ME)
Tiento antiguo (B & B)

Sáinz de la Maza, Eduardo:
Habanera (UME)

Santórsola, Guido:
Suite antiga (R)

Sanz, Gaspar:
  Suite española (EME)
  16 Tänze (Tabulatur und moderne Notation) (R)

Sauguet, Henri:
  Musiques pour Claudel (EMT)

Scarlatti, Domenico:
  Due Sonate, K 32, K 431 (ZA)
  Sonata, L 23, Sonata, L 108, Sonata, L 497 (ME)
  Sonata, L 23 (BE)
  Sonate e-Moll, L 352 (SCH)
  Sonate a-Moll, L 187 (SCH)
  Five Sonatas, L 7, L 31, L 423, L 483, C.V. XIV, 45b (SCH)
  Four Sonatas, K 291/L 61; K 452; K 213/L 108; K 301/L 493 (UE)

Schibler, Armin:
  My own Blues (EE)
  The Black Guitar (EE)

Sojo, Vincente E.:
  Five pieces from Venezuela (B & VP)

Sor, Fernando:
  Fantasie No. 2, op. 4 (OUP)
  Fantasie No. 3, op. 10 (OUP)
  Zwei Menuette, c-Moll, D-Dur (UE)
  Largo aus der Fantasie No. 1, op. 7 (UE; OUP)
  Sonate C-Dur, op. 15, No. 2 (NS; ARM)
  Introduction et Variations sur l'Air Malbrough (ESZ)

Menuett und Rondo aus der Sonate op. 22 (SCH)
Zwanzig ausgewählte Menuette (SCH)
30 Minuetos (R)

Tansman, Alexandre:
  Suite in modo polonico (ME)

Tárrega, Francisco:
  3 Mazurkas, e-Moll, G-Dur, a-Moll (12 Composiciones) (R)
  Zwei spanische Stücke (Danza mora, Capricho árabe) (SCH)
  Opere per Chitarra, 4 Hefte (BE)
  Originalkompositionen (UE)

Uhl, Alfred:
  10 Stücke (UE)
  Sonata classica (SCH)

Villa-Lobos, Heitor:
  Preludes No. 1, 3, 5 (ME)

Visée, Robert de:
  Suiten (UE)

Vogel, Wladimir:
  Musette (SCH)

Weiß, Silvius Leopold:
  Fantasie (SCH; UE)
  Passacaglia (UE)
  Sonate a-Moll (» L'infidèle «) (B & H)
  Sonate d-Moll (UE)
  Suite in D (SCH)
  Suite für Laute e-Moll (identisch mit der d-Moll-Fassung bei UE) (MÖ)
  Three pieces (UE)

**Werkauswahl für Gitarre
in Renaissance-Lautenstimmung
(③ = fis)**

Antologia di Musica Antica
Vol. I, II, III (ESZ)

Bach, Johann Sebastian:
Suite E-Dur, BWV 1006a (UE)

Bakfark, Valentin:
Das Lautenbuch von Lyon (EMB)

Da Milano, Francesco Canova:
Six Fantasias (UE)

Die Tabulatur
herausgegeben von H. Mönkemeyer
(MFH)

Dowland, John:
Lachrimae Pavan und Fantasie (UE)
Six pieces (BE)
Nine pieces (UE)

Dowland, Robert:
Varietie of Lute-Lessons, herausge-
geben von J. W. Duarte, 6 Hefte
(BE)

Europäische Gitarren- und Lautenmusik
herausgegeben von H. Teuchert,
7 Hefte (R)

Hispanae citharae ars viva
herausgegeben von E. Pujol (SCH)

Holborne, Anthony:
Six Lute Pieces (BE)

Lieder, Tänze und Präambeln
(HE)

Lieder und Tänze auf die Lauten
(SCH)

Milán, Luis:
El Maestro, Vol. I (Kompositionen
für Vihuela) (ESZ)

Musik der Renaissance
herausgegeben von K. Ragossnig
(SCH)

Narváez, Luis de:
Cancion del Emperador (UE)

Sweelinck, Jan Pieterszoon:
Lautenstücke (EMB)

7. und 8. Lernstufe

A Delight of English Lute Music
(SCH)

Albéniz, Isaac:
Granada (SCH)
Torre bermeja (SCH)
Sevilla (SCH; ESZ)

Antologia per Chitarra
Werke von G. Auric, M. Camargo,
Guarnieri, G. F. Ghedini, G. F.
Malipiero, G. Petrassi, F. Poulenc,
J. Rodrigo, H. Sauget, C. Surinach
(R)

Arnold, Malcolm:
Fantasy (FA)

Apostel, Hans Erich:
Sechs Musiken, op. 25 (UE)

Bach, Johann Sebastian:
Werke für Laute (CHD; ESZ; FA;
MFH; MÖ; OUP; R; SCH; UE)
Chaconne d-Moll, aus der Partita
No. 2 für Solo-Violine, BWV 1004
(SCH)

Sechs Suiten für Violoncello solo, BWV 1007 – 1012 (CHD)

Barrios, Agustín:
La Catedral (ZA)
Oracion (ZA)
Danza Paraguaya (ZA)
Medallon antiguo (ZA)

Baur, Jürg:
Drei Fantasien (B & H)

Bennet, Richard Rodney:
Impromptus (UE)

Berg, Gunnar:
Fresque pour guitare seul I–IV
(Ms.)

Berkeley, Lennox:
Sonatina, op. 51 (CH)
Thema mit Variationen (CH)

Brindle, Reginald Smith:
El polifemo de oro (AB)
Nocturne (SCH)
Sonatina Fiorentina (SCH)
November memories (ESZ)

Britten, Benjamin:
Nocturnal, op. 70 (FA)

Brouwer, Leo:
Canticum (SCH)
La espiral eterna (SCH)

Burkhart, Franz:
Passacaglia (UE)

Bussotti, Sylvano:
Rara (èco sierologico) (R)
Ultima rara (R)

Buxtehude, Dietrich:
Suite e-Moll, BuxWV 236 (FA)

Castelnuovo-Tedesco, Mario:
Sonata, op. 77 (SCH)
Capriccio diabolico, op. 85 (R)
Tarantella (R)
24 Caprichos de Goya, op. 195 (BE)

David, Johann Nepomuk:
Sonate op. 31/5 (B & H)

Debussy, Claude:
2 Preludes (FA)

Diabelli, Anton:
Sonate A-Dur (FA)

Dodgson, Stephen:
Partita (OUP)

Einem, Gottfried von:
Drei Studien (B & B)

Falla, Manuel de:
Homenaje (CH)
Danza del molinero (Farruca) (CH)

Fricker, Peter Racine:
Pasea (FA)

Froberger, Johann Jakob:
Suite a-Moll (FA)

Giuliani, Mauro:
Variationen über ein Thema von Händel, op. 107 (NS; ESZ)
Grand Ouverture (ESZ; FA; SCH)
Gran Sonata Eroica, op. 150 (ESZ)
Giulianate, op. 148 (ESZ)
Le Rossiniane No. 1, op. 119, No. 2, op. 120, No. 3, op. 121 (ESZ)
Le Rossiniane, op. 119 – op. 124 (Faksimile der Erstausgaben) (BM)

Granados, Enrique:
    Danza española No. 5, No. 10
    (R; UME)
    La Maja de Goya (R; UME)
    Valses poéticos (BC; CO)

Henze, Hans Werner:
    Drei Tentos (SCH)
    Memorias de »El Cimarrón« (Brouwer) (SCH)
    Royal Winter Music (SCH)

Ibert, Jacques:
    Française (AL)

Jolivet, André:
    Deux Etudes (BHL)

Kagel, Mauricio:
    Faites votre jeu, enthalten in »Sonant« (EP)

Kováts, Barna:
    Andante und Toccatina (SCH)

Křenek, Ernst:
    Suite (DO)

Kubizek, Augustin:
    Sonate, op. 13 a (DO)

Lauro, Antonio:
    Quatro Valses Venezolanos (B & VP)
    Carora Valse Venezolano
    (B & VP)
    Suite Venezolana (B & VP)

Legnani, Luigi:
    Introduzione, tema, variazioni e finale, op. 64 (ESZ)
    Introduktion, Thema und Variationen, op. 224 (SCH)
    Introduktion und Thema, op. 237 (SCH)

Maderna, Bruno:
    Y Despues, für zehnsaitige Gitarre und Bearbeitung für sechssaitige Gitarre (R)

Mendelssohn Bartholdy, Felix:
    Canzonetta, aus dem Streichquartett No. 1, op. 12 (R; SCH)

Milhaud, Darius:
    Segoviana (HC)

Miroglio, Francis:
    Choreïque 1958 (UE)

Morançon, Guy:
    Suite latine (ME)

Moreno Torroba, Federico:
    Sonatina (R)
    Suite castellana (SCH)
    Nocturno (SCH)
    Madroños (UME; B & B)

Mozart, Wolfgang Amadeus:
    Larghetto und Allegretto, KV 439 b (FA)
    Menuett E-Dur (SCH)

Obrovská, Jana:
    Hommage à Béla Bartók (ME)

Petrassi, Goffredo:
    Nunc (ESZ)

Ponce, Manuel Maria:
    Sonata classica (SCH)
    Sonata romantica (SCH)
    Sonatina meridional (SCH)
    Théme Varié et Finale (SCH)
    Suite a-Moll (unter S. L. Weiß im Druck erschienen) (BE)

Purcell, Henry:
    Four pieces (FA)

Rodrigo, Joaquin:
  Invocation et Danse (EFM)
  Sonata giocosa (CH)
  Sonata a la Española (ME)

Roussel, Albert:
  Valse, op. 29 (D)

Scarlatti, Domenico:
  Sonata, K 208 (ZA)
  7 Sonatas, 4 Hefte (EMM)

Schibler, Armin:
  Un homme seul (EE)

Schönberg, Arnold:
  Sechs kleine Klavierstücke, op. 19 (UE)

Searle, Humphrey:
  Five, op. 61 (FA)

Sor, Fernando:
  Variationen, op. 9 über ein Thema von Mozart (SCH; UE; ARM)
  Sonate, op. 22 (NS)
  Menuett und Rondo aus der Sonate op. 22 (SCH)
  Seconda Grande Sonata, op. 25 (ESZ)
  Sonate, op. 25 (R)
  Fantasie, op. 30/7 (ME)
  Grand Solo, op. 14 (UME)
  2 Themen mit Variationen und 12 Menuette, op. 11 (NS)

Stadlmair, Hans:
  Fünf Stücke (DO)

Stockhausen, Karlheinz:
  Spiral (UE)

Tansman, Alexandre:
  Cavatina in E (SCH)
  Danza pomposa (SCH)
  Mazurka (SCH)

Tárrega, Francisco:
  Gran Jota Aragonesa (R)
  Opere per Chitarra, 4 Hefte (BE)

Turina, Joaquin:
  Fandanguillo (SCH)
  Hommage à Tárrega (SCH)
  Ráfaga (SCH)
  Sevillana (CO)

Villa-Lobos, Heitor:
  Prélude No. 2 (ME)
  Chôro No. 1 (CO)
  12 Etudes (ME)

Visée, Robert de:
  Suiten (UE)

Weiß, Silvius Leopold:
  Intavolatura di liuto, 28 Suiten und Einzelstücke (ESZ)

b) Zwei Gitarren

Albéniz, Isaac:
  Córdoba (R)

Anonymi:
  More of these Anon (10 pieces from the Fitzwilliam Virginal Book) (NO)
  2 Elizabethan Duets (BE)

Bach, Johann Christian:
  Sonate (B & H)

Bach, Johann Sebastian:
  Gavotte et Musette (R)

Bartók, Béla:
  Duos (UE)

Beethoven, Ludwig van:
  Sonatine (UE)
  Sonatina e Adagio, WoO 43, original für Mandoline und Cembalo (EMB)

Sonatina e Variazioni, WoO 44, original für Mandoline und Cembalo (EMB)

Bull, John:
  Three pieces (OUP)

Brouwer, Leo:
  Micro piezas (ME)

Burkhart, Franz:
  Toccata (DO)
  Tema con variazioni (DO)
  Duo (DO)

Cabezón, Antonio de:
  2 Diferencias (SCH)

Carulli, Ferdinando:
  3 Serenaden, op. 96 (CB)
  Largo und Rondo D-Dur, aus op. 146 (DO)
  Zwei Duos, op. 146 (SCH)
  Duos, aus op. 241 (DO)
  Sechs kleine Duette, op. 34 (SCH)
  Dodici Romanze (ESZ)
  12 Duos (SCH)
  Notturno, op. 128 No. 1 (Z)
  Notturno, op. 128 No. 2 (Z)

Corrette, Michel:
  Suite a-Moll (MS)

Couperin, François:
  Sechs Stücke (EMB)

Debussy, Claude:
  Danse bohémienne,
  2 Gi oder Oktavgitarre und Gi (SCH)

Diabelli, Anton:
  Fuge E-Dur (EE)

Dowland, John:
  2 Duette (SCH)

Duarte, John W.:
  Greek Suite (BE)

Elizabethan Duets
  (ST & B)

Falla, Manuel de:
  Danza española No. 1 (ME)

Frescobaldi, Girolamo:
  Canzona seconda detta »La Bernardinia« (ESZ)

Gerwig, Walter:
  Das Spiel der Lauteninstrumente, 11. Spielbuch (RL)

Ginastera, Alberto:
  Tres Danzas (BY)

Giuliani, Mauro:
  Grandi variazioni concertanti, op. 35 (ESZ)
  Variazioni concertanti, op. 130 (ESZ)

Granados, Enrique:
  Intermezzo aus »Goyescas« (R)
  Danza española No. 2, No. 6, No. 11 (UME)

Guitar Duets
  (S. Joplin, F. Poulenc u. a.) (CH)

Haydn, Joseph:
  Duett in G, nach Hob. VII: 4 (SCH)

Hindemith, Paul:
  Rondo, bearb. nach dem Orig. für 3 Gi (SCH)

Ibert, Jacques:
  Paraboles (2 pièces) (AL)

Jolivet, André:
  Serenade (HC)

Kounadis, Arghyris:
  Rebetiko (Z)

Kronsteiner, Josef:
  Partita (DO)

Lawes, William:
  Suite (FA)

Lechthaler, Josef:
  Suite, op. 49/1 (DO)

Marella, Giovanni Baptista:
  Suite (UE)

Masterpieces of early music
  (AMP)

Mendelssohn Bartholdy, Felix:
  5 Lieder ohne Worte (SCH)

Mozart, Wolfgang Amadeus:
  Duo (nach Waldhornduetten aus
  KV 487) (DO)

Pasquini, Bernardo:
  Sonate d-Moll (DO)

Piccinini, Alessandro:
  Toccata per due liuti (ESZ)

Polyphones Spielheft
  siehe auch unter »Gitarren-
  Ensemble« (DO)

Poulenc, Francis:
  L'Embarquement pour Cythère
  (ME)

Presti, Ida:
  Danse d'Avilla (R)

Pujol, Emilio:
  Manola del Avapies (ME)

Ravel, Maurice:
  Pavane pour une Infante défunte
  (ME)

Rodrigo, Joaquin:
  Fandango (SCH)
  Tonadilla (R)

Rosenmüller, Johann:
  Pavane e-Moll (SCH)

Santórsola, Guido:
  Sonata a Duo (PM)

Scarlatti, Domenico:
  Sonate d-Moll (R)
  Sonata, L 288 (ME)
  5 Sonaten (EMB)
  2 Sonatas, K 472, K 512 (UE)

Scheidler, Christian Gottlieb:
  Sonate D-Dur (UE)
  Duo D-Dur (DO)

Scheit, Karl:
  Erstes Musizieren auf der Gitarre
  (UE)
  Dänische und schwedische Weisen
  (UE)

Segovia, Andrés:
  Divertimento (SCH)

Shimoyama, Hifumi:
  Dialogo (ESZ)
  Dialogo No. 2 (ESZ)

Six Elizabethan Duets
  (OUP)

Sor, Fernando:
  Divertissement, op. 38 (Z)
  L'Encouragement, op. 34 (ARM;
  UE; Z)
  Souvenir de Russie, op. 63 (NS)

Stravinsky, Soulima:
Six Sonatinas (EP)

Surinach, Carlos:
Una rosa en cada galta (AMP)

Susato, Tilman:
Sieben Tänze (DO)
Altflämische Tänze (SCH)

Telemann, Georg Philipp:
Sonate (DO)

Teuchert, Heinz:
Leichtes Zusammenspiel (R)
Lied und Gitarre, Heft 1 und 2 (HS)

Uray, Ernst Ludwig:
Variationen und Fuge (DO)

Villa-Lobos, Heitor:
Therezinha de Jesus (ME)
A Canõa Virou (ME)

Vivaldi, Antonio:
Andante (SCH)

Weiß, Silvius Leopold:
Duett (SCH)

Williams, Len:
Spanish and South American Folk-
Songs (SCH)

Wissmer, Pierre:
Barbaresque (BE)
Prestilagoyana (BE)

c) Gitarren-Ensemble
(drei und vier Gitarren)

Apostel, Hans Erich:
Es waren zwei Königskinder, 4 Gi
(DO)
Höhe des Jahres, 4 Gi (DO)

Balada, Leonardo:
Apuntes, 4 Gi (GS)

Brindle, Reginald Smith:
Music for 3 Guitars
(ESZ)

Bussotti, Sylvano:
Ultima rara, 3 Gi (R)

Call, Leonhard de:
Trio, op. 26, 3 Gi (ESZ)

David, Johann Nepomuk:
Drei Volksliedsätze, 4 Gi (DO)

David, Thomas Christian:
3 Kanzonen, 3 Gi (DO)

Diabelli, Anton:
Trio F-Dur, op. 62, 3 Gi (ESZ)

Duarte, John W.:
Madrigalia, 3 Gi (B & VP)

Faber, Johann Christian:
Partita, 3 Gi (DO)

Farkas, Ferenc:
Citharoedia Strigoniensis, 3 Gi (BE)

Gerwig, Walter:
Der Lautenchor, Spielbuch 7, 8;
3 und 4 Gi (RL)

Guitar Trios
(S. Joplin, F. Poulenc u. a.) (CH)

Haydn, Joseph:
12 Cassationsstücke, 3 Gi (SCH)

Heiller, Anton:
Heidi pupeidi, 4 Gi (DO)
Es liegt ein Schloß in Österreich,
4 Gi (DO)

Hindemith, Paul:
  Rondo, 3 Gi (SCH)

Leichte Stücke alter Meister
  3 Gi (DO)

Mattheson, Johann:
  Sonata, op. 1/8, 3 Gi (DO)

Peruzzi, Aurelio:
  Commentare, 3 Gi (ESZ)

Polyphones Spielheft
  (Heiller, Kratochwil, Kubizek,
  Schollum), 2 bis 4 Gi (DO)

Praetorius, Michael:
  Puer natus in Bethlehem, 4 Gi (DO)

Romantische Musik
  3 Gi (SCH)

Serocki, Kazimierz:
  Krasnoludki (Sieben Miniaturen),
  3 Gi (MC)

Susato, Tilman:
  Sieben Tänze, 2 oder 4 Gi (DO)

Teuchert, Heinz:
  Der Lautenkreis, Heft 1−4; 3 und
  4 Gi (HS)

Tittel, Ernst:
  O, du lieber Augustin, 4 Gi (DO)

Kammermusik

---

a) Duos[117]

Anonymi:
  Fantasia (1650), Blfl/BC (SCH)
  Tunes of Queen Elizabeth's Time,
  2 Blfl/2 Gi (NO)
  Greensleeves to a Ground, Blfl/BC
  (DO)

Bach, Johann Christian:
  Sonate, Vl/Gi (B & H)

Bach, Johann Sebastian:
  Sonate C-Dur, BWV 1033, Fl/BC
  (ME)
  Sonate E-Dur, BWV 1035, Fl/BC
  (B & H)

Baron, Ernst Gottlieb:
  Sonate, Fl/Gi (B & H)

Baumann, Max:
  Duo, op. 62, Gi/Vc (Z)

Beethoven, Ludwig van:
  Sonatine, Vl od. Fl/Gi (DO)
  Zwei Themen mit Variationen, Vl.
  od. Fl/Gi (MS)

Benary, Peter:
  Vier Fantasien, Fl/Gi (MÖ)

Biberian, Gilbert:
  8 Bagatelles, Vc/Gi (BM)

---

[117] Ein Werkverzeichnis über Kompositionen für Gitarre und Tasteninstrumente verfaßte
Mario Sicca, La Chitarra e gli strumenti a tastiera, a.a.O.

Blavet, Michel:
8 pièces, Fl/Gi (AL)

Bloch, Waldemar:
Sonate, Vl/Gi (DO)

Boccherini, Luigi:
Introduction und Fandango, Gi/Cb
(FA)

Bozza, Eugen:
Berceuse et Sérénade, Fl/Gi (AL)

Burkhard, Willy:
Serenade, op. 71/3, Fl/Gi (BÄR)

Bussotti, Sylvano:
Ultima rara, St/Gi (R)

Caldara, Antonio:
Sonate, a-Moll, Vl/BC (DO)

Carulli, Ferdinando:
Fünf Serenaden, Fl/Gi (CTV)
Serenade, op. 109/1, Fl/Gi (SCH)
Nocturne, op. 190, Fl/Gi (B & H)
Sonate, op. 21/1, Gi/Kl (Z)
Duo, op. 34, Gi/Kl (ESZ)
Fantasie, op. 337, Fl/Gi (H)

Carulli-Beethoven:
Variazioni, op. 169, Gi/Kl (ESZ)

Castello, Dario:
Sonata prima, Blfl/BC (SCH)

Castelnuovo-Tedesco, Mario:
Sonatina, op. 205 (ME)

Corelli, Arcangelo:
Sonate e-Moll, op. 5/6, Vl/BC (DO)
Sonate d-Moll, op. 5/7, Vl/BC (DO)

Dallinger, Fridolin:
Sonatine, Fl/Gi (DO)

Dances from Shakespeare's Time
Blfl/Gi (CH)

Debussy, Claude:
First Arabesque, Klar/Gi (BMP)
Danse, Klar/Gi (BMP)

Diabelli, Anton:
Serenade, Fl/Gi (NS)
Duo A-Dur, Vl (Fl)/Gi (DO)
Sonatine, Gi/Kl (UE)
Grand Sonate brillante, op. 102,
Gi/Kl (B & B)

Dodgson, Stephen:
Duo concertant, Gi/Cb (ME)

Döhl, Friedhelm:
Pas de deux, Vl/Gi (HG)

Dowland, John:
Drei Tänze, Blfl (Fl, Vl)/Gi (Lt)
(SCH)

Duarte, John W.:
Six Early Renaissance Dances, Blfl/
Gi (B & VP)
Sonatina, op. 15, Fl/Gi (B & VP)
Danse Joyeuse, Fl/Gi (B & VP)

Erbse, Heimo:
Drei Studien, op. 30, Fl/Gi (DO)

Feld, Jindřich:
Deux Danses, Fl/Gi (AL)

Frescobaldi, Girolamo:
Canzona III detta »La Bernadinia«,
Blfl/BC (SCH)

Fürstenau, Kaspar:
12 Originalkompositionen, Fl/Gi
(BÄR)
12 Stücke, op. 16, Fl/Gi (B & H)
12 Stücke, op. 38, Fl/Gi (SCH)

Gebauer, Michel-Joseph:
  Polonaise, Fl/Gi (B & H)

Geminiani, Francesco:
  Sei Sonate, Gi/BC (ESZ)

Giuliani, Mauro:
  Gran Duetto concertante, op. 52,
  Fl (Vl)/Gi (SCH)
  Große Sonate e-Moll, op. 25, Vl/Gi
  (Z)
  Große Sonate A-Dur, op. 85, Fl/Gi
  (Z)
  Große Serenade D-Dur, op. 82, Fl
  (Vl)/Gi (B & H)
  Duettino facile, op. 77, Fl (Vl)/Gi
  (SCH)

Giuliani-Moscheles:
  siehe unter Moscheles-Giuliani

Gnáttali, Radamés:
  Sonata, Vc/Gi (BMP)

Gossec, François-Joseph:
  Tambourin, Fl/Gi (BMP)

Grétry, André-Ernest-Modeste:
  Entr'acte, Fl/Gi (BE)

Händel, Georg Friedrich:
  Sonate a-Moll, op. 1/4, Blfl/BC (DO)
  Sonate F-Dur, Blfl/BC (DO)
  Sonate g-Moll, Blfl/BC (H)
  Sonate C-Dur, Blfl/BC (H)
  Sonate e-Moll, Fl/BC (B & H)

Hallnäs, Hilding:
  3 Dialoge, Fl/Gi (AM)

Hand, Frederic:
  Four excursions, Gi/Fl (BHL)

Hartig, Heinz Friedrich:
  Reflexe, op. 52, Gi/Cb (B & B)
  Fünf Stücke, Blfl/Gi (B & B)

Haug, Hans:
  Capriccio, Fl/Gi (ME)

Humble, Keith:
  Arcade IV, Gi/Sch (UE)

Humel, Gerald:
  Sonate 1965, Fl/Gi (B & B)

Ibert, Jacques:
  Entr'acte, Fl/Gi (AL)

Jelinek, Hanns:
  Ollapotrida, op. 30, Fl/Gi (EM)

Klebe, Giselher:
  Recitativo, Aria e Duetto, op. 44,
  Fl/Gi (B & B)

Kont, Paul:
  Ballade, Blfl (Va)/Gi (DO)
  Suite en passant, Fl/Gi (ME)

Küffner, Joseph:
  Serenade, Fl/Gi (MÖ)

Kuhlau, Friedrich:
  Divertissement G-Dur, op. 68 No. 5,
  Fl/Gi (R)

Lauffensteiner, Wolff Jakob:
  Duetto A-Dur, Vl (Fl)/Gi oder 2 Gi
  (DO)

Linde, Hans-Martin:
  Musica da camera, Blfl/Gi (SCH)

Locatelli, Pietro:
  Sonate G-Dur, Vl (Fl)/BC (DO)
  Sonate D-Dur, Vl (Fl)/BC (DO)

Loeillet, Jean Baptiste:
  Sonate a-Moll, Blfl/BC (DO)

Maderna, Bruno:
Aulodia per Lothar, Ob. d'amore/
Gi (ESZ)

Mancini, Francesco:
Sonata IV a-Moll, Fl (Blfl)/BC (Z)

Marini, Biagio:
Sonata, Vl (Cor)/Gi (MS)

Migot, Georges:
Sonate, Fl/Gi (EMT)

Molino, Francesco:
Notturno, op. 38, Fl (Vl)/Gi (B & H)

Moscheles-Giuliani:
Grand Duo concertant, Gi/Kl (NS)

Müller-Cant, Manfred:
Kinderlieder-Suite für einen Groß-
vater, Gi/Vc (HE)

Paganini, Niccolò:
6 Sonaten, op. 2, Vl/Gi (Z)
6 Sonaten, op. 3, Vl/Gi (Z)
Große Sonate A-Dur, Gi/Vl (Z)
12 Duette (2 Hefte), Vl/Gi (Z)
Sonata concertata, Gi/Vl (Z)
Centone di Sonate, Vl/Gi (Z; ZA)
Variazioni di Bravura, Vl/Gi (Z)
Quatro Sonatine, Vl/Gi (ESM)

Pepusch, Johann Christoph:
Sonate d-Moll, Blfl/BC (DO)

Pfister, Hugo:
Ballade, Klar/Gi (EE)

Pilss, Karl:
Sonatine (1942), Ob/Gi (DO)

Playford, John:
Tunes, Blfl/BC (CH)

Ponce, Manuel Maria:
Sonata, Gi/Cb (PM)

Präger, Heinrich Aloys:
Introduction, Thema und Variationen, op. 21, Fl/Gi (B & H)

Prieto, Claudio:
Solo a Solo, Fl/Gi (EA)

Prosperi, Carlo:
In nocte, Vl/Gi (ESZ)

Purcell, Daniel:
Sonata F-Dur, Vl/Gi (MS)
Sonata d-Moll, Vl/Gi (MS)

Quagliati, Paolo:
Toccata, Vl (Blfl)/BC (R)

Romberg, Bernhard:
Divertimento, op. 46, Vc/Gi (NS)

Rust, Friedrich Wilhelm:
Sonate G-Dur, Vl (Fl)/Gi (LEU)
Sonate d-Moll, Vl (Fl)/Gi (LEU)

Santórsola, Guido:
Sonata a Duo No. 4, Fl/Gi (PM)

Schaller, Erwin:
Rhapsodie und Hochzeitstanz nach
finnischen Volksweisen, Vl/Gi
(B & H)

Scheidler, Christian Gottlieb:
Sonate D-Dur, op. 21, Vl (Fl)/Gi
(UE)
Duo D-Dur, Vl/Gi (DO)

Schiff, Heinrich:
Partita brevis, Gi/Blfl (DO)

Selma e Salaverde, Bartolomeo de:
Canzona, Blfl/BC (R)

Siegl, Otto:
Sonatine d-Moll, Fl/Gi (DO)

Singer, Lawrence:
  Musica a Due, Ob/Gi (ESZ)

Sor, Fernando:
  La Romanesca, Vl/Gi (SCH)
  Romanze (= La Romanesca),
  Vl (Fl)/Gi (UE)

Sprongl, Norbert:
  Suite, op. 80, Fl/Gi (ME)

Stetka, Franz:
  Kleine Suite e-Moll, 2 Blfl/Gi (UE)

Stingl, Anton:
  Stücke op. 34, Blfl (Fl)/Gi (Z)

Straube, Rudolf:
  Tre Sonate, Gi/Cb (ESZ)

Takácz, Jenö:
  Dialoge op. 77, Vl/Gi (DO)

Telemann, Georg Philipp:
  Sonate F-Dur, Fl/BC (DO)
  Partita G-Dur, Vl/BC (DO)
  Sonate C-Dur, Blfl/BC (Z)
  Sonate F-Dur, Blfl/BC (MFH)

Vanhal, Johann Baptist:
  6 Variationen über » Nel cor più non
  mi sento «, Fl/Gi (SCH)

Veracini, Francesco Maria:
  Sonata terza, Blfl/BC (B & H)

Visée, Robert de:
  Suite c-Moll, MI/Gi (UE)

Vivaldi, Antonio:
  Sonate d-Moll, Vl/BC (DO)
  Sonate g-Moll, Vl/BC (DO)
  Third Sonata in A Minor, Vc/BC
  (BMP)
  Fifth Sonata in E Minor, Vc/BC
  (BMP)

Wagenseil, Georg Christoph:
  Divertimento, Gi/Kl (DO)

Weber, Carl Maria von:
  Divertimento op. 38, Gi/Kl (UE)

Wissmer, Pierre:
  Sonatine, Fl/Gi (ME)

Zbinden, Julien François:
  Quatre Miniatures, op. 14, Fl/Gi
  (SID)

Zehm, Friedrich:
  Serenade, Fl/Gi (SCH)

b) Trios

Apostel, Hans Erich:
  Studie, op. 21, Fl/Va/Gi (DO)
  Kleines Kammerkonzert, op. 38, Fl/
  Va/Gi (DO)

Borris, Siegfried:
  Conversazione a tre, Blfl/Gi/Cb (SI)

Bussotti, Sylvano:
  Sette Fogli — Mobile stabile, Gi/St/
  Kl (UE)

Corda, Viktor:
  Capriccio, 3 Blfl/Gi (DO)

David, Johann Nepomuk:
  Sonate, op. 26, Fl/Va/Gi (B & H)

Diabelli, Anton:
  Trio, Fl (Vl)/Va/Gi (ÖBV)

Giuliani, Mauro:
  Serenata, op. 19, Gi/Vl/Vc (ESZ)

Granata, Gioan Battista:
  Novi Capricci Armonici, Gi/Vl/Vc
  (BE)

Haydn, Joseph:
  Cassation C-Dur, Hob. III : 6, Gi/
  Vl/Vc (DO)
  Trio F-Dur, Hob. IV : F2, Gi/Vl/Vc
  (B & H)
  Divertimento F-Dur, Hob. XI : 44,
  Gi/Vl/Vc (DO)

Henze, Hans Werner:
  Carillon, Récitatif, Masque, Mand/
  Gi/Ha (SCH)

Humel, Gerald:
  Arabesque, Gi/Vc/Sch (SCH)

Kont, Paul:
  Trio, Fl/Va/Gi (DO)

Kopelent, Marek:
  Tukâta, Ha/Cb/Zy (Gi) (HG)

Kotoński, Włodzimierz:
  Trio, Fl/Gi/Sch (PW)

Kreutzer, Joseph:
  Trio D-Dur, Fl/Vl (2 Vl)/Gi (DO)

Linde, Hans-Martin:
  Serenata a tre, Blfl/Gi/Vc (SCH)

Paganini, Niccolò:
  Terzetto concertante, Va/Vc/Gi (Z)
  Terzetto, Vl/Vc /Gi (Z)

Petrassi, Goffredo:
  Seconda serenata (Trio), Ha/Gi/
  Mand (MER)

Skorzeny, Fritz:
  Trio, Fl/Va/Gi (DO)

Stockmeier, Wolfgang:
  Divertimento, 2 Blfl/Gi (MC)

Uhl, Alfred:
  Trio, Vl/Va/Gi (DO)
  Kleine Suite, Vl/Va/Gi (DO)

Vivaldi, Antonio:
  Trio in Do Maggiore, F.XVI No. 3,
  Vl/Vc/Gi (Lt) (EMB)
  Trio in Sol Minore, F.XVI No. 4,
  Vl/Vc/Gi (Lt) (EMB)

c) Triosonaten

Corelli, Arcangelo:
  Sonata da camera op. 2/2, 2 Vl/BC
  (DO)

Gabrieli, Domenico:
  Balletto, 2 Vl/BC (MS)

Händel, Georg Friedrich:
  Concerto D-Dur, 2 Vl/BC (DO)

Hasse, Johann Adolf:
  Sonate C-Dur, Fl/Vl/BC (DO)

Peroni, Giuseppe:
  Concerto a tre, 2 Vl/BC (DO)

Pez, Johann Christoph:
  Sonate C-Dur, 2 Blfl/BC (DO)

Rosenmüller, Johann:
  Sonate e-Moll, 2 Vl/BC, in »Lehrwerk für Gitarre«, Heft 5 (UE)

Ruggieri, Giovanni Maria:
  Sonata da chiesa, op. 3, 10 Sonaten,
  2 Vl/BC (DO)

Telemann, Georg Philipp:
  Sonata a-Moll, Blfl/Vl/BC (DO)
  Sonata e-Moll, Ob/Vl/BC (DO)
  Sonate C-Dur, Blfl/Vl (Blfl II)/BC
  (mit Va) (B & H)
  Sonate F-Dur, 2 Blfl/BC (mit Va)
  (B & H)

Torelli, Giuseppe:
Concerto G-Dur, 3 Vl/BC (MS)

d) Quartette

Bartolozzi, Bruno:
Repitu, Fl/Va/Gi/Sch (ESZ)

Haydn, Joseph:
Quartett D-Dur, Hob. III : 8, Gi/Vl/Va/Vc (DO)
Quartetto G-Dur, op. 5/4, Hob. II:1, Fl/Vl/Va/BC (DO)

Kubizek, Anton:
Quartetto da camera, Ob/Klar/Fg/Gi (DO)

Lampersberg, Gerhard:
Quartett 1956, Fl/Bass-Klar/Gi/Va (UE)

Paganini, Niccolò:
Quartetto, Vl/Va/Vc/Gi (Z)
Quartetto primo, Vl/Va/Vc/Gi (ESM)

Santorsola, Guido:
Quartetto No. 2, Fl/Va/Vc/Gi (PM)

Schubert, Franz:
Quartett, Fl/Gi/Va/Vc, nach dem Notturno op. 21, von W. Matiegka (EP)

Truhlař, Jan:
Quartetto, Fl/Vl/Vc/Gi (PP)

e) Solo-Violine, Streichquartett und Basso continuo

Torelli, Giuseppe:
Concerto d-Moll (DO)
Concerto A-Dur (DO)

f) Quintette

Artner, Norbert:
Quintett, Gi/Strqu (R)

Boccherini, Luigi:
Sei Quintetti, G. 445−450[118], Gi/Strqu (ESZ; HC)
3 Quintette, Gi/Strqu (Z)

Bozza, Eugene:
Concertino da camera, Gi/Strqu (ET)

Bussotti, Sylvano:
Rara, Gi/Strqu (R)

Castelnuovo-Tedesco, Mario:
Quintett, op. 143, Gi/Strqu (SCH)

Giuliani, Mauro:
Quintett, op. 65, Gi/Strqu (NS)

Süßmayr, Franz Xaver:
Quintett, Vl/Ob/Va/Vc/Gi (SCH)

---

[118] Yves Gérard, Thematic, Bibliographical and Critical Catalogue of the Works of Luigi Boccherini, a.a.O.

Konzerte mit Orchester[119]

Baumann, Herbert:
Konzert (S)

Bartolozzi, Bruno:
Memorie per tre chitarre concertanti
(ESZ)

Baston, John:
Concerto (B & B)

Bennett, Richard Rodney:
Konzert (UE)

Berkeley, Lennox:
Concertino (CH)

Boccherini, Luigi/Cassadó, Gaspar:
Konzert E-Dur (SCH)

Bondon, Jacques:
Concerto de Mars (ME)

Bresgen, Cesar:
Kammerkonzert (SCH)

Brouwer, Leo:
Concerto (ME)

Carulli, Ferdinando:
Konzert A-Dur (S; DO)
Concerto per flauto, chitarra e or-
chestra (ESZ)

Castelnuovo-Tedesco, Mario:
Concerto in D, op. 99 (SCH)
Serenade op. 118 (SCH)
Concerto Sereno in C, op. 160 (SCH)

Concerto for 2 guitars, op. 201
(BE)

David, Thomas Christian:
Konzert (DO)

Falkenhagen, Adam:
Concerto F-Dur (orig. für Laute)
(EMA)

Fasch, Johann Friedrich:
Concerto d-Moll (orig. für Laute)
(ESZ)

Giuliani, Mauro:
Concerto A-Dur, op. 30 (ESZ)
Concerto A-Dur, op. 36 (ESZ)
Concerto F-Dur, op. 70 (für Terz-
Gitarre) (ESZ)

Gnáttali, Radamés:
Concertino No. 1 (BMP)
Concertino de Copacabana (BMP)
Fourth Concerto (BMP)

Hartig, Heinz Friedrich:
Concertante Suite, op. 19 (B & B)

Haug, Hans:
Doppelkonzert für Flöte und Gitarre
(Ms)
Concertino (BE)

Kelkel, Manfred:
Zagreber Konzert op. 19 (SCH)

Kohaut, Karl:
Fünf Konzerte (orig. für Laute),
A-Dur/B-Dur/F-Dur No. 1/F-Dur

---

[119] Vgl. »Checklist of concerti for Guitar (Lute) and Orchestra« von Abel Nagytothy-Toth in
»Soundboard«, Vol. III, No. 3, a.a.O.

No. 2/D-Dur; Einzelausgaben (EMA)

Kotoński, Włodzimierz:
Concerto per quattro, Ha/Gi/Cb/Kl/Str/Sch (MC)

Krebs, Johann Ludwig:
Concerto F-Dur (orig. für Laute, transponiert für Gitarre nach G-Dur) (ESZ)
Concerto C-Dur (orig. für Laute) (ESZ)

Moreno Torroba, Federico:
Concierto de Castillia (S)
Romancillos (S)

Ohana, Maurice:
Concerto (A)

Petit, Pierre:
Concerto pour deux guitares (EFM)

Ponce, Manuel Maria:
Concierto del Sur (PM)

Porrino, Ennio:
Concerto dell' Argentarola (R)

Previn, André:
Concerto (GS)

Rodrigo, Joaquin:
Concierto de Aranjuez (B & B)
Fantasia para un Gentilhombre (SCH)

Ruiz-Pipó, Antonio:
Tablas (UME)

Santorsola, Guido:
Concertino (1942) (PM)
Sonoridades (1973), Doppelkonzert für Gitarre und Cembalo (PM)

Sprongl, Norbert:
Konzert für Flöte, Gitarre und Streichorchester (Ms)

Stradella, Alessandro:
Concerto grosso in Re Maggiore, 2 Vl/Lt (Gi)/Str (ESZ)

Takacs, Jenö:
Partita (DO)

Tansman, Alexandre:
Musique de Cour (UE)

Villa-Lobos, Heitor:
Concerto (Fantasie concertante) (ME)

Vivaldi, Antonio:
Concerto D-Dur (orig. für Laute) (DO; ESZ; R)
Concerto d-Moll für Viola d'amore, Gitarre (orig. für Laute), Streicher und BC (DO; R; Z)

Weiss, Harald:
Nachtmusik für Solo-Gitarre, Gitarrenchor, Streicher und Schlagzeug (SCH)

Wissmer, Pierre:
Concerto (CM)

Lieder

An Elizabethan Song Book
(FA)

Berkeley, Lennox:
Songs of the Half-Light, op. 65 (CH)

Bialas, Günter:
Drei Gesänge nach Gedichten von
Lope de Vega, für Bariton, Flöte
und Gitarre (BÄR)

Blech, Leo:
Sechs Liedchen (UE)

Britten, Benjamin:
Songs from the Chinese (BHL)
Folksongs Arrangements (BHL)

Bruder Singer
Volksliedsätze (BÄR)

Burkhart, Franz:
Drei Adventlieder (DO)

Burkhart-Scheit:
Volksliederbuch, I/II (DO)

Carter, Elliott:
Tell me where is the fancy bred
(AMP)

Castelnuovo-Tedesco, Mario:
The Divan of Moses-Ibn-Ezra (BE)

Dowland, John:
Drei Lieder (UE)

Elizabethan and Jacobean Songs
(ST & B)

Falla, Manuel de:
Siete canciones populares españolas (ME)

Farkas, Ferenc:
Cinque canzoni dei trovatori (BE)

Françaix, Jean:
Prière du soir/Chanson (SCH)

Fricker, Peter Racine:
O Mistress mine (SCH)

Gerwig, Walter:
Das Spiel der Lauteninstrumente,
3. und 4. Spielbuch (RL)

Giuliani, Mauro:
Sechs Lieder, op. 89 (siehe Bibliographie)

Händel, Georg Friedrich:
Cantata spagnuola (DO)
Zwei Gesänge aus den »Deutschen
Arien« (DO)

Haydn, Joseph:
Drei Lieder (DO)

Henze, Hans Werner:
Drei Fragmente aus »Kammermusik 1958« (SCH)

Iadone, Joseph:
Four centuries of song (AMP)

Knab, Armin:
Lautenlieder (MÖ)

Kukuck, Felicitas:
Ich hab die Nacht geträumet (MÖ)
Drei Mädchenlieder nach Gedichten
der Romantik (MÖ)
Die Weihnachtsgeschichte in Lie-
dern (MÖ)

Kunad, Rainer:
Schattenland und Ströme (DV)
Von der Kocherie (DV)

Lorca, Federico Garcia:
13 Canciones españolas antiguas (UME)

Mittergradnegger, Günther:
Heiteres Herbarium (DO)

Redel, Martin:
Epilog nach Worten von A. Gryphius, Baß-Bariton/Flöte (Altflöte)/ Gitarre (B & B)

Rodrigo, Joaquin:
Drei spanische Lieder (SCH)
Drei Villancicos (SCH)

Ragossnig, Konrad:
O Sanctissima — Zehn Weihnachtslieder (it., engl., span., franz.) (Z)

Schaller, Erwin:
Finnische Volkslieder/Nordische Volkslieder, 2 Hefte (BÄR)
Rinke-Ranke-Rosenschein, Kinderlieder, besonders an Bildungsanstalten für Kindergärtnerinnen und für Pädagogische Akademien geeignet (BÄR)

Schubert, Franz:
Terzetto für drei Männerstimmen (DO)
Songs by Schubert (BE)
Lieder (E)
Die schöne Müllerin, op. 25 (D 795) (SCH)

Schütz, Heinrich:
Zwei geistliche Konzerte (Z)

Seiber, Mátyás:
Four french folk songs (SCH)
The owl and the pussy-cat (SCH)

Seventeenth Century English Songs (ST & B)

Sor, Fernando:
Seguidillas (siehe Bibliographie)

Strawinsky, Igor:
Vier Russische Lieder (CH)

Suter, Robert:
Kammerkantate »Heilige Leier, sprich, sei meine Stimme« (H)

Teuchert, Heinz:
Lied und Gitarre, 2 Hefte, mit Anleitung zur Liedbegleitung nach Gehör (HS)

Tippet, Michael:
3 Songs from »King Priam« (SCH)

Ukrainische Volkslieder (SCH)

Villa-Lobos, Heitor:
Bachianas Brasileiras No. 5 (AMP; B & B)

Volkslieder aus aller Welt 12 Hefte (B & B)

Walton, William:
Anon in Love (OUP)

Weber, Carl Maria von:
Gitarrelieder (DO; LEU)

Webern, Anton:
Drei Lieder, op. 18 (UE)

Castelnuovo-Tedesco, Mario:
Platero y Yo, op. 190, für einen Erzähler und Gitarre (BE)

Chorwerke

Bialas, Günter:
  Eichendorff-Liederbuch, 2 Gi (BÄR)

Baumann, Hans:
  Contrasti (S)

Castelnuovo-Tedesco, Mario:
  Romancero Gitano, op. 152 (SCH)

Hartig, Heinz Friedrich:
  Perché, op. 28 (B & B)

Die Gitarre in Ensemble-, Orchester- und Opernwerken

Amy, Gilbert:
  Sonata Pian' e Forte (UE)

Boccherini, Luigi:
  Sinfonia concertante, G. 523

Boulez, Pierre:
  Le Marteau sans Maître (UE)
  Eclat (UE)

Bussotti, Sylvano:
  Rara (eco sierologico), 5 Stücke

Donizetti, Gaetano:
  Don Pasquale

Falla, Manuel de:
  La vida breve

Fheodoroff, Nikolaus:
  Drei Zwölftonspiele (1968) (UE)

Henze, Hans Werner:
  Kammermusik 1958 (SCH)
  El Cimarrón (SCH)
  Drei Arien aus »Elegie für junge Liebende« (SCH)
  Undine, 1. und 2. Suite für Orchester (SCH)
  2. Violinkonzert (SCH)

Mahler, Gustav:
  7. Sinfonie, e-Moll (4. Satz)

Nilson, Bo:
  Frequenzen (UE)

Penderecki, Krzysztof:
  Partita (SCH)

Rossini, Gioachino:
  Der Barbier von Sevilla

Schönberg, Arnold:
  Serenade, op. 24 (WH)

Strawinsky, Igor:
  Agon (BHL)
  Tango für Orchester (1940) (PR/SCH)
  Fassung 1953 für Gi/5 Klar/4 Trp/3 Pos/Str (PR/SCH)

Takemitsu, Toru:
  Stanza I (1969) (UE)

Verdi, Giuseppe:
  Othello

Villa-Lobos, Heitor:
  Sextuor Mystique (ME)

Weber, Carl Maria von:
  Abu Hassan
  Oberon

Webern, Anton:
  Fünf Stücke für Orchester, op. 10 (UE)
  Zwei Lieder, op. 19 (UE)

Kapitel VII

Bibliographie

Literatur, Lexika, Kataloge, Traktate, Faksimiledrucke
und andere Quellenwerke

Agricola, Martin: Musica instrumentalis deudsch, Wittenberg 1529; Reprint Georg Olms Verlagsbuchhandlung, Hildesheim 1969

Adriaenssen, Emanuel: a) Pratum musicum longe amoenissimum . . ., Antwerpen 1584; Reprint with an Introduction and Bibliography by Kwee Him Yong, Frits Knuf BV, Buren (Gld.), Niederlande 1977
b) Novum pratum musicum, Antwerpen 1592, Minkoff Reprint, Chêne-Bourg/ Genève 1977

Apel, Willi: Die Notation der polyphonen Musik, Breitkopf & Härtel, Leipzig, 1962

Bach, Johann Sebastian: a) Drei Lautenkompositionen in zeitgenössischer Tabulatur (BWV 995, 997, 1000). Faksimiledruck nach den in der Musikbibliothek der Stadt Leipzig aufbewahrten handschriftlichen Originalen. Mit einer Einführung von Hans-Joachim Schulze; Zentralantiquariat der Deutschen Demokratischen Republik, Leipzig 1975 (Ausgabe für Bärenreiter, Kassel)
b) Einzeln überlieferte Klavierwerke II und Kompositionen für Lauteninstrumente (BWV 995–1000 und 1006a), herausgegeben von Hartwig Eichberg und Thomas Kohlhase; Neuausgabe sämtlicher Werke, Serie V, Band 10, Bärenreiter, Kassel 1976; kritischer Bericht zum vorliegenden Band in Vorbereitung. Siehe auch unter Tokawa, Seiichi
c) »Prelude pour la luth ò cèmbal« (sic), BWV 998, The Facsimile Reproduction of J. S. Bach's autograph, possessed by Ueno Gakuen, with an introduction by Hiroshi Hoshino; Ueno Gakuen College, Tokio 1974
d) Opere per liuto, 3 Bände; Stamperia musicale E. Cipriani, Rovereto 1977

Bailleux, Antoine: Méthode de guittarre par musique et tabulatur, Paris 1773; Minkoff Reprint, Chêne-Bourg/Genève 1972

Baillon, Pierre-Jean: Nouvelle méthode de guitarre selon le système des meilleurs auteurs, Paris 1781, Minkoff Reprint, Chêne-Bourg/Genève 1977

Baines, Anthony: Die Musikinstrumente, Verlag Prestel, München, o.J.

Bakfark, Valentin: Opera omnia, Band I: Das Lautenbuch von Lyon (1553), Band II: Das Lautenbuch von Krakau (1565), Band III: Einzelne Werke aus verschiedenen Quellen. Die Ausgabe erscheint in zwei Serien, Serie A: Kritische Ausgabe mit Tabulatur und Übertragung in Klaviersatz, Serie B: Übertragung für Gitarre; herausgegeben von István Hómolya und Dániel Benkö, Editio Musica Budapest, 1976; Auslieferung Boosey & Hawkes, Bonn

Baron, Ernst Gottlieb: Untersuchung des Instruments der Lauten, Nürnberg 1727; Faksimile-Ausgabe Antiqua, Amsterdam 1965

Beck, Leonhard: Harmonielehre auf der Gitarre, Muziekuitgeverij van Teeseling, Nijmegen, o. J.

Bellow, Alexander: The Illustrated History of the Guitar, Belwin Mills Publishing Corp., Rockville Centre, Long Island, N. Y., 1970

Berlioz, Hector: Grand traité d'instrumentation modernes, op. 10, Paris 1844; deutsche Ausgabe: Große Instrumentationslehre, herausgegeben von Felix Weingartner, Breitkopf & Härtel, Leipzig 1911

Bermudo, Juan: Comiença el libro llamado declaración de instrumentos musicales, Ossuna 1555; Reprint Bärenreiter, Kassel 1968

Berner, Alfred: Artikel »Vihuela« in »Die Musik in Geschichte und Gegenwart«, Band 13, Bärenreiter, Kassel 1966

Besard, Jean-Baptiste: a) Thesaurus harmonicus, Köln 1603; Mikoff Reprint, Chêne-Bourg/Genève 1975
b) Isagoge in artem testudinariam, Instruktionen für die Laute, London 1610 und Augsburg 1617. Institutio pro arte testudinis, Serie C, Band 1, GbR-Junghänel-Päffgen-Schäffer, Neuss 1974

Bianchini, Domenico: Intabolatura de lauto, Venedig 1546; Institutio pro arte testudinis, Serie A, Band 4; Peter Päffgen OHG, Neuss 1977

Bildatlas der Musikgeschichte: Deutsche Ausgabe H. Schnoor, Gütersloher Verlagshaus Gerd Mohn, 1963

Bisig, Maja: Gitarre-Lehrplan, Universal Edition, Wien 1977

Bittner, Jacques: Pièces de lut 1682, Faksimile-Nachdruck, Institutio pro arte testudinis, Serie B, Band 1, GbR-Junghänel-Päffgen-Schäffer, Neuss 1974; ebenso bei Minkoff Reprint, Chêne-Bourg/Genève 1975

Bobri, Vladimir: The Segovia Technique, The Macmillan Company, New York 1972; deutsche Ausgabe: Eine Gitarrenstunde mit Andrés Segovia, Hallwag Verlag, Bern/Stuttgart 1977

Boetticher, Wolfgang: a) Studien zur solistischen Lautenpraxis des 16. und 17. Jahrhunderts, Dissertation, Berlin 1943
b) Artikel »Gitarre« in »Die Musik in Geschichte und Gegenwart«, Band 5, Bärenreiter, Kassel 1956; Artikel »Laute«, MGG Band 8, wie oben, 1960

Bone, Philip J.: The Guitar and Mandoline, First Edition London 1914; Second Edition, enlarged 1954; Reprint of Second Edition with new Preface, Schott & Co.Ltd., London 1972

Bossinensis, Franciscus: Tenori e contrabassi intabulati col sopran in canto figurato per cantar e sonar col lauto, Libro primo, Venedig 1509; Minkoff Reprint, Chêne-Bourg/Genève 1977

Bottegari, Cosimo: The Bottegari Lutebook, 1574; herausgegeben von Carol MacClintock, Wellesley College 1965

Briçeño, Luis de: Méthodo mui facilissimo para aprender a tañer la guitarra, Paris 1626; Minkoff Reprint, Chêne-Bourg/Genève 1972

Brojer, Robert: Der Weg zur Gitarre, Bärenreiter, Kassel 1973

Brown, Howard Mayer: a) Instrumental Music printed before 1600, Harvard University Press, Cambridge, Massachusetts USA, 1965
b) Embellishing 16th-Century Music; Early Music Series I, Oxford University Press, London 1976

Brüchle, Bernhard: Musik-Bibliographien für alle Instrumente, Bernhard Brüchle Edition, München 1976

Bruger, Hans Dagobert: a) Schule des Lautenspiels, Georg Kallmeyer Verlag, Wolfenbüttel, renewed by Möseler Verlag, Wolfenbüttel, 1965
b) J. S. Bach, Kompositionen für die Laute, Julius Zwissler Verlag, Wolfenbüttel 1925; unveränderter Nachdruck im Möseler Verlag, Wolfenbüttel/ Zürich, o. J.
c) Alte Lautenkunst aus drei Jahrhunderten, 2 Hefte, Simrock, Berlin 1923
d) Deutsche Meister des ein- und zweistimmigen Lautensatzes, 16.—18. Jahrhundert, Möseler Verlag, Wolfenbüttel 1953, Nachdruck der Ausgabe 1926 bei Georg Kallmeyer

Buek, Fritz: Die Gitarre und ihre Meister, Robert Lienau, Berlin-Lichterfelde 1926

Buetens, Stanley: Method for the Renaissance Lute, Instrumenta Antiqua Publications 1969 (1973); P.O.Box 1381, Manhattan Beach, California 90266

Campbell, Richard G.: Zur Typologie der Schalenhalslaute, Verlag Heitz G.m.b.H., Straßburg/Baden-Baden 1968

Campion, François: a) Nouvelles découvertes sur la guitarre, Paris 1705; Minkoff Reprint, Chêne-Bourg/Genève 1977
b) Traité d'accompagnement et de composition, Paris 1716, zusammen mit »Addition au traité d'accompagnement . . . du théorbe, de la guitare et du luth«, Paris 1730; Minkoff Reprint, Chêne-Bourg/Genève 1977

Capirola, Vincenzo: Composizione di meser Vincenzo Capirola, herausgegeben von Otto Gombosi, Société de Musique d'Autrefois, Neuilly-sur-Seine 1955

Carcassi, Matteo: Selected Works, Faksimile Edition der Erstausgaben, General Editor: Frederick Noad, Golden Music Press, New York 1976

Caroso, Marco Fabrizio: a) Il Ballarino, Venedig 1581; Faksimile-Ausgabe, Broude Brothers, New York 1967
b) Il Ballarino, Venedig 1581; P. J. Tonger Musikverlag, Rodenkirchen/Rhein 1971
c) Nobilità di dame, Venedig 1600; Faksimile-Ausgabe, Forni Editore, Bologna 1970

Carre, Antoine: Livre de guitarre, Paris 1671, Minkoff Reprint, Chêne-Bourg/Genève 1977

Carulli, Ferdinando: Œuvres choisies pour guitare seule, Réimpression des editions de Paris, ca. 1820; Minkoff Reprint, Chêne-Bourg/Genève 1978

Casteliono, Giovanni Antonio: Intabolatura de leuto de diversi autori, Mailand 1536; aus der Lautentabulatur übertragen und herausgegeben von Reginald Smith Brindle, Edizioni Suvini Zerboni, Mailand 1977

Chansons au Luth et Airs de Cour Français du XVIᵉ siècle: a) Publications de la Société Française de Musicologie, Libraire E. Droz, Paris 1934
b) Introduction de Lionel de la Laurencie, Transcription par Adrienne Mairy, Commentaire et Etude des sources par G. Thibaut; Publications de la Societé Française de Musicologie, Heugel et Cie., Paris 1976

Chiesa, Ruggero: a) Francesco da Milano, Opere complete per Liuto, 2. vol., Edizioni Suvini Zerboni, Mailand 1971
b) Silvius Leopold Weiß, Intavolatura di liuto, 2 vol., Edizioni Suvini Zerboni, Mailand 1967/68
c) Luys Milán, El Maestro, 1535/36, Vol. I Composizioni per sola vihuela, Vol. II Composizioni per voce e vihuela; Trascrizione in notazione moderna, Edizioni Suvini Zerboni, Mailand 1965
d) Michelangelo Galilei, Il primo libro d'intavolatura di liuto, München 1620; Edizioni Suvini Zerboni, Mailand 1977

Chilesotti, Oscar: a) Da un codice »Lautenbuch« del Cinquecento, Breitkopf & Härtel, Leipzig 1890; Faksimile-Nachdruck, Forni Editore, Bologna, 1968
b) Lautenspieler des 16. Jahrhunderts, Breitkopf & Härtel, Leipzig 1890; Faksimile-Nachdruck, Forni Editore, Bologna 1969
c) Ludovico Roncalli, Capricci armonici sopra la chitarra spagnuola, Bergamo 1692, Faksimile-Nachdruck der Ausgabe Mailand 1881, Forni Editore, Bologna 1969

Colonna, Giovanni Ambrosio: Intavolatura di chitarra spagnuola, Mailand 1637, Reprint Forni Editore, Bologna 1971

Corbetta, Francesco: a) La guitarre royalle, Paris 1671, Minkoff Reprint, Chêne-Bourg/Genève 1975

b) La guitarre royalle, Paris 1674; Faksimile-Ausgabe, Forni Editore, Bologna 1971; siehe auch unter Pinnell, Richard Tilden

Corpus des Luthistes Français: In Einzelbänden Werke von Ballard, Belin, Belleville, Besard, Bocquet, Bouvier, Chancy, Chevalier, Dubuisson, DuBut, Dufaut, Edinthon, Gautier, LaBarre, LaGrotte, Le Roy, Mace, Mercure, Mesangeau, Montbuysson, Morlaye, Perrichon, Pinel, Raël, de Rippe, Robinson, Saman, Vallet; Edition du Centre National de la Recherche Scientifique, Paris 1957–78

Cutts, John P.: Musique de la troupe de Shakespeare; Edition du Centre National de la Recherche Scientifique, Paris 1959

Dart, Thurston: Practica Musica, Francke Verlag, Sammlung Dalp, Band 29, Bern 1959

Daza, Esteban: Libro de música en cifras para vihuela, intitulado el Parnasso, Valladolid 1576; Minkoff Reprint, Chêne-Bourg/Genève 1978

Delair, Denis: Traité d'accompagnement pour le théorbe et le clavessin, Paris 1690; Minkoff Reprint, Chêne-Bourg/Genève 1978

Die Musik in Geschichte und Gegenwart: Artikel Gitarre und Laute (W. Boetticher), Artikel Vihuela (A. Berner), Bärenreiter, Kassel 1956/60/66

Denkmäler der Tonkunst in Österreich: a) Österreichische Lautenmusik im 16. Jahrhundert, Band 37
b) Österreichische Lautenmusik zwischen 1650 und 1720, Band 50
c) Wiener Lautenmusik im 18. Jahrhundert, Band 84
Akademische Druck- und Verlagsanstalt Graz/Wien, 1959/60/66

Disertori, Benvenuto: Le Frottole per canto e liuto intabulate da Franciscus Bossinensis, Ricordi, Mailand 1964

Dombois, Eugen M.: Die Temperatur Hans Gerles auf der Laute (1532); Basler Jahrbuch für historische Musikpraxis, II/1978, Amadeus Verlag Winterthur

Dorfmüller, Kurt: Studien zur Lautenmusik in der ersten Hälfte des 16. Jahrhunderts, Hans Schneider, Tutzing 1967

Dowland, John: a) Lachrimae, or seaven teares, 1605; Early Music Reprinted I, General Editor: Richard Rastall; Boethius Press, Leeds 1974; siehe auch unter Poulton, Diana
b) Lachrimae, or seven tears, transcribed from the original edition of 1605 by Peter Warlock; Oxford University Press, London 1927

Dowland, Robert: Varietie of Lute Lessons, London 1610; Reprint, Schott London, 1958

Early Music in Facsimile: siehe unter »The Turnpyn book of lute songs«

Early Music Reprinted: siehe unter Dowland, John

Eitner, Robert: Biographisch-bibliographisches Quellen-Lexikon der Musiker und Musikgelehrten der christlichen Zeitrechnung bis zur Mitte des 19. Jahrhunderts; Breitkopf & Härtel, Leipzig 1900—1904; Reprint Akademische Druck- und Verlagsanstalt Graz, 1959—1960

English Lute Songs: A Collection of Facsimile Reprints (1597—1632), General Editor F. W. Sternfeld, The Scolar Press Limited, London 1967—1977 (31 Bände); Vertrieb: Early Music Centre Publications, London

Evans, Tom and Mary Anne: Guitars from the Renaissance to Rock (Music, History, Constructions and Players); Paddington Press, Ltd., New York/London 1977

Fellowes, Edmund Horace: The English School of Lutenist Song Writers (The English Lute-Songs), revised by Thurston Dart, Stainer & Bell, London 1921—1959

Ferandiere (Fernandiere), Fernando: Arte de tocar la guitarra española por música, Madrid 1799; Faksimile-Ausgabe, Tecla Editions, London 1977

Fernandez Lavie, Fernando: Ecole de guitare, Editions Max Eschig, Paris 1972

Fleury, Nicolas: Méthode pour apprendre facilement à toucher le théorbe sur la basse continue, Paris 1660; Minkoff Reprint, Chêne-Bourg/Genève 1978

Flotzinger, Rudolf: Das Lautenbüchlein des Jakob Thurner (um 1520); Akademische Druck- und Verlagsanstalt, Graz 1971

Francesco da Milano: Intavolatura de viola o vero lauto, Libro I/II, Neapel/Sultzbach 1536; Minkoff Reprint, Chêne-Bourg/Genève 1977; siehe auch unter Ness, Arthur

Francisque, Antoine: Le Trésor d'Orphée, Paris 1600; Minkoff Reprint, Chêne-Bourg/Genève 1973

Frotscher, Gotthold: Aufführungspraxis alter Musik, Heinrichshofen's Verlag, Wilhelmshaven 1976 (3. Auflage)

Fuenllana, Miguel de: Libro de música para vihuela, intitulado Orphenica lyra, Sevilla 1554

Galilei, Michelangelo: siehe unter Chiesa, Ruggero

Ganassi, Sylvestro: Regola Rubertina, Venedig 1542/43, deutsche Ausgabe von Hildemarie Peter; Robert Lienau, Berlin-Lichterfelde 1972

Gaultier, Denis et Ennemond: Pièces de luth/Livre de tablature de pièces de luth, Paris ca. 1670 und ca. 1680, Minkoff Reprint, Chêne-Bourg/Genève 1975; siehe auch unter Tessier, André

Gérard, Yves: Thematic, Bibliographical and Critical Catalogue of the Works of Luigi Boccherini, Oxford University Press, London 1969

Gerle, Hans: a) Musica und Tabulatur, auff die Instrument der kleinen und grossen Geygen, auch Lautten, Nürnberg 1546; Minkoff Reprint, Chêne-Bourg/Genève 1977
b) Tabulatur auf die Laudten, Nürnberg 1533. I Préludes, II Pièces Allemandes, III Chansons Françaises et Trios, IV Psaumes et Motets Latins a trois Voix, V Psaumes et Motets Latins a quatre Voix. Transcription automatique par le Groupe E.R.A.T.T.O. du C.N.R.S., Heugel et Cie., Paris 1975/76/77 (Band IV und V in Vorbereitung)

Gerwig, Walter: Gitarremusik des Barock, Verlag Robert Lienau, Berlin 1962

Giesbert, Franz Julius: a) Schule für die Barocklaute, Schott, Mainz 1939/40
b) Bach und die Laute, Die Musikforschung, XXV. Jahrgang, 1972, Bärenreiter, Kassel

Gilmore, George/Pereira, Mark: Guitar Music Index, A cross-indexed and graded-listing of music in print for classical guitar and lute; Galliard Press, Ltd., Honolulu, Hawaii 1976

Giuliani, Mauro: a) Selected Works, Faksimile Edition der Erstausgaben, General Editor: Frederick Noad, Golden Music Press, New York 1976
b) Sechs Lieder, op. 89, für Singstimme und Gitarre oder Klavier, Wien 1817; Faksimile-Ausgabe, herausgegeben von Thomas F. Heck, Tecla Editions, London 1976

Gombosi, Otto: Der Lautenist Valentin Bakfark, Bärenreiter, Kassel 1967

Gostena, Giovanni Battista: Intavolatura di liuto, Venedig, 1599; Edizioni musicali ditta R. Maurri, Florenz 1968

Grenerin, Henry: Livre de guitarre, Paris 1680; Minkoff Reprint, Chêne-Bourg/ Genève 1977

Grunfeld, Frederic V.: The Art and Times of the Guitar, The Macmillan Company, New York 1971

Guerau, Francisco: Poema harmónico, Madrid 1694, Faksimile-Ausgabe; Tecla Editions, London 1977

Handbuch des Musikunterrichts, herausgegeben von Erich Valentin, Wilhelm Gebhardt und Hans Joachim Vetter, Gustav Bosse Verlag, Regensburg 1970

Harich-Schneider, Eta: Die Kunst des Cembalo-Spiels, Bärenreiter, Kassel, 1970 (3. Auflage)

Harz, Fred: Harmonielehre für Gitarre, Musikverlage Hans Gerig, Köln 1975; Ergänzungsausgaben in Vorbereitung: 1. Lösungen der Aufgaben; 2. Guitar-Jazzharmonik (auch für Anfänger)

Heartz, Daniel: Preludes, Chansons and Dances for Lute, published by Pierre Attaingnant (1529—1530); Societé de Musique d'Autrefois, Neuilly-sur-Seine, 1964

Heck, Thomas, F.: a) The birth of the classic guitar and its cultivation in Vienna, reflected in the career and compositions of Mauro Giuliani, with Vol. II: Thematic catalogue of the complete works of M. Giuliani; Dissertation Yale University, 1970; University Microfilms, A Xerox Company, Ann Arbor, Michigan, USA
b) Mauro Giuliani, Œuvres choisies pour guitare, Heugel & Cie, Paris 1973

Hofmeister, Adolph: C. F. Whistling's Handbuch der musikalischen Literatur; siehe unter Whistling, Carl Friedrich

Holborne, Anthony: The complete works, Vol I: Music for Lute and Bandora, Vol II: Music for Cittern, Edited by M. Kanazawa, Harvard Publications in Music, Cambridge, Massachusetts, 1967/73

Jähns, Friedrich Wilhelm: Carl Maria von Weber in seinen Werken, chronologisch-thematisches Verzeichnis seiner sämtlichen Compositionen, Verlag der Schlesinger'schen Buch- und Musikhandlung (Robert Lienau), Berlin 1871

Jahnel, Franz: Die Gitarre und ihr Bau, Verlag »Das Musikinstrument«, Frankfurt a. M. 1963

Jeffery, Brian: Fernando Sor, Composer and Guitarist, Tecla Editions, London 1977

Joan Maria da Crema: Intavolatura di liuto, libro primo, Venedig 1546; Edizioni musicali ditta R. Maurri, Florenz 1955

Kapsberger, Giovanni Girolamo: Libro primo d'intavolatura di lauto, Rom 1611, Reprint Forni Editore, Bologna 1970

Kasha, Michael: A New Look at the History of the Classic Guitar, Guitar Review No. 30, Society of the Classic Guitar, New York 1968

Kessel, Barney: The Guitar, Windsor Music, Co., Hollywood, 4th Edition 1967

Klima, Josef: a) Ausgewählte Werke aus der Ausseer Gitarretabulatur des 18. Jahrhunderts, Akademische Druck- und Verlagsanstalt, Graz 1958
b) Fünf Partiten aus einem Kärntner Lautenbuch, Akademische Druck- und Verlagsanstalt, Graz 1965
c) Tabulaturen als Quelle der Volksmusik alter Zeiten, Journal of the International Folk Music Society, Vol XIII, 1961, o.O.
d) Das Volkslied in der Lautentabulatur, Sonderdruck aus Handbuch des Volksliedes, Band II, herausgegeben von R. W. Brednich, L. Röhrich und W. Suppan; Wilhelm Fink Verlag, München o. J.
e) Die Paysanne in den österreichischen Lautentabulaturen, Sonderdruck aus dem Jahrbuch des Österreichischen Volksliedwerkes, Band X, 1961, o.O.
f) Das Volkslied vor 1800 und die Lautentabulaturen, Jahrbuch des Österreichischen Volksliedwerkes, Band XVI, 1967, o.O.
g) Karl Kohaut, der letzte Wiener Lautenist, Österreichische Musikzeitschrift XXVI, Wien 1971

Koczirz, Adolf: a) Über die Fingernageltechnik bei Saiteninstrumenten, Studien zur Musikgeschichte, Festschrift für Guido Adler, Universal Edition, Wien 1930

b) Wiener Lautenmusik im 18. Jahrhundert, Landschaftsdenkmale der Musik, Alpen- und Donau-Reichsgaue, Band 1, Universal Edition, Wien 1942

Körte, Oswald: Laute und Lautenmusik bis zur Mitte des 16. Jahrhunderts, Breitkopf & Härtel, Leipzig 1901, Reprint 1968

Lebendorf, Schmall von: Lautten Tabulatur Buech, 1613, Claves musicae ad fides compositae, Editio Cimelia Bohemica, herausgegeben von Jiři Tichota, Pragopress, Prag 1969

Lehrplan für Gitarre, herausgegeben vom Verband deutscher Musikschulen e.V., Bonn-Bad Godesberg, o.J.

Le Luth et sa Musique, Colloques Internationaux du Centre National de la Recherche Scientifique, Etudes réunies et présentées par Jean Jacquot, 2. korrigierte Ausgabe. Editions du Centre National de la Recherche Scientifique, Paris 1976

Lemoine, Antoine-Marcel: Nouvelle méthode court et facile pour la guitare, Paris o.J.; Minkoff Reprint, Chêne-Bourg/Genève 1972

Linde, Hans-Martin: a) Kleine Anleitung zur Verzierung alter Musik, Edition Schott, Mainz 1958

b) Handbuch des Blockflötenspiels, Schott, Mainz 1962

Losy, Jan Antonín: Pièces de guitarre, Musica Antiqua Bohemica, No. 38, herausgegeben von Dr. Jan Racek, Editio Artia, Prag 1958

Lumsden, David: An Anthology of English Lute Music, Schott, London 1954

Mace, Thomas: Musick's monument, London 1676; Faksimile-Druck, 2 vol., herausgegeben von Jean Jacquot und André Souris, Editions du Centre National de la Recherche Scientifique, Paris 1966

Manuscrit Béthune: Tablature de luth (ou d'angélique), o.O., ca. 1680; Minkoff Reprint, Chêne-Bourg/Genève 1978

Manuscrit Milleran: Tablature de luth française, Faksimile-Nachdruck aus der Bibliothèque National Paris, o.O., ca. 1685; Minkoff Reprint, Chêne-Bourg/Genève 1977

Manuscrit Vaudry de Saizenay: Tablature de luth et de théorbe de divers auteurs, o.O., 1699; Minkoff Reprint, Chêne-Bourg/Genève 1978

Mattheson, Johann: »Der neue Göttingische . . . Ephorus, wegen der Kirchen-Music . . . Nebst dessen angehängtem, merckwürdigen Lauten-Memorial«, Hamburg 1727; enthält einen Brief von S. L. Weiß an Johann Mattheson, datiert vom 21. März 1723, berichtend über die Veränderung der Lautenstimmung (Scordatur); vgl. RISM, Ecrits imprimés concernant la musique, Band II, S. 562, Henle Verlag, München-Duisburg 1971

Mersenne, Marin: Harmonie universelle, Paris 1637; Reprint Bärenreiter, Kassel (Documenta musicologica)

Milán, Luis: a) Libro de música »El Maestro«, herausgegeben von Leo Schrade, Nachdruck der Ausgabe Leipzig 1927, Georg Olms, Hildesheim 1967
b) Als Faksimile-Nachdruck der Ausgabe 1535/36 bei Minkoff Reprint, Chêne-Bourg/Genève, 1975
c) El Maestro, Trascrizione in notazione moderna per chitarra di Ruggero Ciesa, 2 vol., Edizioni Suvini Zerboni, Mailand 1965

Minguet e Irol, Pablo: Reglas y advertencias, Madrid 1752/54/74; Reprint Bärenreiter, Kassel (Documenta musicologica)

Molinaro, Simone: Intavolatura di liuto, libro primo, Venedig 1599; Edizioni musicali ditta R. Maurri, Florenz 1963

Molitor, Simon: Große Sonate für Gitarre, op. 7, »als Probe einer besseren Behandlung dieses Instruments«, Artaria, Wien 1807

Morley, Thomas: The first booke of consort lessons, London 1599/1611, reconstructed and edited by Sydney Beck, C. F. Peters Corporation, New York 1959

Morphy, Guillermo: Die spanischen Lautenmeister des 16. Jahrhunderts; Nachdruck der Ausgabe Leipzig 1902, Breitkopf & Härtel, Wiesbaden 1967

Moser, Wolf: Gitarre-Musik, Ein internationaler Katalog, 2 Bände; Joachim Trekel — Der Volksmusikverlag, Hamburg 1973/77

Mouton, Charles: Pièces de luth sur différents modes, Paris ca. 1695; Minkoff Reprint, Chêne-Bourg/Genève 1978

Mudarra, Alonso: Tres libros de música, Sevilla 1546; Transcripcion y Estudio por Emilio Pujol, Instituto Español de Musicologia, Barcelona 1949

Music for the Lute, General Editor: D. Lumsden.
Vol. 1 Elizabethan Popular Music, Oxford University Press, London 1968
Vol. 2 Francis Cutting: Selected Works, wie oben, 1968
Vol. 3 Francis Pilkington: Complete Works for Solo Lute, wie oben, 1970
Vol. 4 Robert Johnson: Complete Works for Solo Lute, wie oben, 1972
Vol. 5 Daniel Bacheler: Selected Works, wie oben, 1972
Vol. 6 William Byrd, wie oben, 1976
Vol. 7 Easy Lute Music, wie oben, 1975

Nagytothy-Toth, Abel: Checklist of concerti for guitar (lute) and orchestra, »The Soundboard«, Vol. III No. 3, August 1976; 6538 Reefton Avenue, Cypress, California 90630

Narváez, Luis de: Los seys libros del Delphin, Valladolid 1538; Transcripcion y Estudio por Emilio Pujol, Instituto Español de Musicologia, Barcelona 1945

Neemann, Hans: a) Die doppelchörige Laute, Hans Neemann Verlag, Feders-dorf/Berlin 1932

b) Alte Meister der Laute, 4 Hefte, Chr. Friedrich Vieweg Verlag, Berlin-Lichterfelde, 1927

c) Lautenmusik des 17./18. Jahrhunderts, Das Erbe deutscher Musik, Reichs-denkmale Band 12, Henry Litolff's Verlag, unveränderte 3. Auflage, Frank-furt a. M. 1967

d) Alte deutsche Lautenlieder mit Original-Lautensätzen aus dem 16.–18. Jahrhundert, Chr. Friedrich Vieweg Verlag, Berlin-Lichterfelde, o. O., o. J.

Nef, Walter: Alte Musikinstrumente in Basel, Band 2 der Schriften des Histori-schen Museums Basel, 1974

Negri, Cesare: a) Le gratie d'amore, Mailand 1602; Faksimile-Ausgabe, Forni Editore, Bologna 1969

b) Nuovo inventioni di balli, Mailand 1604; P. J. Tonger Musikverlag, Rodenkirchen/Rhein 1967

Ness, Arthur J.: The Lute Music of Francesco Canova da Milano, 2 vol., Harvard Publications in Music, 3 and 4, Cambridge, Massachusetts 1970; siehe auch unter Francesco da Milano

Newcomb, Wilburg Wendell: a) Studien zur englischen Lautenpraxis im elisa-bethanischen Zeitalter, Bärenreiter, Kassel 1967

b) Lute Music of Shakespeare's Time, The Pennsylvania State University Press, University Park 1966

Newsidler, Hans: Der ander theil des Lautenbuchs, Nürnberg 1536 Teil 2 Faksimile-Nachdruck, Institutio pro arte testudinis, Serie A, Band 3, GbR-Junghänel-Päffgen-Schäffer, Neuss 1976

Nickel, Heinz: Beitrag zur Entwicklung der Gitarre in Europa, herausgegeben und eingeleitet von Santiago Navascués, Verlag Biblioteca de la Guitarra, M. Bruckbauer, Haimhausen 1972

Olshausen, Ulrich: Das lautenbegleitete Sololied in England um 1600, Disserta-tion Frankfurt a. M. 1963

Orientierungsmodelle für den Instrumentalunterricht, Band I. Unterstufe, heraus-gegeben von Werner Müller-Bech, Wolfgang Lendle: Gitarre, 1.–4. Lieferung 1974/75, Gustav Bosse Verlag, Regensburg; Band II. Mittelstufe und Band III. Oberstufe in Vorbereitung

Ortiz, Diego: Tratado de glosas sobre clausulas, Rom 1553, übertragen von Max Schneider, Bärenreiter, Kassel 1936, Neuausgabe 1961

Osthoff, Helmuth: Der Lautenist Santino Garsi da Parma; Faksimile-Nachdruck der Ausgabe von 1926, Breitkopf & Härtel, Wiesbaden 1973

Päffgen, Peter: a) Laute und Lautenspiel in der ersten Hälfte des 16. Jahr-hunderts. Beobachtungen zu Bauweise und Spieltechnik; Dissertation Köln 1977, Gustav Bosse Verlag, Regensburg 1978

b) Lautenmusik, Ausgaben und Literatur, Katalog I (1977), D-4040 Neuss, Krurstraße 21

Peppercorn, Lisa M.: Heitor Villa-Lobos, Leben und Werk, Atlantis Verlag, Zürich 1972

Perrine: Livre de musique pour le lut, Paris 1679, Minkoff Reprint, Chêne-Bourg/Genève, 1973

Piccinini, Alessandro: Intavolatura di liuto et di chitarrone, libro primo, Bologna 1623, Band I Faksimiledruck, Band II Übertragung in G-Schlüssel von Mirko Caffagni, Edizioni »Monumenta Bononiensia«, Bologna 1962/65

Pinnell, Richard Tilden: The Role of Francesco Corbetta (1615—1681) in the History of Music for the Baroque Guitar, Including a Transcription of his complete Works, Vol. I/II, Dissertation, University of California, Los Angeles 1976; Xerox University Microfilms, Ann Arbor, Michigan 1977

Pisador, Diego: Libro de música de vihuela, Salamanca 1552; Minkoff Reprint, Chêne-Bourg/Genève, 1973

Pohlmann, Ernst: Laute, Theorbe, Chitarrone, Edition Eres, Lilienthal/Bremen, 1975 (4. Auflage)

Poulton, Diana: a) An Introduction to Lute Playing, Schott, London 1961
b) John Dowland, Faber and Faber, London 1972

Poulton, Diana/Lam, Basil: The Collected Lute Music of John Dowland, Faber Music Ltd., London 1974

Praetorius, Michael: Syntagma musicum II, »De Organographia«, Wolfenbüttel 1619; Faksimile-Ausgabe, Bärenreiter, Kassel 1958

Prynne, Michael W.: The Lute and Lute Music, Guitar Review No. 27, Society of the Classic Guitar, New York 1963

Pujol, Emilio: a) Escuela Razonada de la Guitarra, 5 Bände; bisher erschienen Band 1—4, Ricordi, Buenos Aires 1934/35/54/71; deutsche Ausgabe von Band 1 und 3 in Vorbereitung; Band 2, Ricordi, München 1978
b) El Dilema del Sonido en la guitarra, Ricordi, Buenos Aires 1960
c) Tárrega-Esayo biográfico, Ramos, Alfonso & Moita, Lda., Lissabon 1960

Purcell, Ronald C.: Classic Guitar, Lute and Vihuela Discography; Belwin-Mills Music Publishing Corp., New York 1976

Radino, Giovanni Maria: Intavolatura di balli, per sonar di liuto, Venedig 1592; Edizioni musicali ditta R. Maurri, Florenz 1963

Radke, Hans: a) Zum Problem der Lautentabulatur-Übertragung, Acta Musicologica XLIII, 1971
b) Beiträge zur Erforschung der Lautentabulaturen des 16.—18. Jahrhunderts, Musikforschung XVI, 1963, Bärenreiter, Kassel
c) War Johann Sebastian Bach Lautenspieler? Festschrift für Hans Engel zum 70. Geburtstag, Bärenreiter, Kassel 1964, S. 281—289

d) Wodurch unterscheiden sich Laute und Theorbe? Acta Musicologica XXXVII, 1965

e) Ausgewählte Stücke aus einer Angelica- und Gitarrentabulatur der 2. Hälfte des 17. Jahrhunderts, Akademische Druck- und Verlagsanstalt, Graz 1967

f) Johann Georg Weichenberger — Sieben Präludien, drei Partiten und eine Fantasie für Laute, Akademische Druck- und Verlagsanstalt, Graz 1970

g) Theorbierte Laute (Liuto attiorbato) und Erzlaute (Arciliuto), Die Musikforschung, XXV. Jahrgang, 1972, Bärenreiter Kassel

Ragossnig, Konrad: Leitfaden zum täglichen Üben für Gitarristen, Musikverlag Aux Guitares, Basel 1976

Reese, Gustave: Music in the Renaissance, New York 1954

Reimann, Heinrich: Das deutsche geistliche Lied, zur Laute gesetzt von Ernst Dahlke, Sammlung in 4 Bänden, Simrock, Berlin 1923

Reproductions of Early Music, General Editor: Richard Rastal, Introductory study: Robert Spencer. I. The Burwell Lute Tutor, ca. 1660 – 1672; Faksimiledruck, Boethius Press, Leeds 1974

II. The Sampson Lute Book (formerly known as the Tollemache Lute Manuscript), ca. 1609; wie oben, 1974

III. The Mynshall Lute Book, ca. 1597 – 1599; wie oben, 1975

IV. The Board Lute Book, ca. 1620 – 1630; wie oben, 1976

Rhodes, David: Johann Sebastian Bach in Tablature for Lute, Vol. I: Prelude, Fuga and Allegro, BWV 998; Vol. II: Praeludio con la Suite, BWV 996; Prelude Publications, Boston, Massachusetts 1976

Riemann, Hugo: Musiklexikon, B. Schott's Söhne, Mainz 1967 (Sachteil); 1959/61 und 1972/75 (Personenteile mit Ergänzungsbänden)

RISM, Répertoire International de Sources Musicales (Internationales Quellen-Lexikon der Musik), Bärenreiter, Kassel und G. Henle Verlag, München-Duisburg

Robinson, Thomas: The Schoole of musicke, London 1603; herausgegeben von David Lumsden; Editions du Centre National de la Recherche Scientifique, Paris 1971

Rövenstrunck, Bernhard: Generalbaß für die Gitarre, Trekel Verlag, Hamburg 1975

Ruiz de Ribayaz, Lucas: Luz y norte musical, Madrid 1677; Minkoff Reprint, Chêne-Bourg/Genève 1972

Sachs, Curt: Reallexikon der Musikinstrumente. Nachdruck der Ausgabe Berlin 1913, Georg Olms, Hildesheim 1964

Santa Maria, Tomás de: Libro llamado arte de tañer fantasia, Valladolid 1565; Minkoff Reprint, Chêne-Bourg/Genève 1973

Sanz, Gaspar: a) Instrucción de música sobre la guitarra española, Saragossa 1674; Faksimile-Nachdruck, Institucion Fernando el Catolico, Saragossa 1966; 2. Ausgabe Saragossa 1697; Minkoff Reprint, Chêne-Bourg/Genève 1976

Sasser, William: a) The Guitar Works of Fernando Sor, Dissertation, The University of North Carolina 1960; Xerox University Microfilms (Order No. 60-6995), Ann Arbor, Michigan 48106
b) In Search of Sor, The Guitar Review No. 26, Society of the Classic Guitar, New York 1962

Schaller/Scheit: Lehrwerk für Gitarre, 5 Hefte, Universal Edition, Wien 1936/39

Scheck, Gustav: Die Flöte und ihre Musik, B. Schott's Söhne, Mainz 1975

Scheit, Karl: a) Lehr- und Spielbuch für Gitarre, Oesterreichischer Bundesverlag, Wien 1954
b) La luth et sa Musique, Centre National de la Recherche Scientifique, Paris 1957

Schering, Arnold: Aufführungspraxis alter Musik, Nachdruck der Ausgabe 1931, mit einem Geleitwort und Corrigenda-Verzeichnis von Siegfried Goslich; Heinrichshofen's Verlag, Wilhelmshaven 1975

Schlick, Arnolt: Tabulaturen etlicher lobgesang und lidlein uff die orgeln und lauten, Mainz 1512; Faksimiledruck, Zentralantiquariat der Deutschen Demokratischen Republik, Leipzig 1977, Ausgabe für Bärenreiter Verlag Kassel

Schmid, Richard: Zehn Schubert-Lieder zur Gitarre mit einer musikhistorischen Skizze »Franz Schubert als Gitarrist«, Friedrich Hofmeister, Leipzig 1918

Schulze, Hans Joachim: a) Ein unbekannter Brief von Silvius Leopold Weiß, Die Musikforschung, XXI. Jahrgang, 1968, Bärenreiter Kassel
b) Wer intavolierte Johann Sebastian Bachs Lautenkompositionen? Die Musikforschung, XIX. Jahrgang, 1966, Bärenreiter Kassel

Schweizerische Musikdenkmäler: Band 6. Tabulaturen des XVI. Jahrhunderts, Teil 1, herausgegeben von Hans Joachim Marx. Bärenreiter, Basel 1967

Segovia, Andrés: An autobiography of the years 1893–1920, Macmillan Publishing Co., Inc., New York 1976; Vol. II: from 1920 to the first concert in Paris; Vol. III: from the first concert in New York to the Spanish Civil War; Vol. IV: from the Civil War to the present; Vol. II–IV in Vorbereitung

Senfl, Ludwig: Sämtliche Werke, herausgegeben von der Schweizerischen Musikforschenden Gesellschaft in Verbindung mit dem Schweizerischen Tonkünstlerverein (Arnold Geering und Wilhelm Altwegg), Band VII: Instrumental-Carmina und Lieder in Bearbeitung für Geigen, Orgel und Laute; Möseler, Wolfenbüttel und Zürich 1960

Sicca, Mario: La chitarra e gli strumenti a tastiera, »Fronimo«, anno primo, No. 1, Edizioni Suvini Zerboni, Mailand 1972; englische Übersetzung: The Guitar and the Keyboard Instruments, Guitar Review No. 39, New York 1974

Sommer, Hermann: a) Die Laute in ihrer musikgeschichtlichen, kultur- und kunsthistorischen Bedeutung, Verlag Ad. Köster, Berlin 1920
b) Lautentraktate des 16. und 17. Jahrhunderts im Rahmen der deutschen und französischen Lautentabulatur — Eine Studie zur Geschichte des musikalischen Unterrichtswesens, Dissertation, Berlin 1923
c) Laute und Gitarre, I. Engelshorns Nachf., Stuttgart 1922

Sor, Fernando: a) Gitarre Schule, Nachdruck der Erstausgabe von Simrock, Bonn 1830, herausgegeben von Ute und Wolfgang Dix (Selbstverlag), D-5628 Heiligenhaus 1975
b) Op. 1 — 20, Faksimile Edition der Erstausgaben, General Editor: Frederick Noad, Golden Music Press, New York 1976
c) Seguidillas, for voice and guitar or piano, edited by Brian Jeffery, Tecla Editions, London 1976
d) Complete Works for Guitar, Facsimile edition, Editor Brian Jeffery, Volume I — V; Shattinger International Music Corp., New York 1977; distributed by Charles Hansen Music & Books Inc., New York

Spiessens, Godelieve: a) Leven en Werk van de Antwerpse Luitcomponist Emanuel Adriaenssen (ca. 1554—1604), 2 Bände; Paleis der Academiën, Brüssel 1974
b) Luitmuziek van Emanuel Adriaenssen, Monumenta Musicae Belgicae, Band X, Antwerpen 1966

Spinacino, Francesco: Intabolatura de lauto, Libro primo (— secondo), Venedig 1507; Minkoff Reprint, Chêne-Bourg/Genève 1978

Stephens, Daphne E. R.: The Wickhambrook Lute Manuscript, Department of Music, Yale University, New Haven, Connecticut, 1963

Strizich, Robert: Robert de Visée, Œuvres completes pour guitare, Heugel & Cie, Paris 1969

Sweelinck, Jan Pieterszoon: Opera omnia, Vol. 1, The Instrumental Works, edited by G. Leonhardt, A. Annegarn, F. Noske, Vereniging voor Nederlandse Muziekgeschiedenis, Amsterdam 1968

Tabulae Musicae Austriacae: Kataloge österreichischer Musiküberlieferung,
a) Band II: Rudolf Flotzinger, Die Tabulaturen des Stiftes Kremsmünster, Thematischer Katalog; Hermann Böhlaus Nachfolger, Wien 1965
b) Band VIII: Elisabeth Maier, Die Lautentabulaturschriften der Österreichischen Nationalbibliothek (17. und 18. Jahrhundert), Verlag der Österreichischen Akademie der Wissenschaften, Wien 1974

Tappert, Wilhelm: Sang und Klang aus alter Zeit, Verlag Leo Liepmannssohn, Berlin 1906

Terzi, Giovanni Antonio: Intavolatura di liuto, libro primo, Venedig 1593; Reprint Edizioni »Monumenta Bergomensia«, Bergamo 1964

Tessier, André: La Rhétorique des Dieux et autres pièces de luth de Denis Gaultier, 2 vol., Publications de la Société Française de Musicologie, Libraire E. Droz, Paris 1932

The Turnpyn Book of Lute Songs, Early Music in Facsimile, II, Boethius Press, Leeds 1973

Tinctoris, Johannes: De inventione et usu musicae, Neapel zwischen 1480 und 1487, Lib. II, III, IV, herausgegeben von Karl Weinmann: »Johannes Tinctoris und sein unbekannter Tractat *De inventione et usu musicae,* neu herausgegeben von Wilhelm Fischer, verlegt bei H. Schneider, Tutzing 1961

Tokawa, Seiichi: Über das Problem »J. S. Bachs Lautenkompositionen«, mit einer Beschreibung der in der Bibliothek des Musashino College of Music in Tokio aufbewahrten Originalhandschrift der Suite in E-Dur BWV 1006a; Bulletin of Musashino Academia Musicae X, Tokio 1976

Tonazzi, Bruno: Giacomo Gorzanis, Libro de intabulatura di liuto, 1567; Edizioni Suvini Zerboni, Mailand 1975

Turnbull, Harvey: The Guitar from the Renaissance to the Present Day, B. T. Batsford Ltd., London 1974

Uhde, Jürgen: Eine Theorie des Übens am Klavier, Musica, Heft 1, Bärenreiter, Kassel 1973

Valderrábano, Enriquez de: Libro de música »Silva de Sirenas«, Valladolid 1547; Transcripcion y Estudio por Emilio Pujol, Instituto Español de Musicologia, Barcelona 1965

Valentin, Erich: Handbuch der Instrumentenkunde, Gustav Bosse Verlag, Regensburg 1954

Valerius, Adrianus: Neder-Landtsche Gedenck-Clanck, A Facsimile of the Haarlem 1626 Edition; Broude Brothers, Ltd., New York 1974

Verchaly, André: Airs de cour pour voix et luth (1603–1643); Publications de la Société Française de Musicologie; Heugel & Cie., Paris 1961

Verovio, Simone: a) Diletto spirituale, canzonette a tre et a quatro voci ... con l'intavolatura del cimbalo et liuto, Rom 1586; Faksimile-Ausgabe, Forni Editore Bologna 1971
b) Lodi della musica a 3 voci ... con l'intavolatura del cimbalo e liuto, Rom 1595; Faksimile-Ausgabe, Forni Editore Bologna 1971

Virdung, Sebastian: Musica getutscht und ausgezogen, Basel 1511; Faksimile-Ausgabe, Bärenreiter, Kassel 1931

Visée, Robert de: Livre de guitarre, Paris 1682; Livre de pièces pour la guitarre, Paris 1686; Minkoff Reprint, Chêne-Bourg/Genève, 1973; siehe auch unter Strizich, Robert

Walker, *Luise:* Das tägliche Training (Wien 1947), Heinrichshofen's Verlag Wilhelmshaven

Weiß, *Silvius Leopold:* 34 Suiten für Laute solo, Faksimiledruck nach der handschriftlichen Tabulatur, Mus. 2841-V-1, der Sächsischen Landesbibliothek Dresden, mit quellenkundlichen Bemerkungen von Wolfgang Reich; Zentralantiquariat der Deutschen Demokratischen Republik, Leipzig 1977

Whistling, *Carl Friedrich and Friedrich Hofmeister:* a) Handbuch der musikalischen Literatur, A Facsimile of the 1817 Edition and 10 Subsequent Supplements; Introduction by Neill Ratliff, Garland Publishing, New York/London 1975 (Ein systematisch geordnetes Verzeichnis der von ca. 1790—1826/27 gedruckten Musikalien, musikalischen Schriften und Abbildungen, Leipzig 1817—1826/27)
b) 2. vermehrte und verbesserte Auflage, Leipzig 1828, mit erstem Ergänzungsband, Leipzig 1829; zweiter Ergänzungsband der von 1829—33 erschienenen Werke, angefertigt von Adolph Hofmeister, ebda. 1834; dritter Ergänzungsband der von 1834—38 erschienenen Werke, angefertigt von Adolph Hofmeister, ebda. 1839. Faksimiledruck der Ausgaben Leipzig 1828—1838, in 2 Bänden, Georg Olms Verlag, Hildesheim/New York 1975
c) Dritte, bis zum Anfang des Jahres 1844 ergänzte Auflage, bearbeitet und herausgegeben von Adolph Hofmeister, Leipzig 1844/45

Willaert, *Adrian:* Intavolatura de li madrigali di Verdelotto da cantare et sonare nel lauto, intavolati per Messer Adriano, Venedig 1536; Nationalbibliothek Wien

Winternitz, *Emanuel:* Die schönsten Musikinstrumente des Abendlandes, Aufnahmen von Lilly Stunzi; Keysersche Verlagsbuchhandlung, München 1966

Witoszynskyj, *Leo:* a) Die Vihuela — das klassische Instrument der spanischen Renaissance; Separatum der Festschrift »Zehn Jahre Hochschule für Musik und darstellende Kunst in Graz«, Universal Edition, Wien 1974
b) Vihuela und Gitarre im Spiegel neuer Literatur, Österreichische Musikzeitschrift, Heft 4, Verlag E. Lafite, Wien 1975
c) Die Gitarre in der Kammermusik und der Beitrag Wiens, Österreichische Musikzeitschrift, Heft 12, Verlag E. Lafite, Wien 1976

Wolf, *Johannes:* Handbuch der Notationskunde, 2. Teil; Nachdruck der Ausgabe Leipzig 1919, Georg Olms, Hildesheim 1963

Zayas, *Rodrigo de:* The Vihuela: Swoose, Lute, or Guitar? Guitar Review No. 38, New York 1973

Zuth, *Josef:* a) Das künstlerische Gitarrespiel, Friedrich Hofmeister, Leipzig 1915
b) Simon Molitor und die Wiener Gitarristik um 1800, Anton Goll, Wien 1919
c) Handbuch der Laute und Gitarre, Anton Goll, Wien 1926
d) Lieder mit Gitarrenbegleitung aus der Zeit von 1820—1850 von Franz Schubert, Edition Strache, Wien-Prag-Leipzig 1929

Quellen zur Generalbaßpraxis für Lauteninstrumente[*]

Anonyme Lautenhandschrift: »14 Stück Hassische Opern Arien auf die Laute«, Ende 18. Jahrhundert

Baron, Ernst Gottlieb: »Historisch-Theoretisch und Practische Untersuchung des Instruments der Lauten«, Nürnberg 1727

Campion, François: Traité d'accompagnement et de composition, Paris 1716, zusammen mit »Addition au traité d'accompagnement ... du théorbe, de la guitare et du luth«, Paris 1730

Corbetta, Francesco: a) Varii capricci per la ghitarra spagnola, Mailand 1643
b) Varii scherzi di sonate per la chitarra spagnola ... libro quarto, Brüssel 1648
c) La guitarre royalle, Paris 1671

Delair, Denis: Traité d'accompagnement pour le théorbe et le clavessin, Paris 1690

Fleury, Francis Nicolas: »Méthode pour apprendre facilement à toucher la théorbe sur la basse continue«, Paris 1660

Kapsberger, Johann Hieronymus: »Libro primo di villanelle con l'intavolatura del chitarrone e alfabetto per la chitarra spagnuola«, Rom 1610

Kremberg, Jakob: »Musicalische Gemüths-Ergötzung«, Dresden 1689

Mace, Thomas: »Musick's monument«, London 1676

Matteis, Nicola: »The false consonances of musick or instructions for the playing of a true base upon the guitarre«, London 1682

Minguet e Irol, Pablo: »Reglas, y advertencias generales para acompanar sobre la parte en la guitarra, clavicordio, organo, harpa ...«, Madrid 1754/74 (Abb. 48)

Murcia, Santiago de: »Resumen de acompanar la parte con la guitarra«, Madrid 1714

Perrine: »Livre de musique pour le lut«, Paris 1679

Rossi, Salomone: Von fünf Büchern mit mehrstimmigen Madrigalen erhält im 2. Buch die Theorbe die Aufgabe des »basso continuo per sonare in concerto«; vom 3. Buch an schlägt Rossi vor, den Generalbaß von allen harmonischen Instrumenten, wie Cembalo, Laute oder Harfe auszuführen

Sanz, Gaspar: »Instrucción de música sobre la guitarra española«, Saragossa 1674

---

[*] Sofern von den oben erwähnten Quellenwerken Neudrucke oder Faksimile-Ausgaben vorliegen, sind sie mit Verlagsangaben im Hauptteil der Bibliographie nochmals angeführt.

Fachzeitschriften

Gitarre:

»gitarre«, Verlag Preissler, Bräuhausstraße B, 8000 München 2, BRD

»Gitarre + Laute«, Verlag Gitarre + Laute GmbH. & Co. KG., Sielsdorfer Straße 1a, 5000 Köln, BRD

Zupfmusik/Gitarre, Fachzeitschrift des Bundes Deutscher Zupfmusiker, Reutlingen, BRD

il »Fronimo«, Edizioni Suvini Zerboni, Via Quintiliano 40, 20138 Mailand, Italien

Guitar, The Magazine for all Guitarrists, Musical New Services, Ltd., 20 Denmark Street, London WC2H 8NE, England

guitar & lute, 1229 Waimanu Street, Honolulu, Hawaii 96814, USA

Guitare Musique, 23 Passage Verdeau, Paris 9ᵉ, Frankreich

Guitar Player, Tofts & Woolf, Ltd., 64a Lansdowne Rd., London E.18, England

Guitar Review, 409 East 50th Street, New York, N. Y. 10022, USA

The Soundboard, Guitar Foundation of America, 6538 Reefton Avenue, Cypress, California 90630, USA

The Gendai Guitar, Nishiikebukuro 5 – 27, Toshimaku, Tokio, Japan

Laute:

The Lute Society Journal, Wilton Square 5, London N.1, England

The Galpin Society Journal, 258 Crambrook Road, Ilford, Essex, England

Journal of the Lute Society of America, Topanga, P. O. Box 194, California 90290, USA

Meisterwerkstätten für den Bau von Gitarren- und Lauteninstrumenten

Paulino Bernabe, Cuchilleros 8, Madrid 12, Spanien
Georg Bolin, Renstiernas Gata 12, Stockholm, Schweden
Robert Bouchet, 189 Rue Ordener, Paris 18, Frankreich
Manuel G. Contreras, Madrid, Spanien
Paul Fischer, Rubio Workshop, Duns Tew/Oxford, England
Ignacio Fleta y hijos, Calle de los Angeles 4, Barcelona, Spanien
Framus, 8521 Bubenreuth b. Erlangen, BRD
Daniel Friederich, 33 Rue Sergent Bauchat, Paris 12, Frankreich
Reid Galbraith, 31 Clerkenwell Close, London EC 1, England
Gerold Karl Hannabach, 8521 Bubenreuth b. Erlangen, BRD
H. Hanika, 8523 Wellerstadt b. Erlangen, BRD
Hermann Hauser, 8386 Reisbach an der Vils, Bayern, BRD
Winfried Heitland, Gerresheimer Landstraße 125, 4000 Düsseldorf 22/Unterbach, BRD
Dieter Hense, 6209 Breithart/Taunus, BRD
Bernd Holzgruber, Altmannsdorferstraße 164 – 182, Wien 23, Österreich
Hopf & Co., 6204 Taunusstein, BRD
Masaru Kohno, Nishiikebukuro 5 – 27, Toshimaku, Tokio, Japan
Antonio Ruiz Lopez, Madrid, Spanien
Marcelino Lopez, Madrid, Spanien
S. Meinel, 8535 Emskirchen, Bayern, BRD
Edgar Mönch, 7813 Staufen/Breisgau, Weinstraße 7, BRD (†)
José Ramirez, Concepcion Jeronima 2, Madrid 12, Spanien
José Luis Romanillos, The Bungalow, East End Farm, Semley, Dorset, England
David J. Rubio, The Ridge House, Duns Tew, Oxford, England
Karl Schneider, Bahnhofstrasse 1, 4125 Riehen, Schweiz
Jacob van de Geest, Avenue General Guisan 32, 1800 Vevey, Schweiz
Nicolaas Bernard van der Waals, V. Teylingenstr. 39, Oudkarspel, M.H., Holland
Manuel Velasquez, 31-07 90th Street Jackson Heights, New York, N. Y. 11369, USA
Fernando y Cesar Vera, Moreno Nieto 13, Madrid 5, Spanien
Walter J. Vogt, 7241 Mühlen am Neckar, Hauptstraße 128, BRD

Die Liste der Instrumentenbauwerkstätten erhebt keinen Anspruch auf Vollständigkeit und versteht sich ohne besondere Wertung gegenüber hier nicht aufgeführten Firmen.

Kapitel VIII

Bildteil

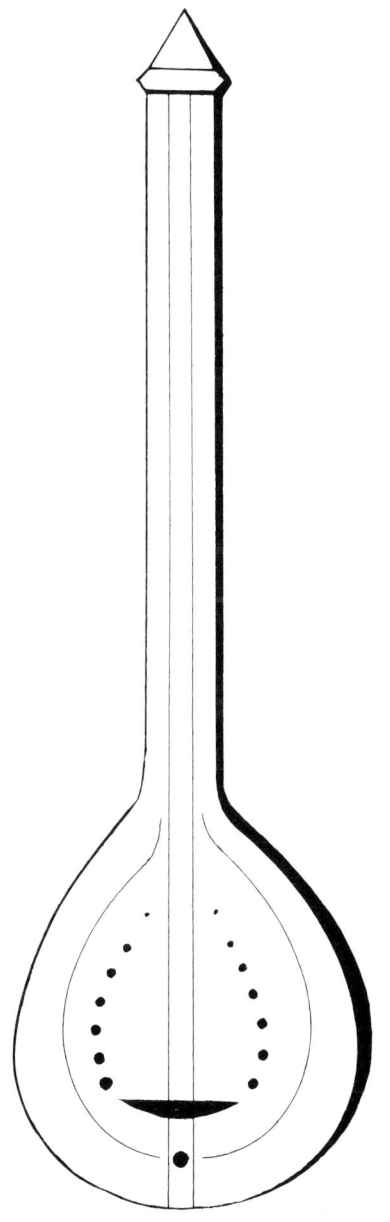

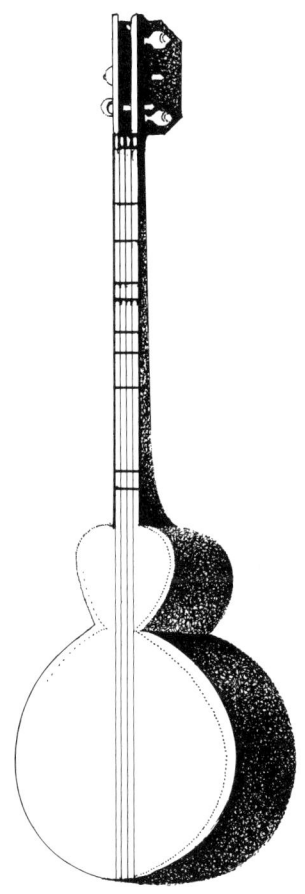

1   Persisch-assyrischer Tanbûr,
ca. 2500 – 1500 v. Chr., Rekonstruktion.
Zeichnung Siegfried Tragatschnig

2   Persische Târ.
Zeichnung Siegfried Tragatschnig

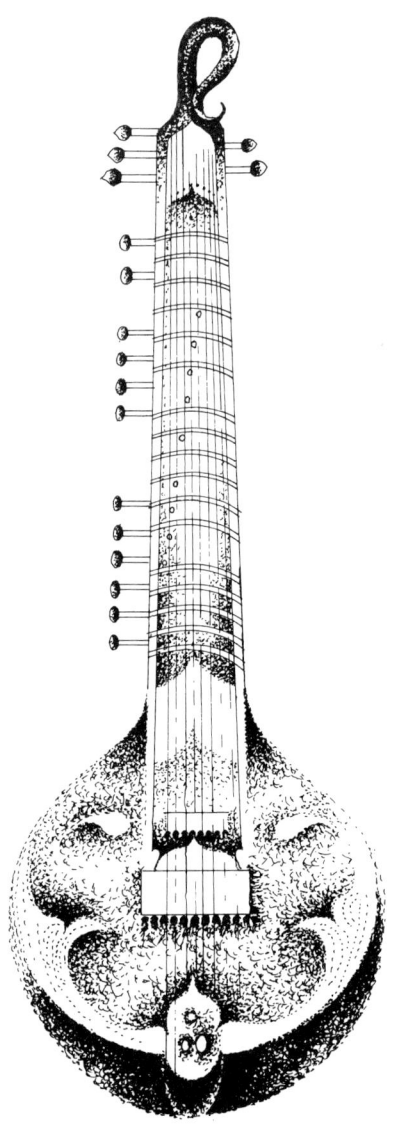

3 Indischer Sitâr, der in seinem Körperbau der *südindischen* Vinâ, dem klassischen Lauteninstrument der Inder, ähnelt. Er besitzt einen halbkugelförmigen Korpus, aus dem ein
breiter Hals hervorwächst und an dessen Oberende auch eine verkleinerte Kalebasse ange-
hängt sein kann, im Gegensatz zur urtümlicheren *nordindischen* Vinâ, deren röhrenförmiges
Griffbrett (Röhrenzither) auf zwei gleichgroßen Kalebassen ruht. Die Metallbünde sind
verstellbar. Unter den sechs bis acht Griffbrettsaiten des Sitârs laufen bis zu zwanzig Bordunsaiten (si = dreißig, also »Dreißigsaiter«). Der Sitâr besitzt keine in Notenschrift aufgezeichnete Literatur. Mehr als 90 % des Musikgutes ist Improvisation, die sich von Generation zu Generation mit Varianten »mündlich« überliefert.
Zeichnung Siegfried Tragatschnig

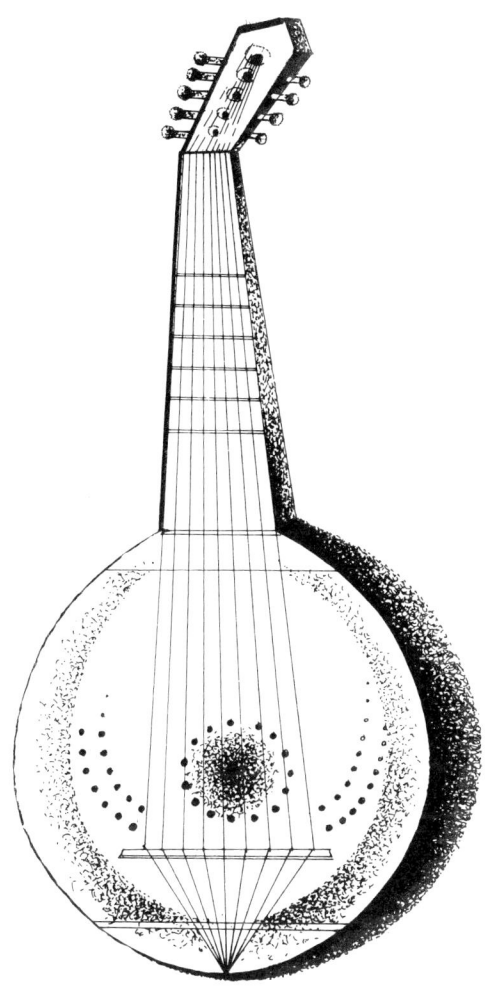

4   Arabische Laute (Al'ud), ca. 1270 n. Chr., Rekonstruktion.
     Zeichnung Siegfried Tragatschnig

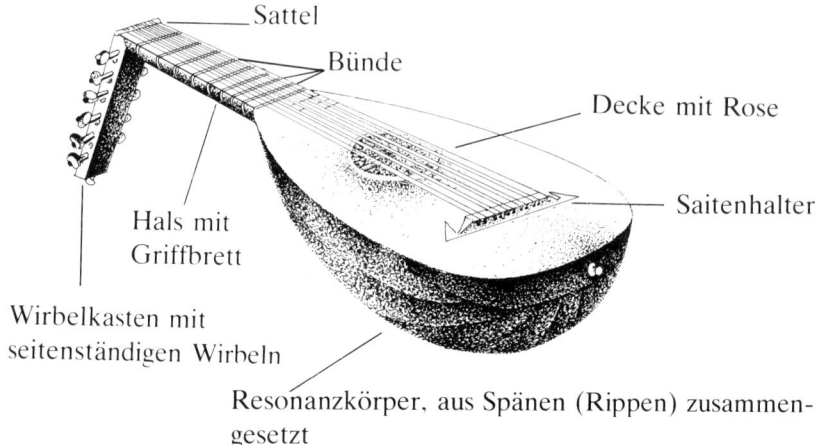

Sattel

Bünde

Decke mit Rose

Saitenhalter

Hals mit
Griffbrett

Wirbelkasten mit
seitenständigen Wirbeln

Resonanzkörper, aus Spänen (Rippen) zusammengesetzt

5   Abendländische Laute, sechschörig.
     Zeichnung Siegfried Tragatschnig

6   Johannes Rehm, zwölfchörige Theorbenlaute, Füssen 1607

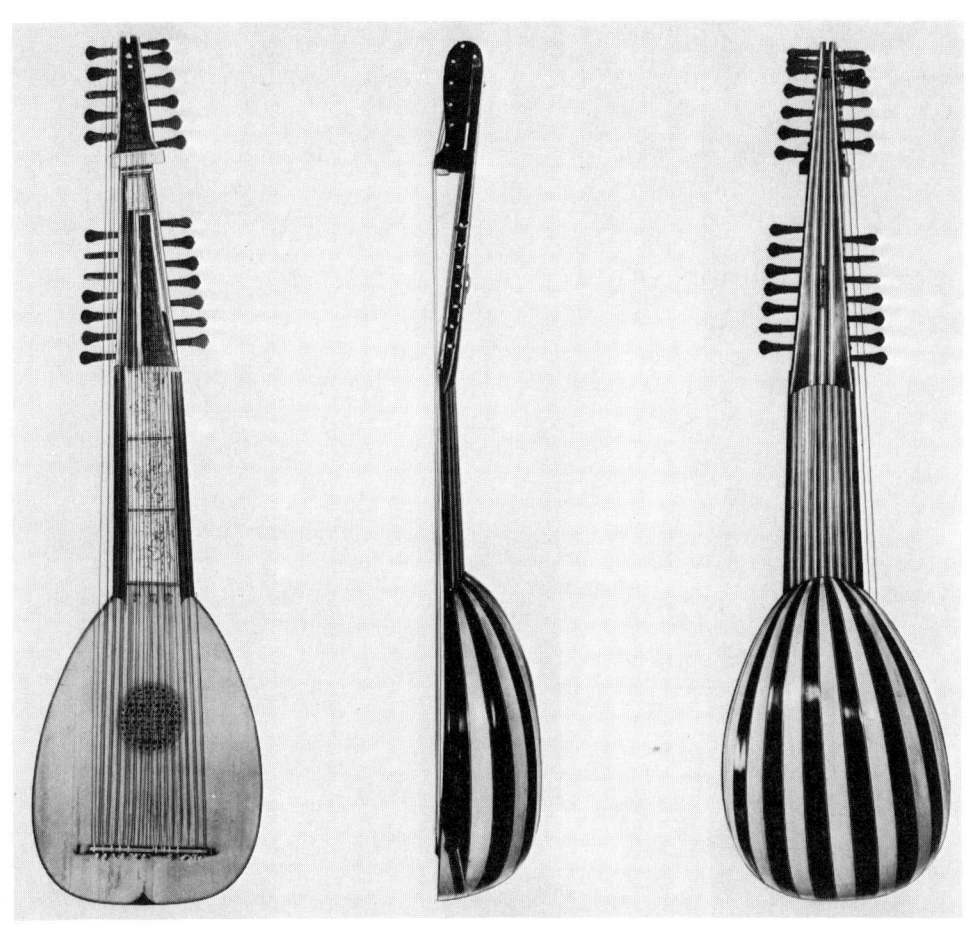

7   Matteo Sellas, vierzehnchörige Theorbe, Italien 1638; Vorder-, Seiten- und Rückansicht

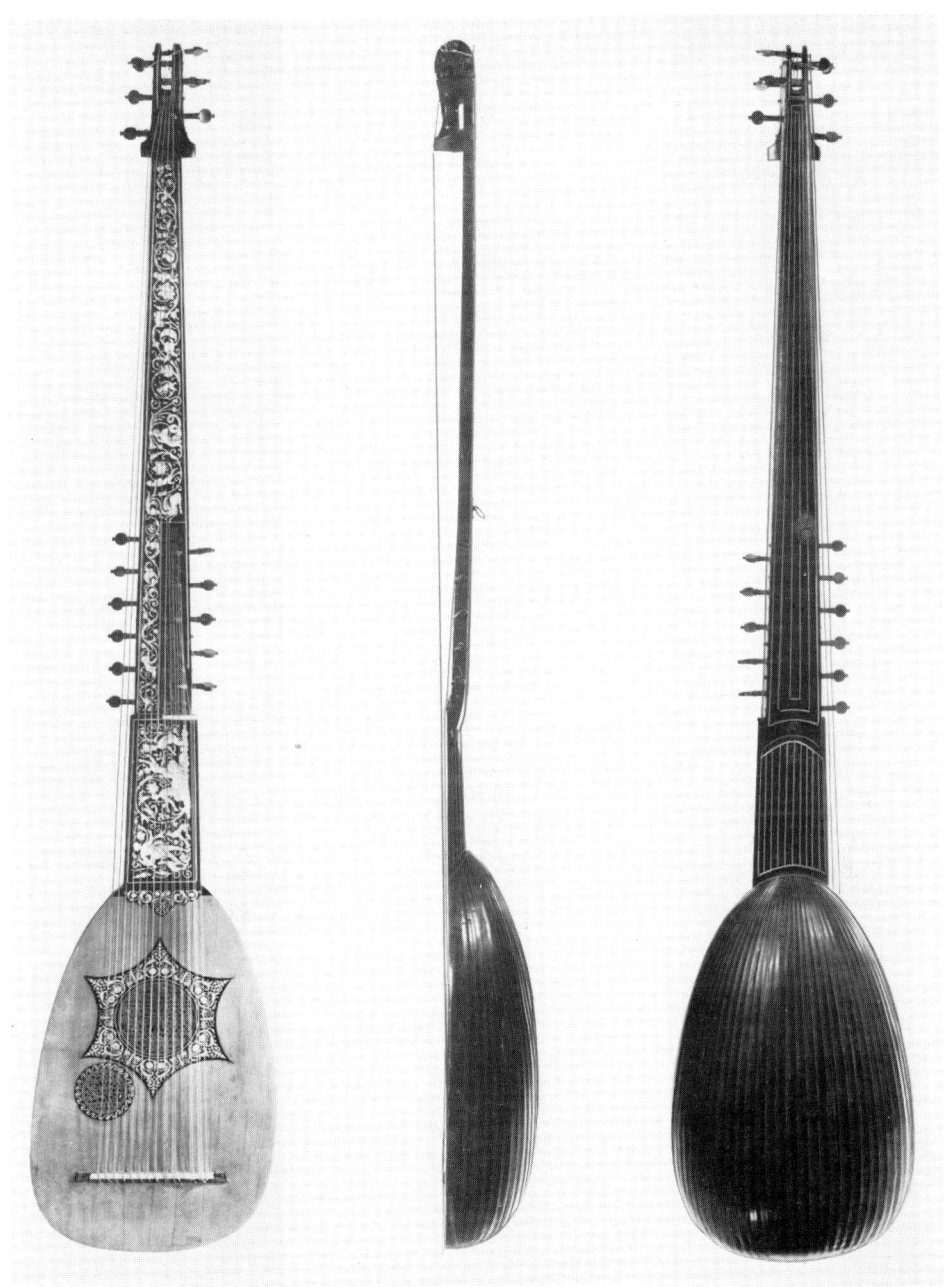

8   Chitarrone, Venedig 17. Jahrhundert, mit sechs Chören über dem Griffbrett und sechs
     freischwingenden Bordunen; Vorder-, Seiten- und Rückansicht

177

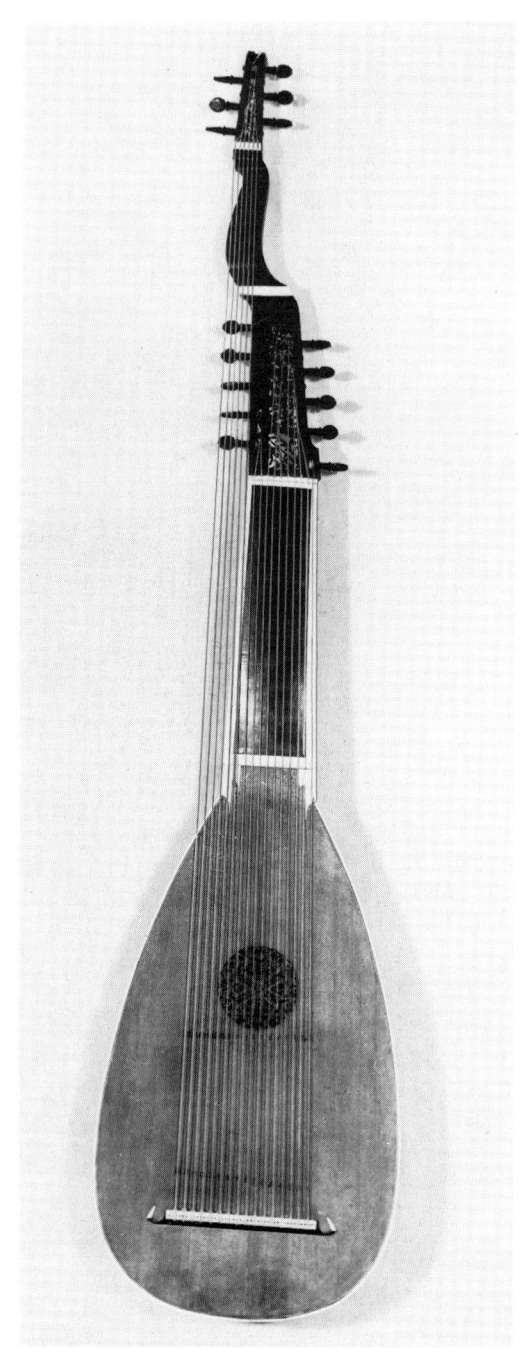

9   Joachim Tielke, sechzehnsaitige Angelica (Angélique), 1704

10   Edward Light, Lautenharfe, neunzehnsaitig, in diatonischer Stimmung von es – b^2, London um 1820

11a Matthäus Waissel, »Tantz Almande d'amour« für sechschörige Renaissance-Laute; deutsche Tabulatur, aus »Tabulatura Continens Insignes ET SELECTISSIMAS QUASQUE Cantiones, 4, 5 et 6 Vocum, Testudinis aptatas. . . .«, Frankfurt a.d. Oder 1573

Tantz
Almande
d'amour

11b Matthäus Waissel, »Tantz Almande d'amour«, Übertragung in moderne Notenschrift von Dieter Kirsch; Abdruck mit freundlicher Genehmigung

181

Esta pauana que aqui debaxo se sigue anda por los terminos del quinto y sexto tono: y como ya he dicho requieren tañerse dos o tres vezes para que parescan lo que ellas son.

12   Luis Milán, Pavana del quinto y sexto tono aus »El Maestro«, Valencia 1535/36; spanische Tabulatur für sechschörige Vihuela, Ausschnitt

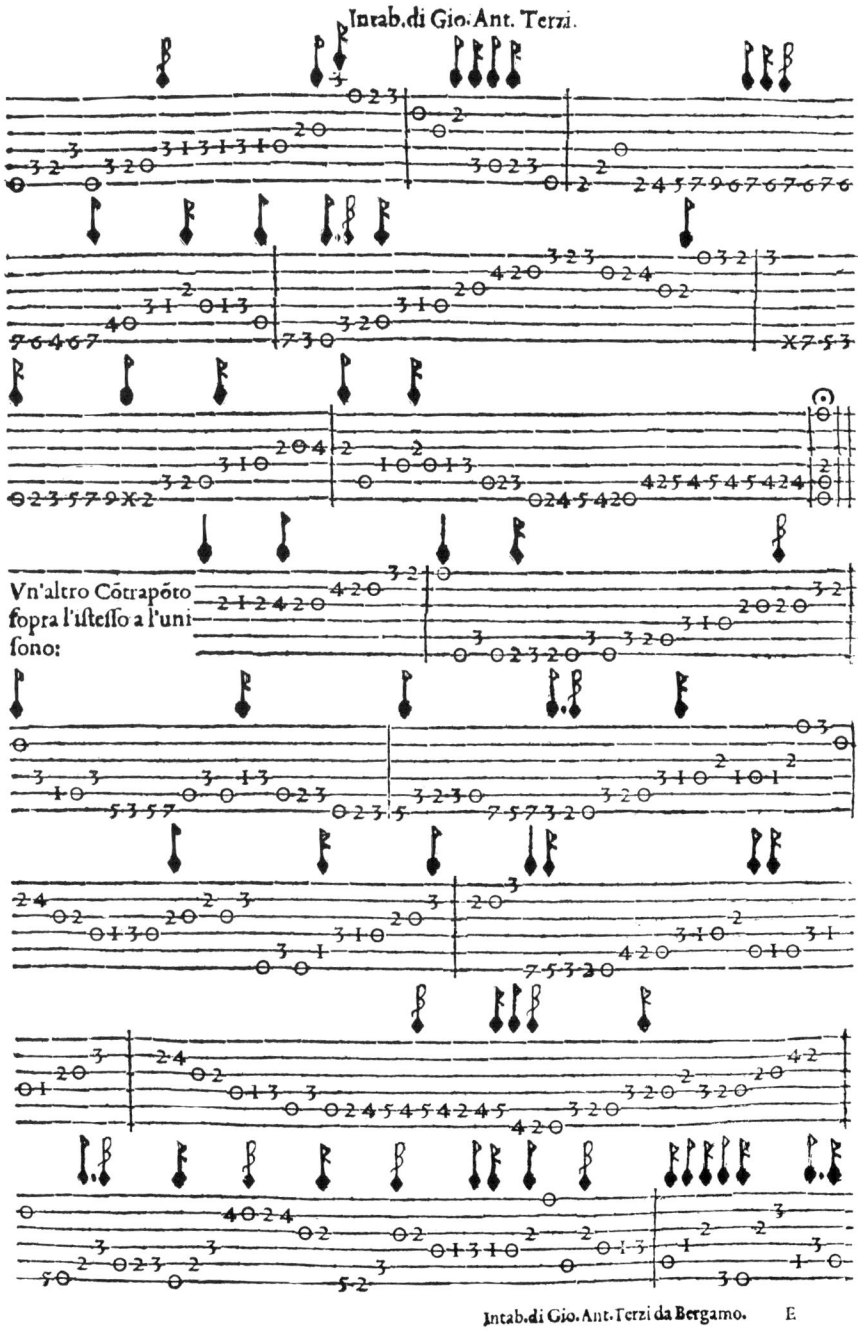

13   Giovanni Antonio Terzi, aus »Intavolatura di Liuto«, Libro primo, Venedig 1593; italienische Tabulatur für sechschörige Laute

Galliards for the Lute.

The moſt ſacred Queene *Elizabeth*, her Galliard.

14   John Dowland, Queen Elizabeth her Galliard, französische Tabulatur für siebenchörige Renaissance-Laute; aus Robert Dowland »Varietie of Lute Lessons«, London 1610

15 Silvius Leopold Weiß, Passacaglia für dreizehnchörige Barock-Laute, französische Tabulatur

185

16 Johann Sebastian Bach, erste Notenseite des autographen Konzepts der Suite g-Moll, BWV 995, mit den Takten 1–42 des Präludiums

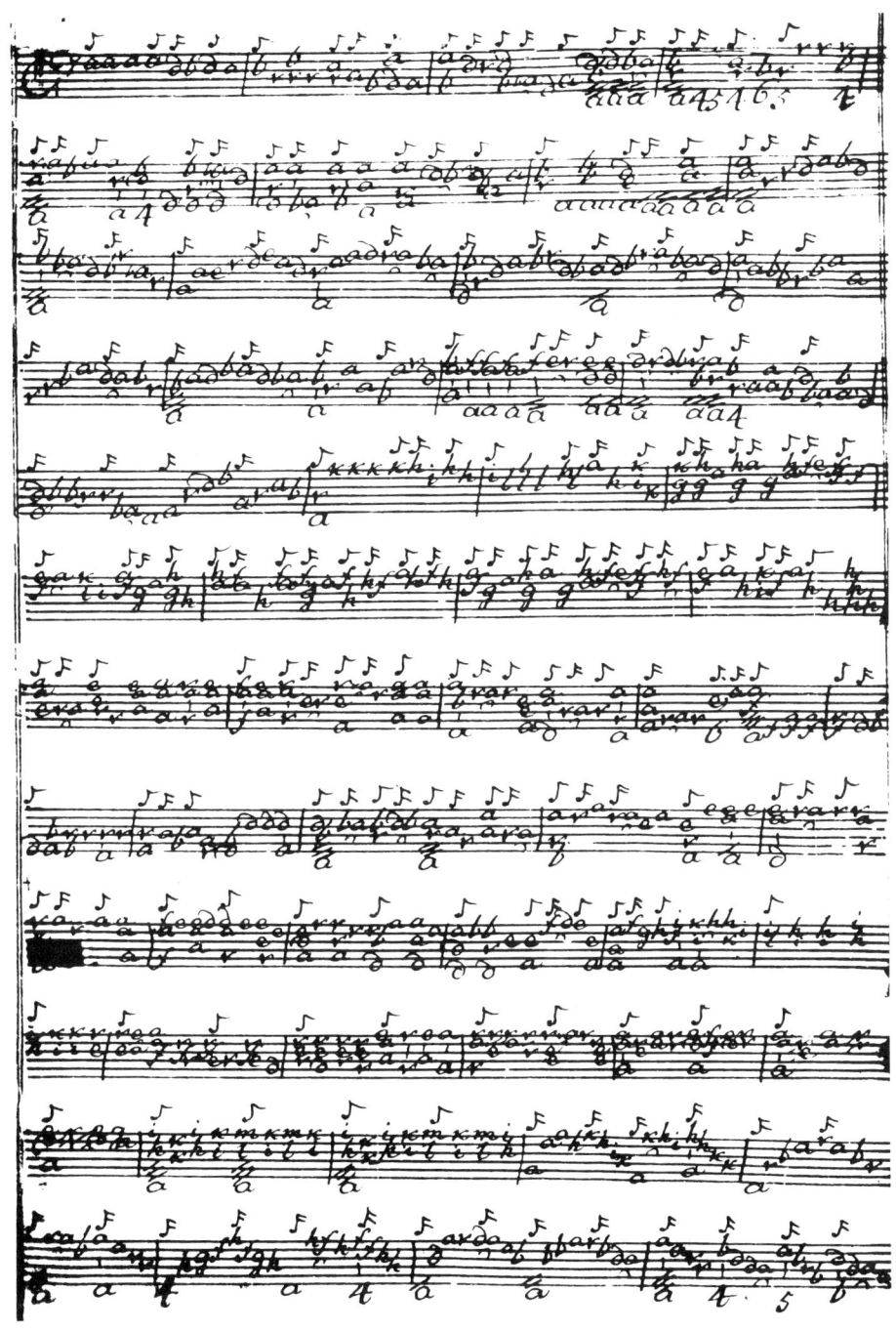

17   Johann Sebastian Bach, erste Notenseite der Tabulatur Johann Christian Weyrauchs mit
       der Fuge g-Moll, BWV 1000, Takt 1–48; französische Tabulatur

187

TABVLATVRA

CONTINENS INSIGNES ET
SELECTISSIMAS QVASQVE
Cantiones, quatuor, quinq, et fex Vo=
cum, Teftudini aptatas, vt funt: Præambula: Phan=
tafiæ: Cantiones Germanicæ, Italicæ, Gallicæ,&
Latinæ: Pafsemefi: Gagliardæ: & Choreæ,

In lucem ædita

PER

MATTHÆVM WAISSELIVM

BARTSTEINENSEM BORVSSVM.

FRANCOFORDIÆ AD VIADRVM, IN OFFICINA
IOANNIS EICHORN. ANNO M. D. LXXIII.
Cum gratia, & Priuilegio Cæsareæ Maieftatis.

18 Matthäus Waissel, Titelblatt mit Lautenspielerin aus »Tabulatura continens insignes et selectissimas. . . .«, Frankfurt an der Oder 1573; »Frau Musica auf der Rasenbank«, Holzschnitt aus der Werkstätte von Lukas Cranach d. J.

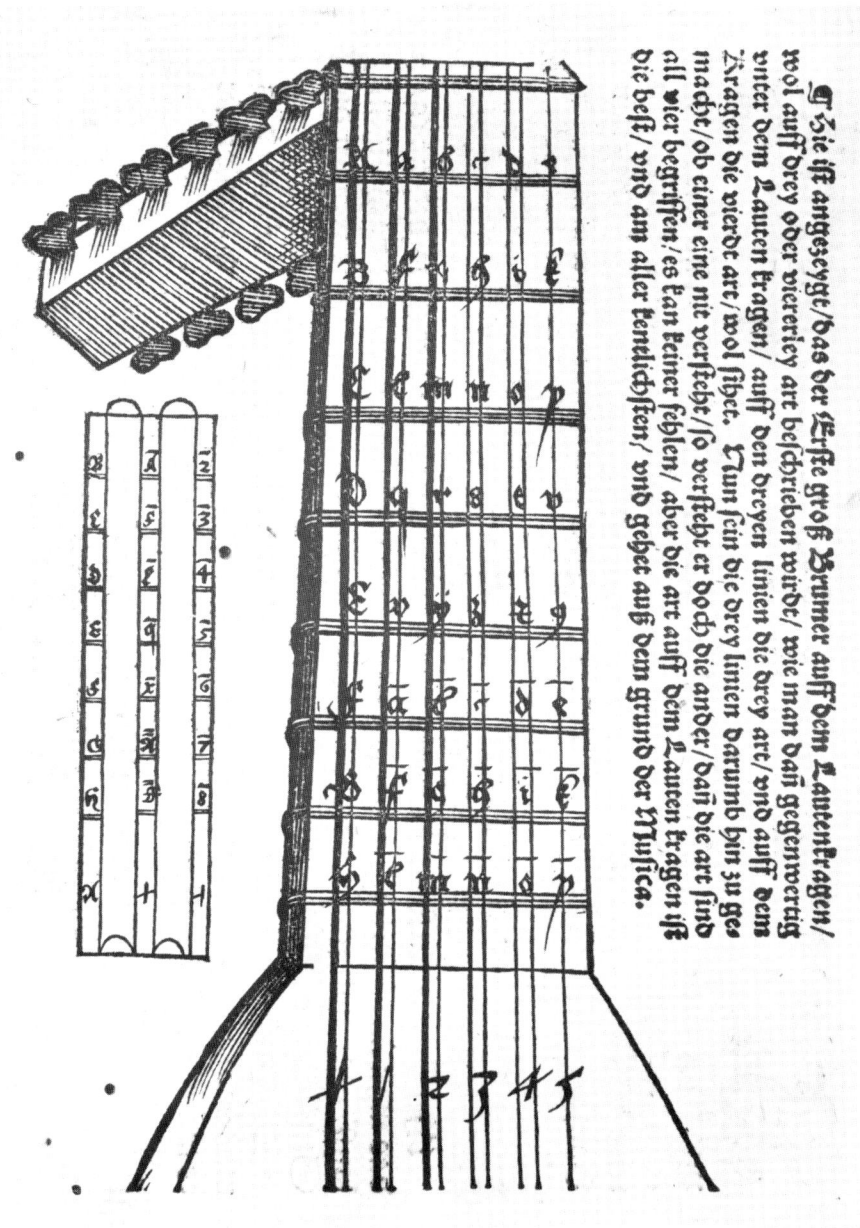

19   Hans Neusidler, »Lautenkragen« aus »Ein new künstlich Lautenbuch«, Nürnberg 1544

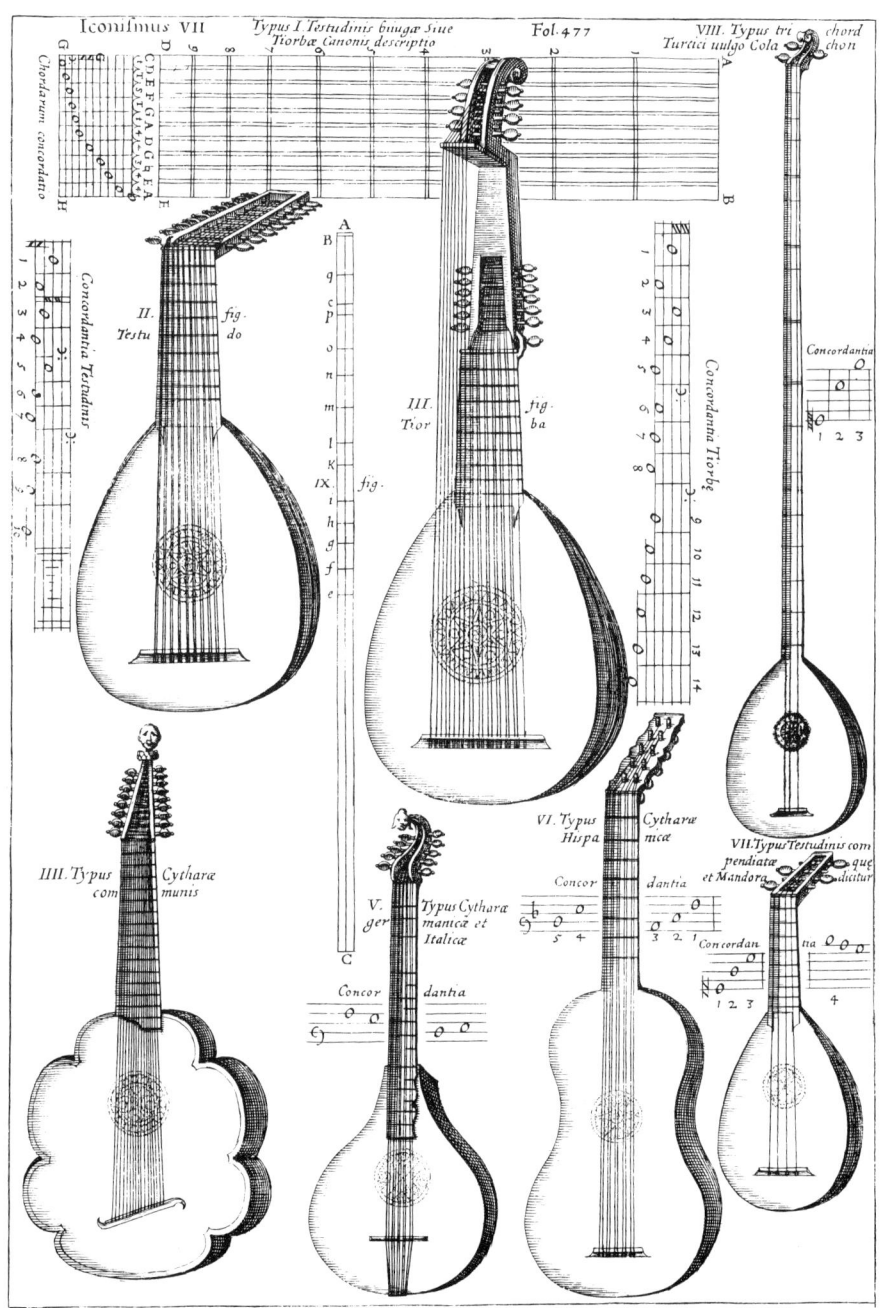

20   Athanasius Kircher, Tafel aus »Musurgia Universalis«, Rom 1650

Fig. II   Zehnchörige Laute   VII   Mandora
     III   Elfchörige Theorbe   VIII   Colachon (Colascione),
     IV   Cithara communis (Pandora)   ein in Süditalien behei-
     V   Cithara Germanica et Italica (Cister)   matetes Lauteninstrument
     VI   Cithara Hispanica (fünfchörige Gitarre)   von Tanbûrtypus

21 Hans Judenkünig, die Laute spielend, aus dem Titelblatt »Ain schone kunstliche vnderweisung . . .«, Wien 1523

22   Francesco da Milano, Porträt aus der Hand eines unbekannten Meisters, Italien 16. Jahrhundert

Bildnis des Lautenisten Sebastian Ochsenkhun (1521-1574), aus dessen „Tabulaturbuch auff die Lauten", Heidelberg, 1585. Vorbildliche Haltung der beiden Hände.

23   Sebastian Ochsenkun, Porträt aus dem »Tabulaturbuch auf die Lauten«, Heidelberg 1558

24   Silvius Leopold Weiß, Stich von Bartolomeo Folin nach einem Gemälde von Balthasar
      Denner

Ernst Gottlieb Baron
Candidatus Juris

25   Ernst Gottlieb Baron, Porträt-Titel aus »Untersuchung des Instruments der Lauten«,
Nürnberg 1727

NOBILIS ET CLARISSIMVS IOANNES BAPTISTA BESARDVS CIVIS BISVNTINVS AC LL. DOCTOR

ET PALLADE ET PHOEBO

Lucas Kilian Aug.° ad vivum delineavit et sculp.

ECHO.
ECH.
Anne Besardus hic est? Sic est. Quid opuscula? suades,
Illa teram? An censes digna latere? Tere.

26   Jean-Baptiste Besard, gemalt und gestochen von Lucas Kilian, Augsburg

27　Denis Gaultier, die Laute spielend, im Kreise seiner Schüler und Freunde, Tuschezeichnung
aus dem Codex »La Rhéthorique des Dieux«, um 1655

197

28 Christian Gottlieb Scheidler, Porträt des »letzten Lautenisten«, gemalt von Johann Xeller, Frankfurt 1811–1813

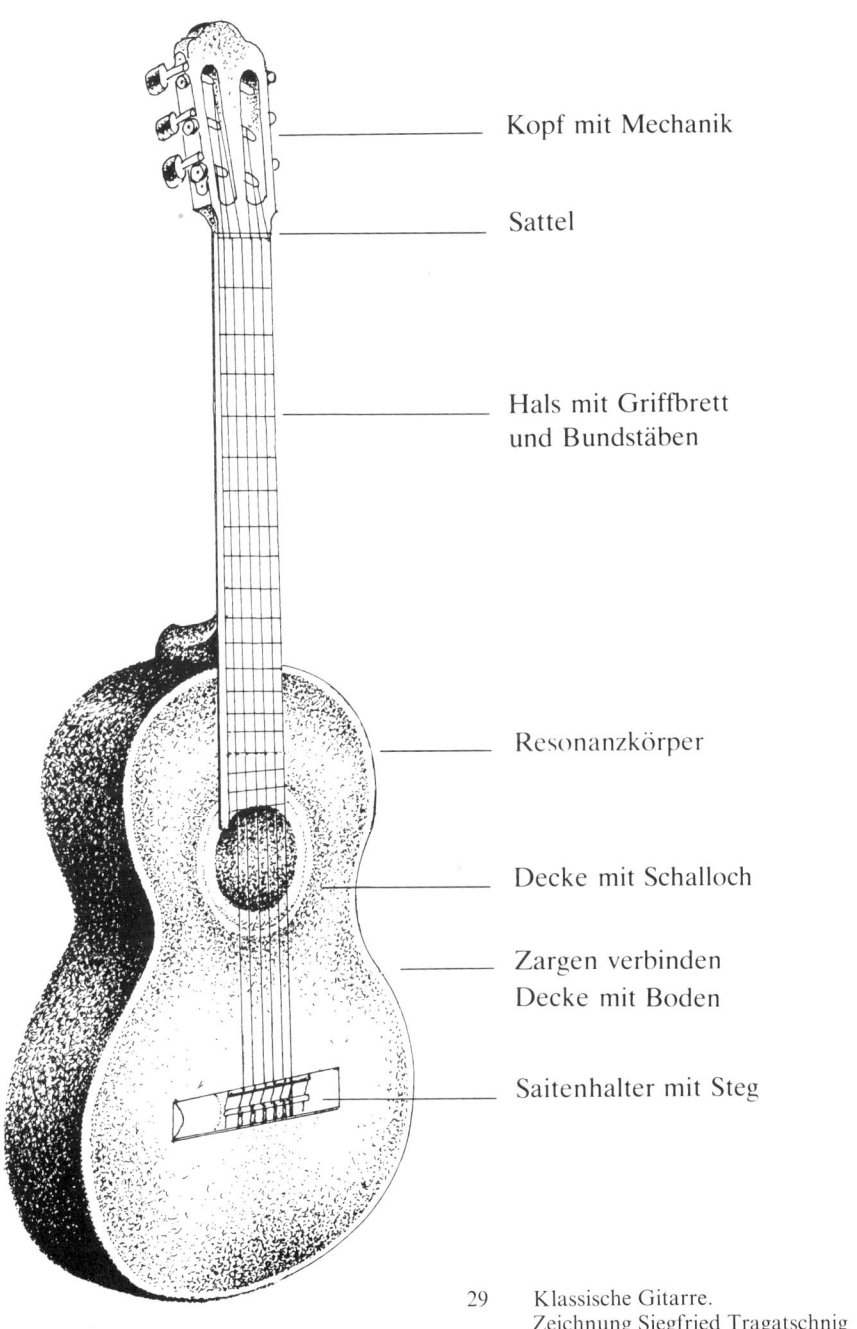

Kopf mit Mechanik

Sattel

Hals mit Griffbrett
und Bundstäben

Resonanzkörper

Decke mit Schalloch

Zargen verbinden
Decke mit Boden

Saitenhalter mit Steg

29   Klassische Gitarre.
     Zeichnung Siegfried Tragatschnig

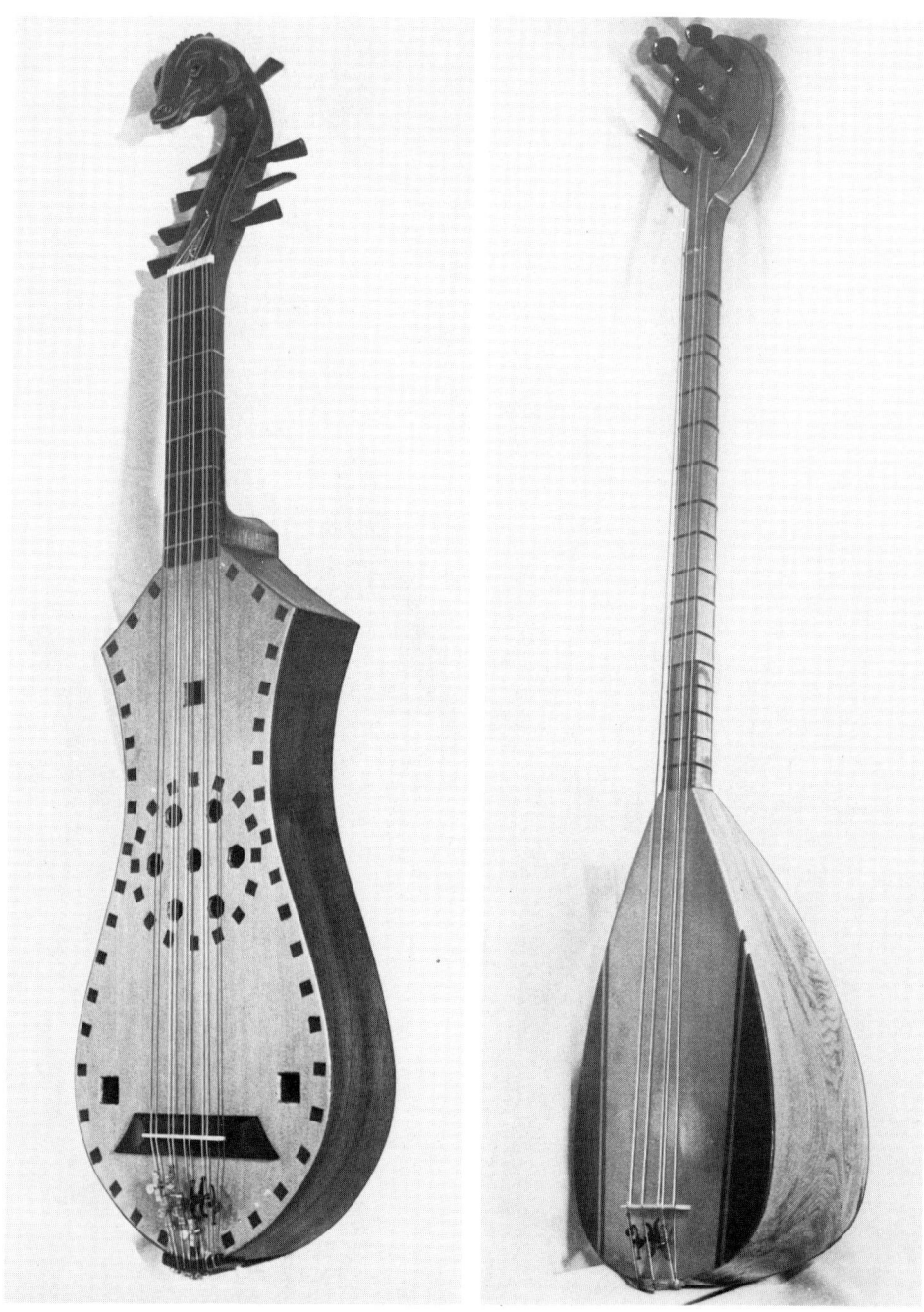

30   Ghiterra (Ghiterna, Gitterne, Guitarra latina), mittelalterliches Gitarreninstrument, Kopie
       nach historischen Modellen

31   Guitarra Saracenica, Kopie nach historischen Modellen

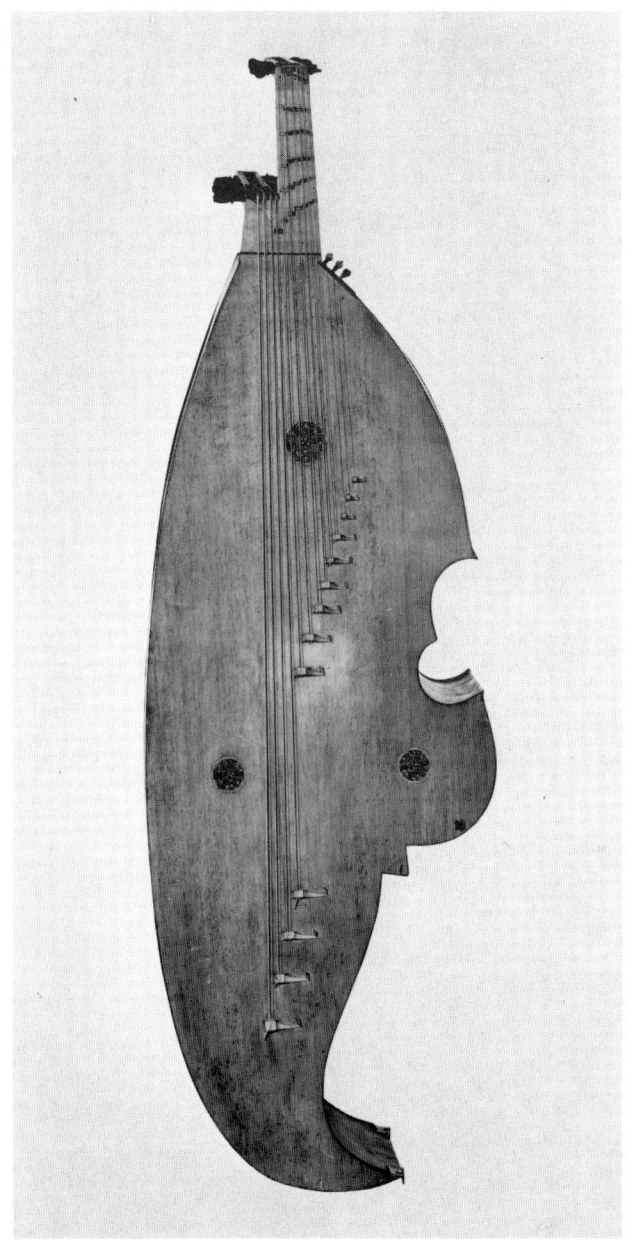

32   Gotische Basscister (Basslaute?), ungewöhnliches Format mit zwei Knickkragen; Deutschland (?) 14./15. Jahrhundert

33   Wohl Giovanni Railich, fünfchörige Gitarre, Padua um 1675

34   Chitarra battente, sechschörig, wahrscheinlich Italien 17. Jahrhundert

35   Antonio Stradivari, fünfchörige Gitarre, Cremona 1688

36   Alexandre Voboam, Doppel-Gitarre, Paris 1690

37   Johann Georg Staufer, Gitarre aus dem Nachlaß Franz Schuberts, mit der Handschrift des Liedes »Das Dörfchen«, das am 27. August 1822 mit Gitarrebegleitung im Theater an der Wien erklang (vgl. Zuth, Handbuch, S. 246)

38a   Grobert, Paris um 1800(?), sogenannte »Paganini-Gitarre«, die der Künstler anläßlich eines
Pariser Aufenthaltes von Grobert geliehen erhielt und sie, auf der Decke signiert, zurückgab.
Später wurde die Gitarre Hector Berlioz überreicht, der sie ebenfalls mit seinem Namenszug
versah, ehe er sie dem Pariser Conservatoire stiftete

38 b
Gitarre aus dem Besitz Carl Maria von Webers.
Die einzige heute bekannte Aufnahme des im
Zweiten Weltkrieg verlorengegangenen In-
struments, das zuletzt das Musikinstrumenten-
Museum (Staatliches Institut für Musikfor-
schung, Preußischer Kulturbesitz) in Berlin
verwahrte, stammt aus dem Katalog »Samm-
lung alter Musikinstrumente bei der Königlichen Hochschule für Musik zu Berlin« von
Curt Sachs (Beschreibender Katalog No. 723,
Berlin 1922, Tafel 18). In Spalte 168 beschreibt
Sachs das Instrument, gibt jedoch keinen
Namen des Erbauers an, so daß angenommen
werden muß, daß die Gitarre nicht signiert
war. Sachs' Datierung lautet »gegen 1800«.
Mit Genehmigung des Staatlichen Instituts
für Musikforschung, Preußischer Kulturbesitz, Berlin, und unter Benützung der von
Herrn Dr. Walter Thoene freundlicherweise
zur Verfügung gestellten Unterlagen

39   J. P. Michelot, sechssaitige Lyragitarre (Lyre), Paris nach 1800; aus dem Besitze des Schubert-Sängers Johann Michael Vogel

40   Antonio de Torres, sechssaitige Gitarre, Sevilla 1883; das klassische Modell für den Gitarren-
      bau seit dem Ende des 19. Jahrhunderts (Mensur 65 cm)

41   Arpeggione (Streichgitarre oder Guitare d'amour), sechssaitig, Österreich(?) 1851

42   Luis Milán, aus dem Titelblatt zu »Libro de musica de vihuela . . . El Maestro«, Valencia 1535/36; Orpheus, die Vihuela spielend

43   Guillaume Morlaye, vierchörige Gitarre (Guiterne); Titelblatt zu »Le premier livre de chansons . . .«, Paris 1552

44   Guillaume Morlaye, französische Tabulatur für vierchörige Gitarre aus »Le premier livre de chansons . . .«, Paris 1552

LE
PREMIER LIVRE DE
CHANSONS, GAILLARDES, PAVANNES,
Bransles, Almandes, Fantaisies, reduictz en tabulature de Guiterne
par Maistre Guillaume Morlaye ioueur de Lut.

A PARIS.
De l'Imprimerie de Robert GranIon & Michel Fezandat, au Mont
S. Hylaire, à l'Enseigne des Grandz Ions.
1552.
Auec priuilege du Roy.

43

44

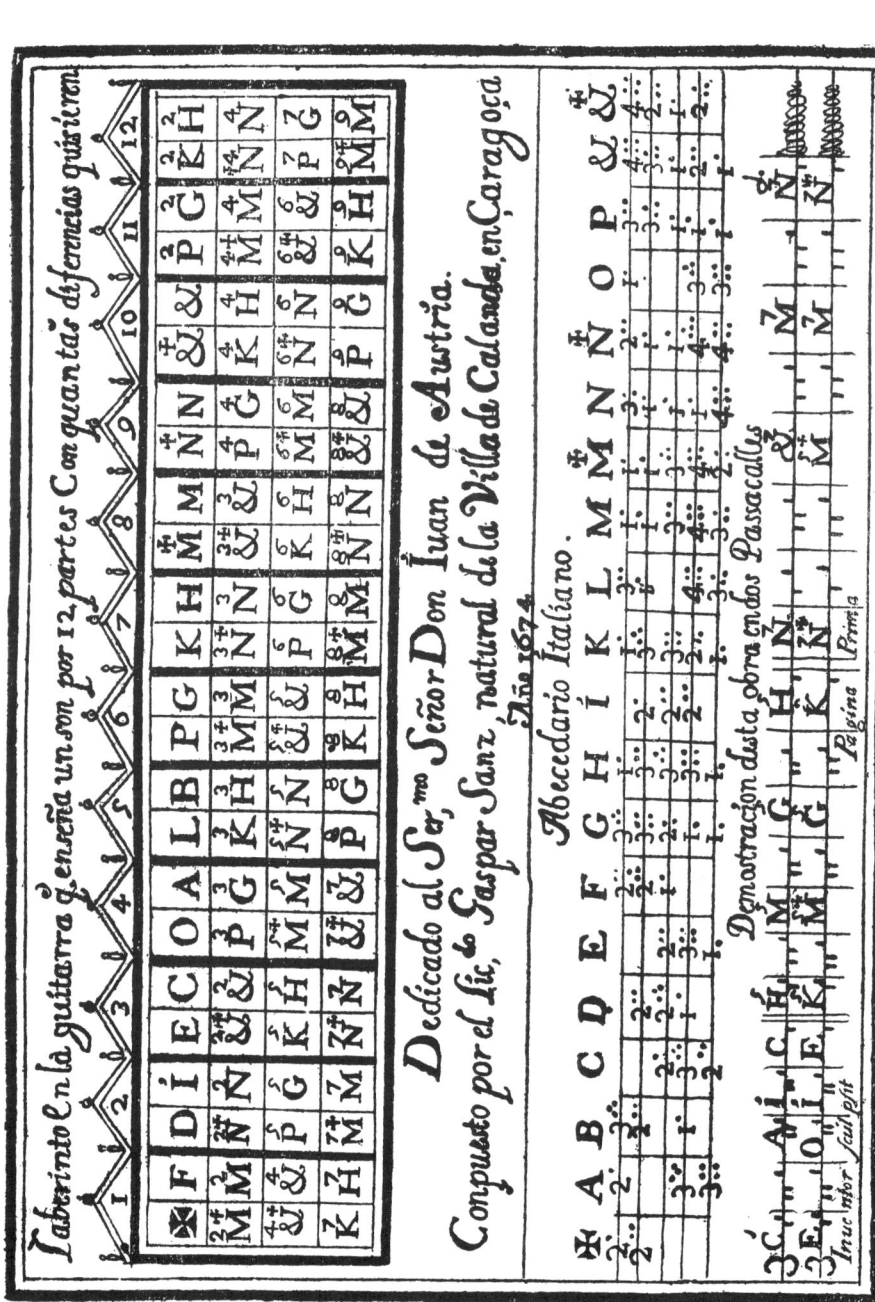

45   Gaspar Sanz, »Abecedario« für fünfchörige Gitarre aus »Instrucción de música sobre la
      guitarra española«, Saragossa 1674

214

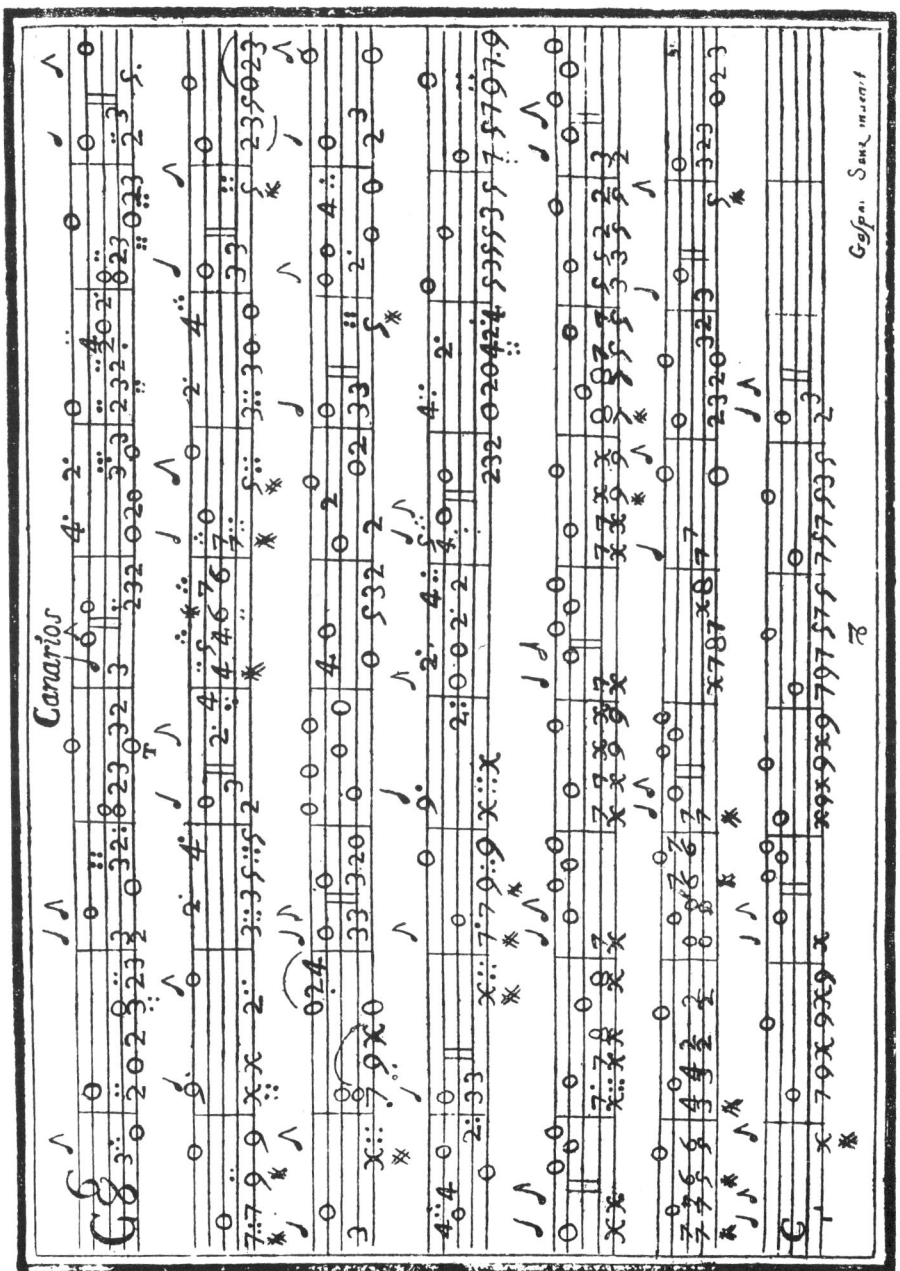

46 Gaspar Sanz. »Canarios« in italienischer Tabulatur für fünfchörige Gitarre aus »Instrucción de música sobre la guitarra española«, Saragossa 1674

215

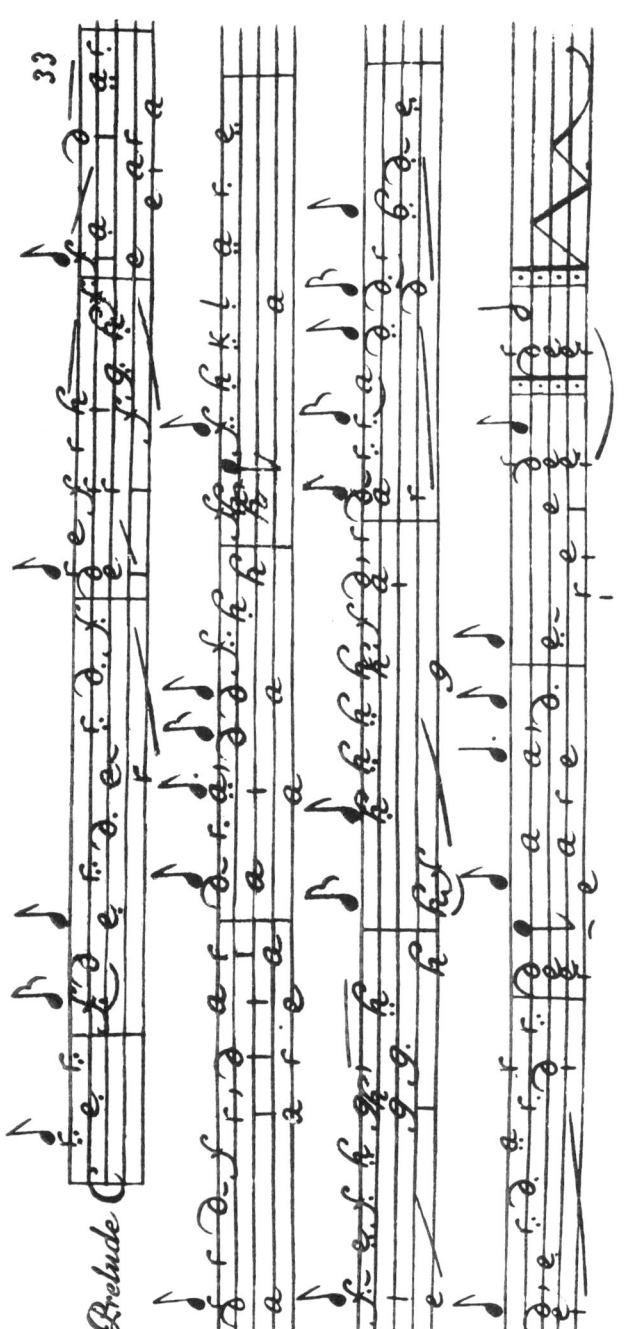

47   Robert de Visée, »Prélude« in Tabulatur für fünfchörige Gitarre aus »Livre de pièces pour
      la guittarre«, Paris 1686

216

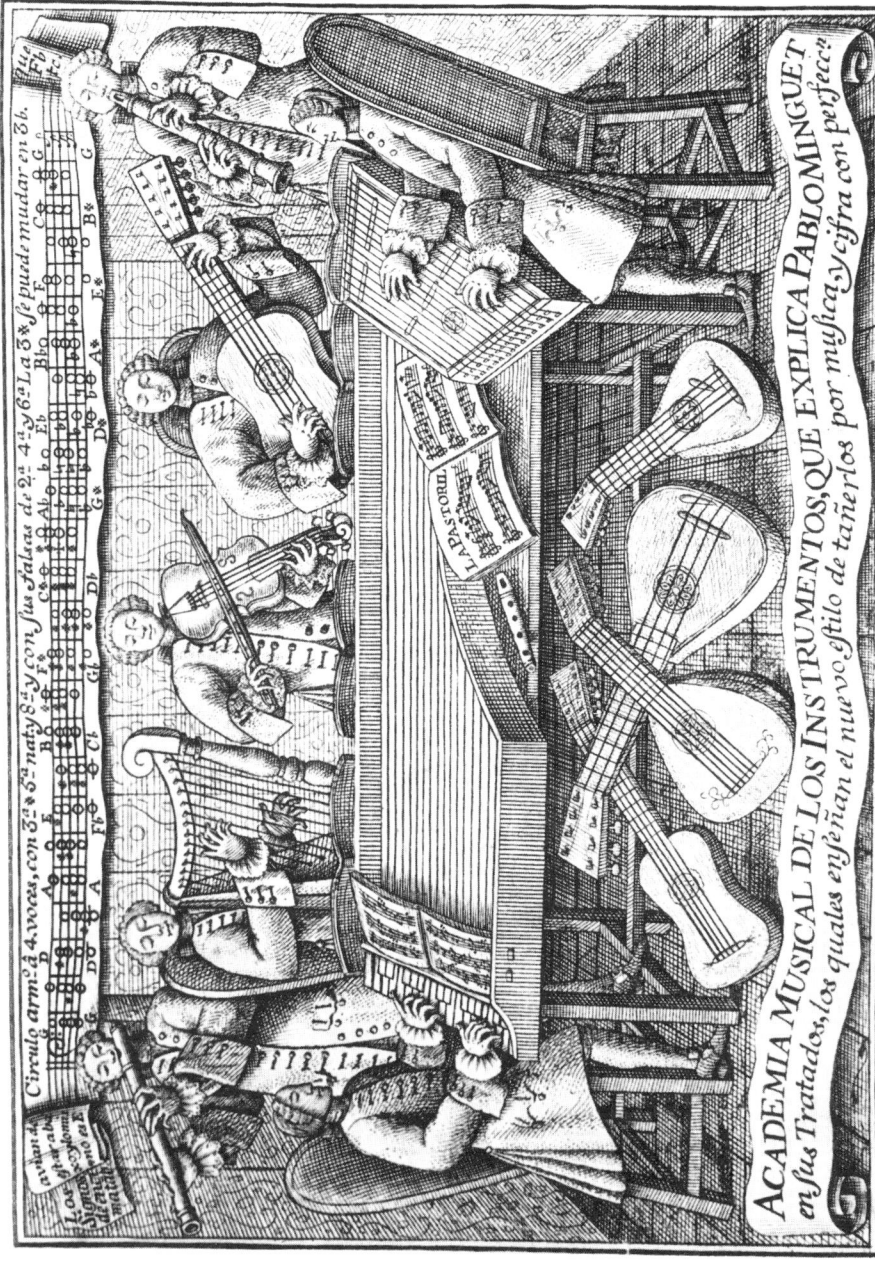

48   Pablo Minguet e Irol. »Eine musikalische Akademie« aus »Reglas y advertencias generales«,
      Madrid 1754 (1774)

49   Francesco Corbetta, Porträt aus »Varii scherzi di sonate per la chitarra spagnola«, Brüssel
      1648

50 Dionisio Aguado, Lithographie aus »Nuevo método de guitarra«, Madrid 1843, mit dem von Aguado erfundenen »Tripodion« zur körperfreien Haltung der Gitarre, die einen resonanzreicheren Klang gewährleisten sollte

51   Fernando Sor, Stich von M. N. Bate nach dem Porträt von J. Goubaud

52   Mauro Giuliani, Stich von Jügel nach dem Porträt von Stubenrauch

53   Francisco Tárrega

54   Andrès Segovia und Heitor Villa-Lobos

55   Andrès Segovia, Aufnahme aus dem Jahre 1960. (Mit Genehmigung von Polydor International GmbH, Hamburg)

54

55

223

56 Unbekannter Meister, Musizierende Engel mit Harfe, Laute und Gitarre: Ausschnitt aus der »Darstellung Jesu im Tempel«

57 Wenzel von Olmütz (Ende 15. Jahrhundert), Lautenschlägerin; Kupferstich

58   Hans Burgkmair d. Ä. (1473–1531), »Musica Canterey« aus der Holzschnittfolge »Kayser
      Maximilians I. Triumph«; am unteren Teil des Wagens Apoll mit Fidel, die Musen mit
      Oliphant, Fidel, Gitarre (Quinterne), Posaune, Tamburin, Positiv, Schellenreif, Doppelflöte

59   Meister der sog. Tarocchi-Karten (um 1465), Terpsichore, ein Gitarreninstrument mit hölzernen Bünden spielend; Kupferstich

60   Marc Antonio Raimondi (um 1470 – vor 1534), Der Dichter Philoletes von Bologna (1466 – 1538), die Gitarre (Viola da mano ?) spielend; Kupferstich

61   Tobias Stimmer (1539—1582), Quinternspielerin aus der Holzschnittfolge der neun Musen

62   Marten de Vos (um 1531 – 1603), »Terra«, aus einer Allegorienfolge der vier Elemente;
musizierendes Paar mit Laute, Zinken, Cister, Violine, Querflöte; Kupferstich

Fortuna per despett
Me fec, volar la robba co i dinar,
La patria abbandonar.
E de CARLO CANTV me fec BVFFETT.
Ma pò mudo concett.
Quando da ZAN me mess a reuitar.
Come CARLO incontrai fortuna auuersa
Come BVFFETT, la prouo a la
rouersa.

63   Stefano della Bella (1610–1664), Der italienische Komödiant Charles Cantú, gen. Buffet, mit vierchöriger Gitarre (»Chitarrino« oder »Chitarra Italiana«); Stich

231

64   Jean François de Troy (1679–1752), »L'aimable Accord«. Trio mit Querflöte, Chitarrone
und Viola da braccio. Stich mit Text von Clair de Tournay

65 Charles Eisen (1720–1780), »Le Concert champêtre«. Musizierende Gesellschaft mit Sängerin, Gitarre, Querflöte, Dudelsack und Laute. Radierung

233

66   Francisco José de Goya (1746–1828), aus den »Caprichos«: *Bravissimo*. Der Esel ver-
körpert Karl IV., der Affe mit Gitarre seinen Minister Prince de la Paix, von dem das Gerücht
ging, er werbe durch intime Konzerte um des Königs Gunst. Radierung und Aquatinta

67 Marc Chagall (geb. 1889), «Lautenspieler». Feder, Aquarell. © 1977, Copyright by ADAGP,
Paris, & Cosmopress, Genf

68   Juan Gris (1887 – 1927), »Guitare et clarinette« (1920). Oel auf Leinwand. © 1974. Copyright by ADAGP, Paris, & Cosmopress, Genf

Bildnachweis

Die Wiedergabe der Abbildungen erfolgte mit freundlicher Genehmigung der unten genannten Bibliotheken, Museen und Archive:

Archiv des Wiener Schubertbundes   Abb. 37
Ashmolean Museum, Oxford   Abb. 35
Bayerische Staatsbibliothek, München   Abb. 11 a, 18, 27
Biblioteca Ambrosiana, Milano   Abb. 22
Biblioteca Central, Barcelona   Abb. 48
Bibliothek der Gesellschaft der Musikfreunde, Wien   Abb. 52
Bibliothèque Nationale, Paris   Abb. 47
Bibliothèque Nationale, Cabinet des Estampes   Abb. 51
Bibliothèque Royale de Belgique, Bruxelles   Abb. 16
British Museum, London   Abb. 15
Cosmopress, Genf   Abb. 67, 68
EMI/Electrola, Köln, Sammlung Thomas Binkley   Abb. 30, 31
Germanisches Nationalmuseum, Nürnberg   Abb. 6, 10, 33, 34, 41
Historisches Museum, Frankfurt/Main   Abb. 28
Kunsthistorisches Museum, Wien   Abb. 32, 36, 39
Musée Instrumental du Conservatoire National de Musique, Paris   Abb. 7, 8, 38 a, 40
Museo Nacional de Escultura, Valladolid   Abb. 56
Musikbibliothek der Stadt Leipzig   Abb. 17
Öffentliche Bibliothek der Universität, Basel   Abb. 13, 14, 19, 20, 21, 24, 26, 37, 45, 46
Öffentliche Kunstsammlung, Basel   Abb. 68
Österreichische Nationalbibliothek, Fond Albertina, Wien   Abb. 57 – 67
Polydor International GmbH, Hamburg   Abb. 55
Sammlung Haags Gemeentemuseum, Den Haag   Abb. 12, 42
Staatliches Institut für Musikforschung Preußischer Kulturbesitz, Musik-instrumenten-Museum, Berlin   Abb. 38 b
Stadtbibliothek (Vadiana), St. Gallen   Abb. 43, 44
Verlag René Kister, Genf   Abb. 54
Wissenschaftliche Allgemeinbibliothek, Musiksammlung, Schwerin   Abb. 9

Zeichnungen:
Siegfried Tragatschnig, Klagenfurt   Abb. 1, 2, 3, 4, 5, 29

Abkürzungen

a) Instrumente:

Gi	Gitarre	Pos	Posaune
Lt	Laute	St	Stimme
Ha	Harfe	Vl	Violine
Mand	Mandoline	Va	Viola
Zy	Zymbal	Vc	Violoncello
Blfl	Blockflöte	Str	Streicher
Fl	Querflöte	Strqu	Streichquartett
Ob	Oboe	Cb	Cembalo
Klar	Klarinette	Kl	Klavier
Fg	Fagott	BC	Basso continuo
Cor	Cornetto (italienischer Zink)	MI	Melodie-Instrument
Trp	Trompete	Sch	Schlagwerk

b) Verlage:

A	Amphion Editions Musicales, Paris
AB	Aldo Bruzzichelli, Florenz
AC	Antigua Casa Sherry Brener, Chicago
AL	Alphonse Leduc, Paris
AM	Anderssons Musikförlag, Malmö
AMP	Associated Music Publishers, Inc., New York, London
ARM	Ariel Music Publications, New York
BÄR	Bärenreiter, Kassel
B & B	Bote & Bock, Berlin
BC	British and Continental Music, London
BE	Bèrben Edizioni musicali, Ancona
B & H	Breitkopf & Härtel, Wiesbaden
BHL	Boosey & Hawkes, Ltd., London
BM	Belwin-Mills, New York, London, Berlin
BMP	Brazillance Music Publishing, Inc., Hollywood
B & VP	Broekmans & van Poppel Publishers, Amsterdam
BY	Barry Editorial, Buenos Aires
CB	Christian Bachmann Verlag, Hannover
CEM	Clifford Essex Music Co., Ltd., London
CH	J. & W. Chester, Ltd., London
CHD	Charles Hansen Distributor, New York
CM	Consortium Musical (Pierre Noël), Paris
CC	Columbia Music Co., Washington
CP	Celesta Publishing Co., New York
CFV	Chr. Fr. Vieweg, München
D	Editions Durand & Cie., Paris
DIX	Ute und Wolfgang Dix, Heiligenhaus
DO	Ludwig Doblinger, Wien
DV – VEB	Deutscher Verlag für Musik, Leipzig
E	Anton J. Benjamin/N. Simrock/D. Rahter, Hamburg
EA	Editorial Alpuerto, Madrid
EE	Edition Eulenburg, Adliswil/Zürich
EFM	Editions Françaises de Musique, Paris

EM	Edition Modern, München
EMA	Edition Metropolis, Antwerpen
EMB	Editio Musica Budapest, Auslieferung Boosey & Hawkes, Bonn
EMM	Ediciones Musicales, Madrid
EMT	Editions Musicales Transatlantique, Paris
EP	Edition Peters, Frankfurt am Main
EPM	Edition Preissler, München
ESM	Edizioni Southern Music, Mailand
ESZ	Edizioni Suvini Zerboni, Mailand
FA	Faber Music, Ltd., London
GS	G. Schirmer, Inc., New York
GWP	Guitar Workshop Publications, Theodore Presser Co., Bryn Mawr, Pa., USA
H	Heinrichshofen/Otto Heinrich Noetzel, Wilhelmshaven
HC	Heugel & Cie., Paris
HE	Hänssler Edition, Neuhausen-Stuttgart
HG	Musikverlage Hans Gerig, Köln
HL	Editions Henry Lemoine, Paris
HS	Hermann Schmidt, Frankfurt am Main
LEU	F.E.C. Leuckart/Chr. Friedrich Vieweg, München
MC	Moeck Verlag, Celle
ME	Editions Max Eschig, Paris
MER	Edizioni musicali mercurio, Rom
MFH	Musikverlag Friedrich Hofmeister, Hofheim am Taunus
MÖ	Möseler Verlag, Wolfenbüttel
MP	Macmillan Publishing Co., New York/London
MS	Musikverlag Hermann Schneider, Wien
NO	Novello & Co., Sevenoaks, Kent
NS	N. Simrock, Hamburg
ÖBV	Oesterreichischer Bundesverlag, Wien
OUP	Oxford University Press, London
PM	Peer Musikverlag GmbH, Hamburg
PP	Panton, Prag
PR	Verlag Presser, New York
PW	Polskie Wydawnictwo Muzyczne, Warschau
R	G. Ricordi & Co., Mailand (München, Buenos Aires, London, Paris)
RB	Edition Corona Rolf Budde, Berlin
RL	Robert Lienau, Berlin-Lichterfelde
S	Hans Sikorski, Hamburg
SCH	B. Schott's Söhne, Mainz
	Schott and Co., Ltd., London
	Schott Frères, Brüssel
	Edition Schott, Mainz
SI	Sirius Verlag, Berlin
SID	Sidemton Verlag, Köln
ST & B	Stainer & Bell, London
TO	P. J. Tonger, Köln
UE	Universal Edition, Wien (Australia Pty., Ltd.)
UME	Union Musical Española, Madrid
WH	Wilhelm Hansen Musik Forlag, Kopenhagen
ZA	G. Zanibon, Padua
Z	Wilhelm Zimmermann, Frankfurt am Main

c) Sonstige:

a.a.O.	am angegebenen Ort; die mit dieser Abkürzung versehenen Titel sind in der Bibliographie mit ausführlichen Hinweisen (Herausgeber, Verlag, Erscheinungsjahr usw.) enthalten
Ms.	Manuskript
NA	Neuausgabe
o. J.; o. O.	ohne Jahreszahl; ohne Ortsangabe
S.	Seite
vgl.	vergleiche

Namenregister

Die *fettgedruckten* Zahlen beziehen sich auf die im Literaturverzeichnis (S. 124−150) angeführten Komponisten, mit Angaben über Titel, Besetzung und Verlage der zitierten Werke.

Kursiv notierte Zahlen bezeichnen Eigennamen in den Texten des Bildteils (S. 171−236).

Hochgestellte Zahlen in Kleindruck verweisen auf die entsprechenden Fußnoten.

242

249

Sachregister